住総研住まい読本

住まいから問うシェアの未来

所有しえないもののシェアが、社会を変える

編　住総研「シェアが描く
住まいの未来」研究委員会

著　岡部明子　鈴木亮平
山道拓人　猪熊純　前田昌弘
門脇耕三　小川さやか

学芸出版社

はじめに

都会のひとり暮らしより、割安なうえに楽しそうだから、シェアハウスにしてみようか。あるいは、子どもが巣立って余裕ができてきたから、専用住宅だった家の一室を趣味の世界で満たしたギャラリーやカフェにして、「住み開き」を試してみようか。空き部屋を宿泊客に提供するのもいい。お金を払って「所有」することでは手に入らない潤いある生活の豊かさがシェアすることによって実現する。

情報ネットワークがインフラとなって、眠っているモノやサービスを個人間で直接やりくりするプラットフォームが次々と登場している。こうしたシェア経済が浸透すれば、人口減少下でだぶつく空き家が活用されていくのではないか。

このように日本では今、家族のあり方や人口構成の変化によって生じた住まいと生活のずれを解消する手段として、シェアに期待が集まっている。シェアは、資本主義が掻き立てる所有欲による過剰消費地獄に陥った人たちを救い出し、必要なときに必要なものを手に入れる軽やかな生活へと招き入れる。そして、情報通信技術に後押しされてシェアの範囲は拡大し止まらなくなる勢いだ。

シェアの一層の進展は、私たちをいったいどんな社会に導こうとしているのだろうか。本書では、生き抜くために必要に迫られたシェア、シェアと言わない語られないシェアに、シェアの原点を認め、そこからシェアの誘う未来を探ってみようと思う。

そもそも村落共同体ではシェアは逃れることのできない必然だった。世界的にみると、生きるためにシェアするしかない生活は、決して過去の遺物ではない。途上国都市のスラム的環境にあるインフォーマル居住地では、どこの家も知人や親戚の居候と住空間をシェアしているし、トイレやキッチン、洗濯場など住宅機能の一部を複数家族でシェアするしかない。狭い家で内職しているから、住空間は仕事場とシェアすることになる。スラムに暮らす人たちは、当たり前に空間をシェアし、シェア経済に生業を見出している。インフォーマルセクターはシェア経済を実践し、シェアにともなうトラブルを日々調停している。シェアの知恵に満ちた宝庫だ。でも、彼らはシェアを脱した生活を切望している。

シェアから逃れることへの希望と、シェアに資本主義社会の行き詰まりを乗り越える希望が交錯している。シェア概念をめぐるこうした捻れの背後には何がうごめいているのか。シェア経済は、個々人がモノや土地を排他的に所有していることを基盤に展開されてきた資本主義経済をより活性化しようとして導入されつつあるが、所有しえないものもシェアされている。シェアは「所有」概念を不確かなものにし、さらには近代所有の主体として揺るぎない存在であった「個人（individual）」自体を震撼させる。「所有」に代わり「シェア」が基盤になると、分割不可能な（近代的）「個人」にとって代わって、バラバラな部分を寄せ集めた束でしかない「分人（dividual）」の世界になるのだろうか。

家族や社会の変化に合わせて住まいをカスタマイズしようとしてシェアが広まっていく今、その実践を担う人たちと、住まいを起点に、シェアを基盤とした未来に向けた地殻変動を感知しようと思う。

２０２１年６月10日　岡部明子

目次

序章

シェアを問い直す
選択する「行為」から社会の「基盤」へ

岡部 明子

1 シェアリングエコノミー

シェアとは、「分かち合うこと」だ。人間は、場所やモノを人と分かち合う生き物である。地縁による顔見知りの直接のつながりのなかで、人は人と、昔から場所を共にし、贈り物をし合い、物々交換し、モノを貸し借りし、売り買いしてきた。シェアは何も新しくない。

では、21世紀に入り、経済のパラダイムシフトをもたらすと言われるようになったシェアリングエコノミーは何が新しいのか。シェアは何らかのプラットフォームを介して行われるが、昔は地域コミュニティがそのプラットフォームであり、限定的だった。近代資本主義経済の下、市場を介した売買が席巻し、昔ながらのシェアはその重要性を失っていった。それが、情報通信技術の進歩により、今までになかったＰ２Ｐのプラットフォームがインターネット上に創出されたことで、シェアの可能性が突如大きく広がった。大衆（crowd）の誰もが資本主義の担い手になれるようになった点に着目して、スンドララジャンは、「クラウドベース資本主義」という概念を用いている。[注1]

人びとは、際限ない所有欲から多くのものを買い不用品を溜め込んでいる。現代のシェアは、そうした過剰消費地獄から、必要なときに必要なものを手に入れる生活へと人びとを救い出してくれるのではないか。[注2] ボッツマンらのいう「ハイパー消費からコラボ消費へ」である。こうした見方から、シェアリングエコノミーは協働経済と訳されることもある。十分に活用されていない資産にインターネット上のコミュニティからアクセスできるようにし、それを他の人が活用することで所有の必要性を下げる効果がある。[注3] そうしたプラットフォームを提供するサービスが、エアビーアンドビー（Airbnb）やウーバー（Uber）など新ビジネスとして、あっという間に世界中に浸透していった。成長著しい途上国でむしろ恐ろしい勢いで拡大している。

わが国でこうした新たなシェアの経済を活性化することをミッションとして活動しているのが、シェアリングエコノミー協会だが、同協会によると、シェアの対象は、主に、場所・乗り物・モノ・スキル・お金の五つに分類されるという。[注4] たとえばアドレス[注5]（ADDress）は、住まいという場所を対象としたシェアのプラットフォームを提供しているサービス事業だ。インターネット上のプラットフォームにアクセスして、そこに上がっているいろいろある住まいのなかから今しばらく住みたいと思うところを見つけて滞在する。ローンを組んで住宅を購入したとすると、所有している住宅に縛られることになるし、賃貸は持ち家への過渡的な住まいというイメージが強い。こ

注1
A・スンドララジャン、門脇弘典訳『シェアリングエコノミー―Airbnb（エアビーアンドビー）、Uber（ウーバー）に続くユーザー主導の新ビジネスの全貌』日経BP社、２０１６年。原著英文タイトルは、The sharing economy : the end of employment and the rise of crowd-based capitalism であり、「クラウドベース資本主義」が副タイトルに入っている。

注2
R・ボッツマン、R・ロジャース、関美和訳『シェア―「共有」からビジネスを生みだす新戦略』日本放送出版協会、２０１０年。原著英文タイトルは、What's mine is yours : the rise of collaborative consumption であり、「コラボ消費」が本書の主題である。

注3
A.Stephany, *The Business of Sharing: Making It in the New Sharing Economy*, London: Palgrave Macmillan, 2015.

れに対して、気分が変わればまたそのとき住みたいと思うところへ身軽に移動できるアドレスホッパー的なライフスタイルや、セカンドハウスは気分次第で選びたいというニーズに応えるのがシェアだ。

シェアリングエコノミーは、このような新たな軽やかな住まい方を提案してくる。しかし、「シェアが私たちの生き方そのものを変えようとしている」[注6]ことの意味は、シェア伝道師を名乗り、シェアリングエコノミー協会の事務局長を務める石山の想像を超えるもっと深いものかもしれない。

②人口減少下のシェア

こうしたシェアリングエコノミーと並走するように、実空間におけるシェアのある生活の価値が見直されてきている。[注7] しがらみのわずらわしさから逃れようとして、生活の個人化が行き過ぎた反動の一面がある。実空間のシェアは、ごく普通の家族の「自分たちの生活をよりよく潤いのあるものにしたい」、建築家の「空間をシェアすれば同じコストでもっと豊かに面白く生活できるのに」、社会起業家の「シェアすれば社会課題がするっと解けそう」という小さな思いから実現していく。

日本では、人口減少を背景にシェアへの関心が高まった。空き家など余剰空間をどう活用したらよいかが問われるようになった。これらがしばしばシェア空間の実験の場となった。ゼロからシェアするために設計された空間以上に、すでにある空間をおそるおそるシェアしてみて思ってもみなかった展開が生まれている例が複数ある。

注4
https://sharing-economy.jp/ja/about/
https://share.jp/share
シェアリングエコノミー協会『はじめようシェアリングビジネス』日本経済新聞出版、2017年。

注5
https://address.love/

注6
石山アンジュ『シェアライフ―新しい社会の新しい生き方』クロスメディア・パブリッシング、2019年。

注7
猪熊純・成瀬友梨・山道拓人ほか『シェア空間の設計手法―49事例の空間構成』学芸出版社、2016年。
猪熊純・成瀬友梨・門脇耕三・中村航・浜田晶則編『シェアをデザインする』学芸出版社、2013年。

人口が減少していく過程では、格差が固定化されやすい。空き家が、生きづらさを抱え孤立している人たちが集う居場所になるなど、空き空間のシェアが社会の連帯をつなぎとめる役割を担っているところがある。第2章で紹介されているが、そうした取り組みの優れた例として注目されているのが、社会福祉法人佛子園の「ごちゃまぜ」をコンセプトに据えた事業である。その原点となったのが廃寺を活用した高齢者と障害者の通所施設、西圓寺《さいえんじ》だ。天然温泉を開発して併設し、地域の人は、無料で利用できるようにすることで、近所の人たちが温泉に通うようになり、高齢者と障害者に閉じた施設ではなくなった。お堂の片隅にある駄菓子屋では障害者が店番をし、近所の子らが遊びにやってくる。廃業したスナックからもらい受けた赤いビロード張りの家具が、お堂のインテリアに新たな息吹を吹き込んでいる。そこでおじいちゃんたちがカラオケに興じている。お寺のお堂という檀家さんたちの先祖の霊たちとともにある空間には、誰でもそこに居ていいという包容力が感じられる。

隣接してフィットネスとカフェを新たに加え、元気なシニア世代の健康づくりや交流の場として人気となる一方、障害者に就労の場を提供している。天然温泉やフィットネスが、日常的に高齢者や障害者と直接関係を持つきっかけのなかった地域の人たちが、偶然居合わせる状況を自然につくることに成功している。

シェアを目的として新たにつくられた空間では仲良しコミュニティでまとまりやすいのに対して、空きストックを活用して地域課題を解決しようとするシェアでは、他者を招き入れ、外に開かれたコミュニティとなる性向がある。[注8] それは、もちろん市場で価値がつかない空き家が、経済的に成立しにくい社会活動の受け皿になっていると

注8
門脇耕三ほか『「シェア」の思想／または愛と制度と空間の関係』LIXIL出版、2015年。

いう側面もあるが、それだけだろうか。過去にその空間にいたであろう人たちともシェアしているという感覚も無関係ではないように思う。その建物に当初帰属していた人たちが去った後の空間だから、「席が空いていて、誰にでも開かれている」のだ。もっとも、既存ストックを刷新しハイグレードの商品価値を持つ施設に生まれ変わらせた例も数多くあり、空き空間の活用だからと言って必ず誰にでも開かれたシェアの場が生まれるというわけではない。

ただ、意図して創出された同質性のシェアを「浅薄なシェア」とするなら、空き空間に生起するこのような異質性の「深淵なシェア」の実践が、人口減少を背景として空間が絶対的に余る日本のシェアに特徴的であると言える。[注9]

注9
岡部明子「13 規模縮小下のまちづくり」、宮本みち子・大江守之『人口減少社会の構想』放送大学教材、2017年、242~261頁。
三浦は、「共同体」と「共異体」と名づけている。三浦展『これからの日本のために「シェア」の話をしよう』NHK出版、2011年。

3 リアルに空間をシェアすると

ひとつの空間を複数の人たちに開かれたかたちでシェアすると、そこでは、自分の所有物のはずなのに、他人に使われていたりする。他人のことを考慮せずにそれを自由に処分できなくなっている。ちょっとお得で楽しそうだから気軽に始めた空間のシェアには、空間を媒介にして責任や負担のシェアがついてくる。空気や光、水、音、においなどを否が応でもシェアすることになる。さらには、住人の去った古民家など、そこに生活してきた一族や土地の歴史といった、空間に宿っている特定の誰のものでもないものがシェアの対象になる。

シェアリングエコノミーでシェア対象の商品になるのは「所有できるもの」に限ら

れるが、実際に空間をシェアすると、空間を介して所有できないものにまでシェアの対象が拡がることになる。それらが潤いや豊かさをもたらし生活に新風を吹き込むシェアの魅力である半面、トラブルの元にもなる。そうした所有しえないもののシェアが、社会を根底から覆すパラダイムシフトをもたらしているのではないだろうか。

シェアすること自体は目的にはならない。シェアは所有しえないものに手が届く「手段」である（第1部）。だからシェアする。「シェアする」とは一般的に人の「行為」と理解される。主体である個人が誰かと対象である何かをシェアする、というふうに。

これに対して第2部では、「シェア」は人と他者を「媒介」するものという見方に挑んだ。そうすると、シェアが媒介するもの同士は、もちろん人同士でもあるが人ではないものとでもいい。シェアは、常識的には何らかの基盤があってそのうえで起こると私たちは思っている。昔ながらの分かち合いであれば、家族や地縁共同体のような集団が基盤であり、現代のシェアではそれが個人になったところが新しかった。

これに対して第3部では、「シェア」とは何らかの集団や個人を基盤に起こるものなのかどうかを問う。むしろ「シェア」自体が、集団や個人に代わる「基盤」なのではないか。だとすると、シェアを基盤とした未来とは、どんな世界になるのだろうか。

4 シェアは「手段」

2018年、私たちの「シェアが描く住まいの未来」研究委員会が立ち上がった当初、最年少メンバーの鈴木さんが、「おばあちゃんの家を建て替えて、賃貸住宅付き自宅兼オフィスを新築する予定だが、シェアオフィスとシェアキッチンを1、2階に入れて地域に開きたい。設計を同じくメンバーの山道さんに相談したい」という。「よし、鈴木さんちをつくろう」ということになった。そして、研究委員会は野次馬役になった。第1章では、その顚末を当人の鈴木が語る。別に鈴木さんはシェア空間大好き人間ではないそうで、シェア空間をつくるのが目的ではなかった。ただ、家族にお子さんが加わって、自分たちで思い描いている生活の場を求めた結果、シェア空間と連続した住まいのかたちに行き着いた。つまり、シェアは、こうありたいと願う生活を実現するための「手段」だった。「所有」しようと思っても叶わないが、空間をシェアすれば手に入るモノ、コト、そして生活がある。鈴木さんの自宅兼オフィス、賃貸住宅、そしてコワーキングスペースが複合した「PLAT295」は、2020年7月に竣工した。コロナ禍のただなか、空間を対象としたシェアビジネスが苦境に立たされていたときで、地域に開くお披露目も予定どおりとはいかなかった。しかし、いざ運用を始めてみると、リモートワークを模索する人たちがコワーキングスペースを利用し、シェアキッチンはイベント利用は減ったものの移動販売の仕込みに加えて配信用動画撮影のためなど思ってもみなかった使われ方がされているという。実践してみて、シェアは「社会の変化、ライフステージの変化に合わせて暮らしをカスタマイズしていくツール」であることが分かったという。シェアは、シェアビジネスが提供するサービスメニューから選ぶのではなく「自分の周りの環境を、社会を変えていくための道具」でなければならない。では、シェアを「自分自身の環境をかたちづくる」自立共生の（コンヴィヴィアルな）道具[注10]として取り戻すにはどうすればよいのか。山道が第

注10　I・イリイチ、渡辺京二・渡辺梨佐訳『コンヴィヴィアリティのための道具』日本エディタースクール出版部、1989年（文庫版、筑摩書房、2015年）。

2章で、建築家の立場から七つの方法を示している。それが、「ごちゃまぜにする」「小さくつくる」「通り抜けをつくる」「オンサイトオペレーション」「49％の余白」「ハーフビルド」「分譲と賃貸の間を考える」だ。

5 シェアは「媒介」

シェアは人がする「行為」である一方、シェアを「媒介」として捉えてみると違ったものが見えてくる。媒介としてのシェアを体現しているのが、リアルな空間だと言える。シェア空間を媒介として、どのような個人同士の関わりが生起していくのかに着目したのが、猪熊である（第3章）。シェアが、他人同士でも「似たもの同士」の媒介となる場合は、たとえば共通の趣味を持つなど気の合う人たちがつながり、空間化したビジネスが生まれやすい。俯瞰してみるといくつもの異なった「似たもの同士のシェア」が都市や地域の多様性に寄与しているとも言える半面、個々の「似たもの同士のシェア」は排他性を帯びる。そこで、猪熊は、しばしば迷惑施設扱いされる保育園や高齢者施設を地域に開こうとするとき、「違いを認める」媒介としてのシェア空間になりうるという。概念的には同質性に規定された「共」と異質性に規定された「公」という対立の構図[注11]があるのに対して、猪熊は、「公」の海に「私」と「共」が浮いているような空間的な図式を提示している（3章、図4）。そして「私」や「共」が偶発的に相互接近すると、保育園と住宅地のようにトラブルにもなるが、「違うもの」を認めるシェア」が誘発されるチャンスでもあり、そこに建築家の関わる余地を見

注11　齋藤純一『公共性』岩波書店、2000年。

出している。

「媒介」としてのシェアが強く現れるのが、人びとが何らかの災害に見舞われたときである。災害時のコミュニティを対象として研究する立場から、第4章で前田は、災害対応を論じるときによく用いられる「自助・共助・公助」の枠組みで、フィールドとしているスリランカの津波被災者の再定住地で起きていることを分析し、「共助」の守備範囲の広さに着目する。災害で流動化したコミュニティで認められたのは、人と人を媒介するシェアだけではなかった。被災者に公的に与えられた再定住地が再びジャングルに還っていく姿を目の当たりにし、「環境が人に働きかける」ことの意味を問いかけている。そして人と環境のやりとりを蓄積するのが「土地」で、土地を介して他者や環境とやりとりするという個別的なやりとりが、生存に欠かせないシェアであるという。

⑥シェアは「基盤」

住まいでは言うまでもなく、家族の人たちが、家財道具や生活用品、建物である家屋や土地、そして空間をシェアしている。家事や育児などの仕事をシェアしている。その意味で家族はシェアの基盤である。こうした家族像に対して、門脇は、わが国の戦後の住まいの歴史において、家族という単位内でのシェアが薄らいでいった経緯をたどる(第5章)。ひとつは戦後の集合住宅に託された理想主義的シェアの思想による。浴室、食堂、社交室、娯楽室などシェア空間の充実した集合住宅では、「家族内の役務の公共化」が目指された。家族を超えた理想としてのシェアである。他方、大都市での住宅不足に呼応して戸建て住宅が建設され商品化されていった。そして、シェアリングエコノミーの潮流で、家事、育児、介護などを商業化し、それらサービスをシェアするようになった。脱家族化の動きである。

家族や地縁共同体といった何らかの集団を基盤としたシェアが成り立たなくなり、個人化した社会にあって、門脇は、「住み開き」と呼ばれるような開かれたシェアが立ち現れている点に未来を認めている。何らかの集団を基盤としたシェアから、シェアが基盤となるような新しい未来である。

ところでシェアが基盤となるのは、まったく新しい未来の世界なのだろうか。「シェアなんかしていない」と主張する人たちこそシェアを基盤とした社会に生きているとも言える。第6章では、人類学においてシェアはどう論じられてきたのか、人類学者の小川が、タンザニアの都市民の事例を取り上げながら、シェアとあえて言わない、語られないシェアとも言えるシェアを浮き彫りにする。小川は、「シェアしたり、分け与えたり、好きでしているわけではなく、偶発的にそういう状況になったらするもの、そういう状況にならないように基本的には気を配っている」という。そうしたシェアによって、「私はおそらく『誰か』によって生かされていて、『誰か』も私によっておそらく生かされている」。そう都合よく感じられる世界が、シェアを基盤とした社会の実像かもしれない。基盤としてのシェアとは、「雑多でささやかな個人的なつながりの束」であり、個以前に関係性が存在する「分人」[注12]社会だ。しかも、第4章を受けるなら、つながる同士は人とは限らない。被災後、人が必ずしもひとつの空間に

注12
西洋近代的な枠組みは、人は「個人（individual）」すなわち「これ以上分割不可能」な存在であることが自明である。これに対置される概念が「分人（dividual）」すなわち「分割可能な存在としての人」である。分人主義とは、それぞれ独立した個人がいて互いに関係するのではなくて、食、性行為、儀礼、日々の会話などの実践を介して、人は部分的に移動し、混ざり合い、変化していくという考え方である。

「分人」は、南アジアのカースト制度を支える人のとらえかたとして人類学分野で探究されるのみならず、アパドゥライがデリバティブ金融を例に指摘し、未来の世界を占う概念として注目されるようになった。

A・アパドゥライ、中川理訳『不確実性の人類学：デリバティブ金融時代の言語の失敗』以文社、2020年。

平野啓一郎『私とは何か：「個人」から「分人」へ』講談社現代新書、2012年。

中空萌、田口陽子「人類学における『分人』概念の展開：比較の様式と概念生成の過程をめぐって」『文化人類学』81（1）、2016年、80～92頁。

同時に居合わせなくても、人（私）が土地を介して時間差で他の誰かと個別的にやりとりするシェアのかたちがあった。それを分人主義的に解釈するなら「私の部分は土地のもの、土地の部分は私のもの、土地の部分を自分のものとする誰かのものも私のもの」と言えようか。人が生きていくことそのものにほかならない。

シェアの思想を突き詰めていった先には分人主義がある。それが、シェアリングエコノミーが、期せずして手をかけた扉の向こうに見え隠れする世界である。所有しえないものに手が届きそうな魅惑の味を知ってしまった今、もはや扉がなかったことにはできそうにない。

シェアリングエコノミーは、言うまでもなく排他的所有権あってのシェアだ。確立した「所有」が基盤としてあってその上に行為としてのシェアが起こる。ところがこうしてシェアの根源にある思想を手繰り寄せてくると、どうやら話は逆で、誰のものでもないものたちがシェアされている状態が基盤としてあって、それを時と場

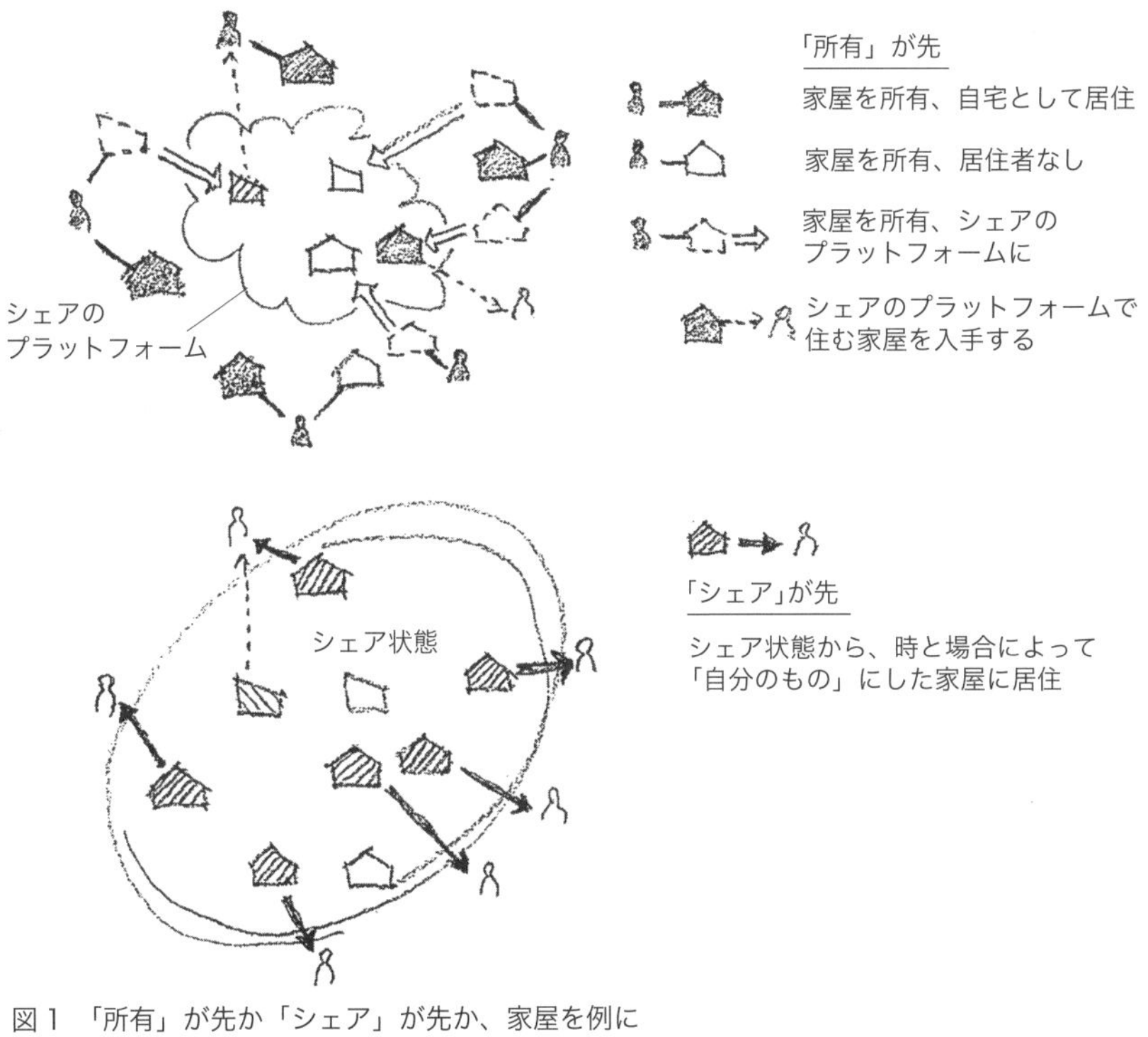
「所有」が先
家屋を所有、自宅として居住
家屋を所有、居住者なし
家屋を所有、シェアのプラットフォームに
シェアのプラットフォームで住む家屋を入手する
シェアのプラットフォーム
シェア状態
「シェア」が先
シェア状態から、時と場合によって「自分のもの」にした家屋に居住

図１「所有」が先か「シェア」が先か、家屋を例に

合によって「自分のもの」にする行為が起こるのではないか（第7章、図1）。そうなれば、インフォーマル地区でも、生活に不可欠な基盤になっている住まいは、隣人たちに認知されていれば、フォーマルに「所有」していなくても「自分のもの」だと安心できる。空き家についても、所有者が容易に特定できなかったり、買うなり借りるなりして排他的な権利を手に入れられないからといって諦めずに、「ここに住んで○○したい」と手を上げることができるようになり「自分のもの」にできる道が開ける。スラムと空き家といった住まいが最も危機的状況にあるところに、希望が灯る。

本書は、最近よく耳にするようになったシェアリングエコノミーからシェアを解きほぐし、スリランカの津波被災コミュニティを訪ね、タンザニアの都市で日々ぎりぎり生き抜く人たちと出会い、シェアの真髄を探し求めていく道程になった。シェアの急拡大に、情報技術に服従させられるのではないかという漠とした不安もなくはないが、こうしてみるとシェアの懐ははるかに深い。執筆者のみなさんと、さらにはシェアに関心のある多くの方々とともに、意外におおらかな未来の景色を、共に創造していくきっかけになればと願っている。

第1部

住まいを起点とした
シェアの実践から

第1章

シェアを道具に暮らしの未来をつくる

鈴木 亮平

1 想いを継承するために

シェアハウス、カーシェアリング、服や本のシェア、とさまざまなシェアが日常的になってきているが、私個人としては、あまり関心を持っていなかった。本は図書館や古本よりも書店で購入するほうだし、他人とリビングを共有して暮らすというのもあまり想像できない。旅先で見ず知らずのお宅の一室で過ごすのも気が引ける。つまりはシェアに向いていないタイプの人間だということだ。そんな私がどういうわけか、コワーキングスペースとシェアキッチンを運営するようになった。「住まい」の一部を地域に開き、近所の方々と空間をシェアしながら、仕事をしている（この原稿も、コワーキングスペースで書いている）。2020年の夏から、シェアを実践しているわけである。どうしてそうなったのか、「シェア」にどんな可能性を見出したのか、振り返ってみようと思う。

写真１　祖母宅を建て替えた集合住宅「PLAT295」外観（撮影：長谷川健太）

舞台は東京都墨田区業平《なりひら》。関東大震災後に整備された格子状の道路に、工場や印刷所、植木鉢が並ぶ狭い路地も所々見られる下町である。その一角に祖母の家がある。業平で育った祖母は、東京大空襲で焼け野原になったこの街で、近所にあった間口二間の土地を買い、事務所を設けた。7人兄弟の一番上の祖母は、家族を養うために必死に働いた。戦後すぐは進駐軍で事務手伝いの仕事をし、会計の基礎的な知識を習得した。そしてできたばかりの行政書士の資格を取り、自分で事務所を開いたのである。[注1]事務所の目の前に税務署と都税事務所があるという立地を活かし、20代という若さ、当時としては珍しい女性の行政書士ということで、たくさん仕事をもらえたようだ（税務署の方からは当時そこで働いていた祖父も紹介してもらい、その後結婚している）。事務所の隣の土地が売りに出されると貯めていたお金でそこを買い、木造2階建ての住居兼事務所を建てた。私の母はそこで生まれた。さらに隣の土地が売りに出されるとそこも購入し、鉄筋コンクリート造5階建ての家を建て、1階が祖母の事務所、2階が祖父の事務所（結婚後、税理士として独立した）、3階から上が自宅という住まいとなった。この建物、そしてこの土地は、祖母の人生が詰まったものであり、いわば祖母の歴史そのものである。

そんな場所に孫が転がり込んだのは2013年。2012年に会社を立ち上げ、都市計画・まちづくりのコンサルタントを始めた私が、木造2階建てを事務所として使

写真2　祖母と木造2階建ての自宅（昭和40年頃）

注1　行政書士は昭和26年にできた資格で、祖母は昭和27年に取得している。女性では日本で数番目の取得者だそうだ。

い始めた。その後結婚を機に、リフォームをして、事務所兼自宅とした。祖父母との2世帯住居での暮らしが始まったのである（2棟は別々の建物で玄関も別なのだが、2階ベランダがつながっており、祖母はしょっちゅう勝手に家に上がり込んでくる）。祖母が最初に購入したかつての間口二間の部分は、私が趣味で作ったウッドデッキとなった。息子を遊ばせるのにちょうどよい気持ちのよい場所であった。そんな家で暮らしてみて気づいたのは、暮らしの風景のいたるところに祖母の人生の積み重なりが感じられるということだ。家のちょっと変わった間取りにも、ご近所さんとの何気ない会話の中にも、祖母の人生の一幕が感じ取れる。そうした祖母の想いや記憶を感じ取りながら、それを大切にしながら、暮らしを築いていきたい。そう強く思うようになった。

祖母の想いの詰まった土地をどう継承していくか、その土地で私の家族がどう豊かに暮らしていくか。それを考えたときに出てきたのが「シェア」という手法である。80代後半まで細々ではあるが仕事をしてきた祖父母も、さすがに仕事ができないようになり、二人揃って施設に入居することになった。足を悪くした祖母にとって、階段しかない5階建てに暮らすのは無理があった。私が家族と暮らす木造2階建ても、電気系統の老朽化やネズミの侵入等、かなりガタがきていた。誰も暮らしていない5階建てと今にも壊れそうな2階

写真３　建て替え前の祖母宅
手前が木造２階建て、奥が鉄筋コンクリート造５階建て。

建て。そのうち訪れる相続税。いつか来る大災害。それらを並べて考えてみた結果、2棟合わせて建て替えるという結論にいたった。2018年、「シェアが描く住まいの未来」研究委員会がスタートした年である。そこで思いついたのが、建て替えた自宅の1階・2階をシェア空間にするということである。委員会としては「シェアの実践」という取り組みとして、わが家の建て替えプロジェクトがスタートした。

② 縮小時代のシェア

シェアを研究するようになり、シェアを実践する身となったわけであるが、まずは身近なシェアについて考えてみた。都市計画・まちづくりのコンサルタントとしてさまざまな地域でのプロジェクトに関わっているが、長い付き合いになっているのが、千葉県柏市の「カシニワ制度」[注2]である。2010年に創設された空き地の利活用を推進する制度である。柏市は1960年代以降、一気に市街化が進んだ地域で、道路や公園等、インフラがきちんと整備されずに開発された。そのため公園が十分に確保されていない地域もあり、人口一人当たりの公園面積が少ないという課題があった。市としては改善していきたいわけであるが、財政的にも労力的にも、公園をどんどん作っていける時代ではない。一方で、柏市のような郊外住宅地では、空き地が増えている。また、市民活動が盛んな地域であり、多くの市民団体が緑に関する活動を展開しているという

注2
「柏市緑の基本計画」では、重点施策として「未利用地を活用した多様なコミュニティガーデンづくり」が位置づけられており、「カシニワ制度」が創設された。

写真４　カシニワ登録地の一つ「ふうせん広場」

特徴もあった。こうした状況を踏まえて、空き地の管理に困っている所有者と、緑の活動をしたい市民団体とをマッチングする仕組みが生まれた。

公園を作ることはできないが、公園に代わるような市民が享受できる緑地を作っていく取り組みである。ある地域では、公園のない町会が空き地を広場として整備し、ラジオ体操やお祭りに使っている。ある地域では、市民団体が空き地で野菜を育てて、近所の子どもたちと一緒に収穫イベントを行っている。ある地域では、管理が行き届いていない里山をリタイアしたおじちゃんたちが再生させ、憩いの場所として守っている。防犯面や防災面、景観面で地域にとってマイナス要因となってしまう空き地（雑木林や耕作放棄地も含む）であるが、そこに住民の手が加わることで地域にプラスとなるパブリックスペースへと転換されるのである。それが「カシニワ」（「かしわの庭」「貸す庭」からくる造語）である。

この「カシニワ」が私の一番身近なシェアであった。そのままでは誰も入れずに、誰も立ち寄れない空き地を、「カシニワ」にすることで、地域住民みんなでシェアできるようになっている。ここでいう空間のシェアは、空き地を空間的に分割して使っているのではなく、いろいろな人がいろいろな時間に空き地を使っており、さまざまな使い方が重ね塗りされてシェアされている。「時間的なシェア」である。シェアハウスのような使い方ではなく、カーシェアやモノのレンタルに近い性質を持っている。

そしてもう一つの特徴が、「管理・負担のシェア」である。本来、空き

写真5　カシニワ登録地で開催されているマルシェ

地は所有者が責任を持って管理し、近所に迷惑をかけないようにするものである。しかし、この人口減少・高齢化の時代においては、なかなかそれが徹底できない。地権者は、自分では管理できない土地を地域住民に開き、シェアすることで、管理負担が軽減されている。[注3] 利用者は、自分たちで草刈りや水やり等の手入れをすることで、身近な緑を自分たちで生みだし、楽しむことができる。

「時間的なシェア」と「管理・負担のシェア」、この二つがこれからの縮小時代において、重要なのではないかと思う。これからの時代は、新しいものをどんどん生みだしていくのではなく、既存のものをうまく活用していくことが大事であろう。限りある資源を、時間的にシェアしながら、みんなで順番に使いながら、負担をシェアしながら維持していく。こうした「シェアの精神・文化」が、これからの時代のカギになるのではないかと思う。「カシニワ制度」に携わってきて感じたことである。

注3
カシニワ登録地は、土地所有者と活動団体間で貸借契約が結ばれており、ほとんどが無償での貸借となっている。固定資産税・都市計画税は地権者が負担しているが、空き地の管理費（除草等）がなくなることがメリットとなっている。活動団体が地縁団体である場合、柏市税条例により減免が適用される場合もある。

③ 住まいを地域に開く

さて、わが家の建て替えの話に戻そう。建て替えることは決まったわけであるが、どうしていこうか。自分たち家族は、これからどんな暮らし方をしていきたいのであろうか。考えて出てきたのが次の四つの視点である。

まず一つ目は、子育て。建て替えようと決断した一つの要因として、妻が二人目を妊娠していたことも影響している。子どもが増え、大きくなっていくなかで、子育てに追われるのではなく、楽しみながら子育てしていきたいものである。子育ての負担を少しでも減らせる（肉体的にというよりは精神的に）ような住まいにできないだろうか。また、地域でのびのびと育っていってほしいとも考えた。たとえば、自宅でお店をやっていれば、仕事をしながら子どもの面倒を見ることもできるかもしれない。お客さんが子どもの相手をしてくれることもあるかもしれない。少なくとも、いろいろな人が出入りする場所であれば、子どもがいろいろな人と出会い、おしゃべりし、社会とつながっていくのではないか。自分の住まいを少し地域に開いていくことに期待が持てた。

二つ目は仕事。もともと自宅兼事務所として使っており、引き続き職住近接の暮らしをしたいと考えた。そうすると1階部分が事務所になりそうだが、専属スタッフが2名の我が社では、スペースをかなり持て余す。私は出張が多いため、常にいるわけでもない。であれば、コワーキングスペースにして、他の人にも使ってもらってはどうだろうか。ちょうどその頃、妻は転職について考えていた。子どもが二人になったときに、毎日1時間かけて通勤するのは大変そうだ。次のステップとして、新しい仕事を考えてもいい。とのことだったので、コワーキングスペースの運営を任せることにした。妻はもともと建築関係の仕事だったので、内装デザインにも興味があるし、設備関連の知識もある。わが家は建て替えると5階建てのビルになるので、そのビル自体の管理もお願いすることにした。こうして夫婦共に職住近接の生活となることが決まったわけである。

三つ目が防災。業平は海抜0メートル地帯であり、水害を想定しないと

写真6　PLAT295 コワーキングスペース内観

いけない。実際にちょうど建て替え中の2019年夏の台風では荒川氾濫の危険があり、ヒヤリとした。1階が事務所であれば、浸水しても被害は最小限に抑えられるだろう。また、東京に住んでいるかぎり、いつか来る大地震に備える必要もある。業平に住んでから地元の祭りの会に参加しているが、そこで感じたのは、「もし家族に何かあったら、近所の方に助けてもらわないといけない」という、当たり前のことである。住んでいた木造2階建ては、おそらく大地震では崩れてしまうだろう。妻や子どもが何かの下敷きになってしまう可能性もある。そのときに近所の人の助けを借りられなければ、命を落とすことになるかもしれない。幸い、近所には工場や印刷所、飲食店も多く、日中も大人がたくさんいる。祭りの会に入ったことで、下っ端の私や子どもたちを気にかけてくれるご近所さんもいる。そういう環境は残しておくべきだし、確保しておくべきだと感じた。この地域では、災害時の命を守る一つのツールがコミュニティなのだ。東京大空襲の際、火が燃え移らないよう、近所のおじさんが体に泥を塗ってくれて助かった、と祖母はよく話していた。しっかり地域とつながっておくために、コワーキングスペースは適していると感じた。近所の人が気楽に立ち寄れるし、お客さんとも自然になんとなくつながれる。

四つ目が下町の雰囲気。戦災復興でできあがったこの街は、まさに今建て替えラッシュである。築60~70年の建物がどんどんマンションに変わっていっている。収益性を考えると、マンションを建てて最上階に住む、というのが間違いなく最適解であろ

写真7　工場や印刷所が並ぶ街並み

う。しかし、そうしたマンションばかり建つことに抵抗があった。やはり下町の良さは通りに面したグランドレベルにある。1階に賑わいや人の居場所がある。昼間も働く人が通りを行き来する。そんな風景や雰囲気に自分は居心地の良さを感じていたわけで、そんな風景を残せる建て替えにできないかと考えた。1階をコワーキングスペースにして開放的にすれば、少しはそうした景観に貢献できないだろうか。少なくとも事務所で働いている姿が通りから見えたり、逆に通りを歩いている知り合いを見つけて声をかけたり、路地で遊ぶ子どもの姿がチラッと見えたり。わが家の建て替えでも多少は雰囲気を作れそうだし、新たな建て替えモデルを示したいとも考えた。

こうして新たな住まいの1階がコワーキングスペースになることが決まった。運営も自分の会社で行う。ただ、意識としては、コワーキングスペース事業を新たに始めるのとは違う。自分の家にオフィスを設け、それを開いていき、ご近所さんに使ってもらうという感覚である。住まいを地域に開いていくことで、私たち家族が暮らしやすくなる、楽しくなるのではないかと期待したのである。

④「食」でつながる暮らし

建て替えにおいて、コワーキングスペースが核となることは決まった。5階建てとなるので、4・5階に住むとして、2、3階が賃貸住居となるのが自然であろう。土地・建物を継承していくことを考えると、安定的に収入が入る構造にしておくことは重要である。加えて、コワーキングスペースを設けるので、そこを使ってくれる人に住んでもらうのが理想的である。住人にも職住近接を体現してもらえれば面白い。普通のアパートであれば、住人同士、せいぜい共用部で挨拶する程度である。もう少しコミュニケーションが取れたほうが楽しいし、気持ちよく暮らせるのではないだろうか。大家と住人のコミュニケーションを考えたときにも、コワーキングスペースはプラスに働くように思えた。

コワーキングスペースに併設させて一つやりたいことを思いついた。シェアキッチンである。打ち合わせや、会社のメンバーと集まってのパーティーのための、会議室は設けたいと思っていた。そこにキッチンを付けてみてはどうだろうか。しかも、業務用のしっかりしたキッチンを。影響を受けた事例が二つある。西荻窪にある「okatte にしおぎ」と、武蔵境にある「８Ｋ」である。

「okatte にしおぎ」は西荻窪にある、「食」をテーマにした会員制のシェアキッチンである。オーナーの竹之内祥子さんとは以前お仕事でお会いしたことがあり、その後視察にも伺わせていただいた。「okatte にしおぎ」では、会員になると鍵を持つことができ、キッチンに出入りできるようになっている。予約をしてキッチンを借り、飲み会やイベントを開催したり、販売用の商品を調理したり、と使われている。日によっては誰でも立ち寄れるフリータイム（okatte アワー）があり、子どもを連れてママ友とご飯を一緒に作る人もいれば、ふらっと一人でご飯を食べにくる人もいる。それぞれが思い思いの過ごし方をしている。震災で東北とのつながりのできた会員からの依頼で、栄養士、デザイナー等の会員が手を組み、商品開発までしてしまったこともあるそうだ。キッチンを囲んでいろいろな人がつながって笑い合っている、素敵な取り組みだ。

何より印象的だったのが、立ち上げの経緯である。「okatte にしおぎ」は、竹之内さんのご実家の建て替えによって作られている。もともと自宅だったところを、1階がシェアキッチン、2階がシェアハウスの建物としてリノベーション・増築している。親の介護や自身の高齢化を見据えたときに、自宅の一部をシェア空間とすることで、ご近所さんとうまくつながりながら、楽しく暮らせるのではないかと考えたそうである。実際に自宅の庭いじりを会員さんと一緒に楽しんだり、送られてきた果物を会員さんと一緒にジャムにしたりと、竹之内さん自身が「okatte にしおぎ」の生活を会員とともに楽しんでいる。ご自身のライフステージに合わせて住まいの形を柔軟に変え、シェア空間を取り込んで暮らし方を構築していることに感銘を受けた。

「8K」は武蔵境にある8人のメンバーが共有するシェアキッチンで、パン、スイーツ、デリ、ケータリングなど、日替わりで八つのお店が営業される。独立して小さなお店からスタートする人、副業として新たなチャレンジを始める人、「8K」を経て自分のお店を持つ人など、それぞれのステップアップに活用されている。働き方が大きく変わるなかで、うまくシェア空間が使われ、利用者の生業やチャレンジを支えている。まず単純に、自宅の1階にときどきカフェやパン屋が出店してくれたら楽しいだろうなと思う。「8K」をはじめ、いくつものシェアキッチンを運営されている㈱タウンキッチンの西山佳孝さんのお話では、「利用者は近

写真8　ATELIER295 シェアキッチン内観

くに住む方がほとんどで、歩きか自転車で通っているケースが多い」とのこと。[注4]ご近所の方のチャレンジを応援できたり、そこから新しいお店が地元に誕生したりしたら、なんと楽しいことであろうか。「8K」は住宅街の中にあり、暮らしの中に溶け込んでいる。住民としては日常の中で気軽に立ち寄れるし、出店者としては暮らしの延長でビジネスを行える。

さまざまな地域でまちづくりの仕事に携わっているが、その中でも「食」はすごく大事な要素だと思う。というより、人間の暮らしにおいて根源的なものである。「食」には地域の個性が出るし、飲食店にも地域の魅力が表れる。仕事の一つとして千葉県柏市で「ろじまる」という八百屋の経営をしている。先述した「カシニワ制度」の中で、空き地の多様な使い方ができないかと考え、地元の農家と一緒に空き地で野菜市を始めた。毎週水曜日の昼1時間だけの開催なのだが、近所の住民や飲食店を中心に大勢のお客さんが来るようになり、もっと安定的に地元野菜を販売できる場を設けられないかと、農家と一緒に八百屋を立ち上げた。柏のような郊外都市だと、大きな消費地であると同時に、駅から15～20分車を走らせれば、農地が広がっている。ちゃんと場所さえ設ければ、採れたての新鮮な野菜や、市場では出回らない貴重な野菜が、簡単に手に入るのである。「食」の豊かさが暮らしの豊かさにつながるし、地域の豊かさや強みにもなると感じている。

そんな「食」への意識の高まりもあり、シェアキッチンという選択肢を取ることにした。飲食店営業と菓子製造業の許可を保健所から取り、ワンデイカフェや加工場として使えるようにした。「食」の場をとおして、地域とつながっていけるのではないか、

注4　竹之内さん、西山さんには、第54回住総研シンポジウム「ウィズコロナ時代のシェアと住まい」（2020年8月1日@PLAT295）にご登壇いただいた。

コミュニティに貢献できるのではないだろうか、そう考え、実践してみることにした。

こうしてわが家の足元にはコワーキングスペースとシェアキッチンが作られることが決まった。設計を進めていくなかで、1階北側と2階北側がコワーキングスペース、1階南側がシェアキッチン、2階南側と3階が賃貸住居、4・5階がわが家、という構成になった。シェア部分をまちに開いていくこと、パブリック性を高めることを意識して設計してもらった。また、シェア部分と住居が切り離されないように、一体的に見えるように、工夫を凝らした。ビル1棟が自宅であり、自分のオフィスである。シェア空間を設けることで、それを少し地域に開いていく。そういう実践・実験としてプロジェクトを進めた。

5 変化する働き方の受け皿

2020年4月に建物は完成し、新居に引っ越した。緊急事態宣言発令のちょうど前日だった。外出自粛期間中、保育園も休園するなかで、元気があり余る子どもたちの面倒をなんとか見られたのは、新居のおかげである。シェア部分はそこから内装工事を行い、7月に完成した。8月1日、住総研シンポジウム「ウィズコロナ時代のシェアと住まい」の会場として、コワーキングスペース「PLAT295」[注5]、シェアキッチン「ATELIER295」をオープンした。

2020年は何と言ってもコロナウイルスの影響を受けた年であ

注5
名称の295（ニーキュウゴ）は祖母の名前「ふくこ」から付けた。

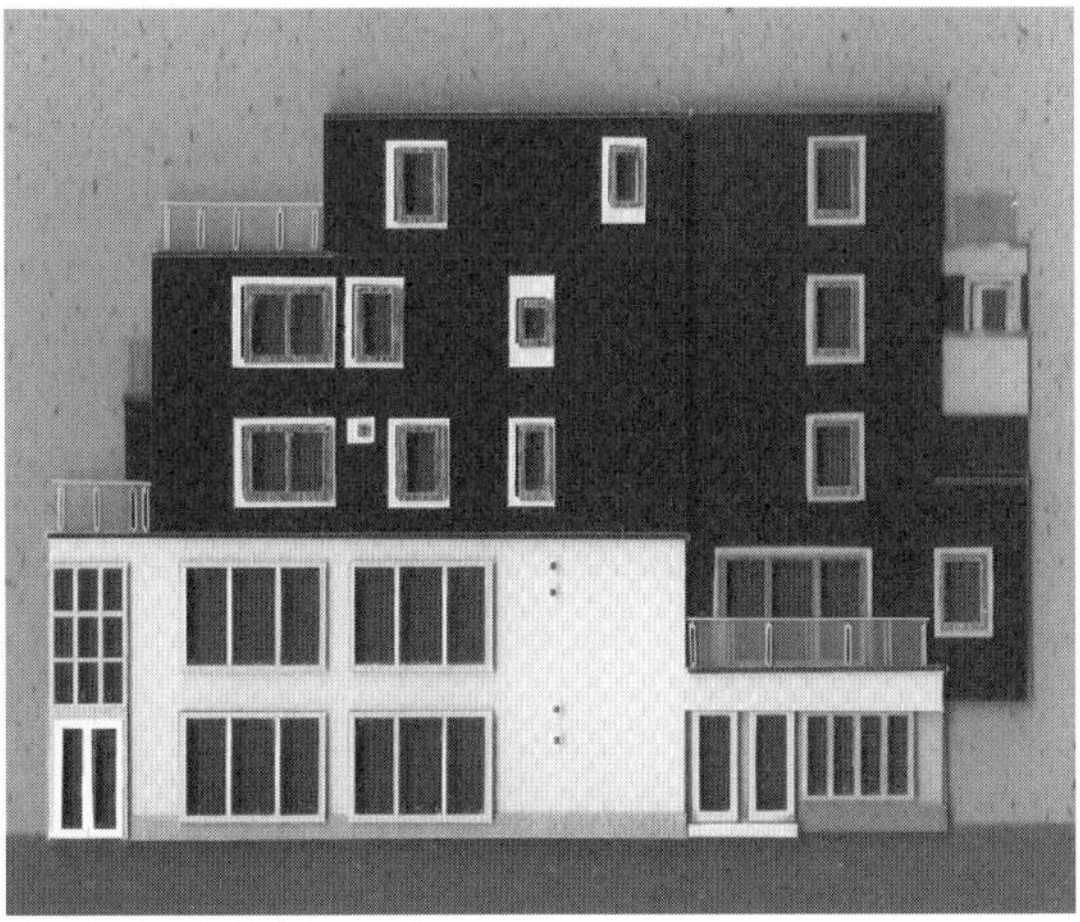
写真9　建物立面の模型
外壁が白い部分がシェア空間で、外壁が黒い部分が住居空間。

る。「シェアの実践」もイメージしていたものとはまったく異なるものとなった。オープニングパーティーでもやろうかと思っていたが、大々的な催しはなしにして、ひっそりとオープンしてみることにした。それでもとりあえず開けていると、いろいろな人が使ってくれる。「建設中から何が建つか気になっていました」や「久しぶりに通ったら新しいお店ができていたので寄ってみました」など、建物自体が一番の宣伝になった。気になって立ち寄ってくれたおばあちゃんは、コワーキングスペースの説明をするものの、あまり理解できないまま「なんか楽しそうね」と去っていった。とりあえず毎朝ブラインドを開けて看板を立てる。夜まで灯りをつけておく。ひとまず、地域に開くという姿勢は伝わったようである。

設計段階では、コワーキングスペースの利用者として、フリーランスや会社を経営している人を想定していた。たとえば、知り合いの税理士さんの話では、家を事務所にして仕事をしている税理士は多いが、やはり打ち合わせはどこか場所を借りてやりたいようである。知り合いでも、フリーランスのデザイナーやカメラマンは、コワーキングスペースをよく活用している。もちろんそういった方の利用もあるが、ＰＬＡＴ２９５で多いのは会社員の方の利用だった。これまでは毎日会社に通勤してオフィスワークしていた人が、急にリモートワークになり、家で働かざるをえなくなった。しかし、もともと家での作業を想定していないので、ワークスペースがなかったり、ネット環境が悪かったり

写真 10　コワーキングスペース 1 階の様子

と、苦労しているようであった。そこでコワーキングスペースに作業場所を求めてくる。

ＰＬＡＴ２９５では、固定席会員とフリー席会員を設けている。ただ、思った以上に会員さんが増えない。とくに固定席会員はなかなか埋まらない。その分ドロップイン利用の方は多いのが特徴である。コロナ禍でリモートワークが広まるなか、企業がこの先の働き方をどうするか、模索段階であることが大きな要因である。このままリモートワークが続くのであれば会員になるが、まだ分からない。週に2日程度は出勤しており、このペースで続くのか見極めたい。というのが大まかな声である。逆に、完全にリモートワークにシフトした企業では、コワーキングスペースの利用料を会社が負担している場合もあり、そうした方はすぐに会員になってくれた。

賃貸住居に入居した一人は、すべてリモートワークに移行したため、引っ越してきたという。これまでは会社の近くの狭い家に寝に帰るだけであったが、家で仕事をすることになり、作業しやすい環境を求めて、会社から遠くはなるが引っ越してきている。また別の入居者は、ご自身で会社を経営しており、ＰＬＡＴ２９５を本社所在地にしている。これまでは自宅とオフィスが別々だったそうだが、ＰＬＡＴ２９５に引っ越して自宅兼事務所とした。普段は自室で仕事をしているが、打ち合わせやコピー機利用でコワーキングスペースを使っている。

コロナ禍で環境が大きく変わり、皆これからの働き方を模索している状況と言える。入居者のように早々と「家で仕事をする」というスタイルに

写真11　コワーキングスペース２階の様子

舵を切り、新しい仕事環境を構築している人もいれば、これからの働き方が見通せないなかで、様子を見ている人もいる。後者にとって、とりあえずの働き場所・居場所として、コワーキングスペースが寄り添えているのだと思う。

また、働き方に関して言えば、ＰＬＡＴ２９５では店番専用スタッフを置かないようにしている。基本的には私の会社（都市計画・まちづくりのコンサルタント）のスタッフが、業務をしながら、お客さんが来たら受付や案内をする、という体制をとっている。言うならば業務のシェアである。コンサルタント会社とコワーキングスペース運営会社がスタッフを共有していると考えると、人材のシェアかもしれない。ＰＬＡＴ２９５では極力人件費をかけないよう、ウェブ上で予約・決済・カギの発行を行えるようにし、スタッフ不在の場合でも、最低限のサービスが提供できるようにしている。そして、コワーキングスペースのためだけに人材を用意するのではなく、他の業務をしながら、適宜コワーキングスペースの面倒を見るような仕組みづくりを目指している。土日祝日は、アルバイト会員という制度を設けた。日給制（一般的なアルバイトより安めに設定）で受付業務をしてもらうのだが、利用者対応がない場合は、自分の仕事や勉強をしていてよい、という会員さんである。募集するとすぐに3名集まり、店番をやってもらっている。土日に資格試験やオンライン学習をしている会社員や、民泊事業を運営しているフリーランスなど、どなたも

写真12　シェアキッチンを使っての食事会

ご近所さんである。リモートワークが広まると同時に、副業可能な会社も増えている。これから働き方はどんどん変わっていくであろう。その中で、一人一つの仕事や肩書きではなく、業務を掛け合わせたり、人材としてシェアされたり、効率的に働いていくことが、給料の面でも生きがいの面でも重要なのではないかと思う。

⑥ ビジネスの隙間の受け皿

一方で、シェアキッチンはコロナ禍を追い風にしたように思う。まず、飲食店に複数で行きにくくなったことから、こうしたシェアキッチンを借りて食事会をする方が多い。サークルの飲み会や、地域のママ会、法事等、身近な仲間・家族と利用する例がよく見られる。とくに子どもがいる場合、なかなかお店に連れていきにくいという意識が働き、場所を貸し切ることのできるシェアキッチンはフィットしているようだ。

シェアキッチンを借りてワンデイカフェを営業する人もいる。普段はカフェで働いているが、休日に自分でお店をやってみたいという女性は、ヴィーガンスイーツ専門店を定期的に開いている。将来的にコーヒーショップを開きたい男性が、腕試しに開いたこだわりコーヒーのカフェもある。私の会社の副業スタッフ（本業は料理教室の先生）には、コワーキングスペース利用者向けに、定期的にランチやディナーをやってもらっている。近所の美容院が、顧客サービスの一環で月1回開くレモンサワー専門店もある。こうした場で、コワーキングスペース利用者とも交流が深まるし、一度カフェ出店した方が遊びに来てくれ、他の出店者と仲良くなったりもする。コワーキングスペースの会員が、レモンサワー専門店を開いた美容院で髪を切っている、という事実も判明した。まだ始めたばかりではあるが、「食」を介して楽しいつながりが生まれそうな予感はしている。

最近では、キッチンカー営業の仕込みに使ったり、ネット販売やイベント出店するためのジャムや焼き菓子を製造したりしている利用者も多い。コロナ禍でそういった営業形態は今後も増えそうである。ATELIER295では、そうした使い方を想定して、お得な早朝利用プラン（6〜9時）を用意している。2021年1月の緊急事態宣言下では、やはり食事会やイベント利用は激減した。その中でも、こうした加工場利用だけはそれほど減っていない。社会の変化に合わせて、利用してもらっている。

オープン当初からイベント利用は多かったのだが、意外な使い方だったのが、ユーチューバーやインスタグラマーの利用である。もちろん、料理動画の撮影やオンライン配信のスタジオとして使ってもらうことは想定していた。そのために、内装や照明もデザインしている。それとは別に、ユーチューバーやインスタグラマーによるファン向けのイベントも行われているのである。アイドルが手料理をファンに振る舞う。アスリートが体に良い料理をサポーターに振る舞う。オンラインを駆使して活動をしているユーチューバーやインスタグラマーが、リアルな場でファンと交流し、魅力的なコンテンツを生みだしている。シェア空間ならではの使い方を見た気がした。

写真13　シェアキッチンを使ったワンデイカフェ

ほかにも意外だったのが、新規オープンする飲食店がテスト的に利用するパターンである。広告に載せるための調理と撮影をしたり、オープニングスタッフの研修や試作をしたり、採用するシェフの最終試験をしたりと、なるほどと思える使い方が見られた。確かに、新規店舗にとっては、それなりの家賃が発生するので、工事終了後すぐにオープンするほうが望ましい。その間、シェアキッチンを利用してオープンに向けて準備を進めるのは効率が良い。シェアキッチンをうまくビジネスの中で活用している。

このように、シェアキッチンでは想定していた以上に、多様な使い方が見られた。社会や環境が変化するなかで、うまくシェア空間を受け皿としながら、使いこなしているように思う。それぞれのビジネスにおいて発生するちょっとした隙間のようなものを、シェアキッチンを使って埋めながら、活動を前に進めているように見える。ATELIER295では、「ビジネスの隙間的利用」をうまく促すことで、多様な景色が広がっていくのではないだろうか。

⑦シェアとともに暮らす

オープンして半年、コワーキングスペース、シェアキッチンを利用するお客さんから、シェア空間の使いこなし方を教わっている。それぞれが社会の変化やライフステージに合わせて、働き方や楽しみ方をカスタマイズしている。まずは、それに寄り添えるようなサービス・場づくりをしていければと思っている。

一方で自分たち家族の暮らしはどう変わったであろうか。まず私個人としては、仕事のしやすさが圧倒的に向上した。以前は自宅のリビングが仕事場であったのだが、今は玄関から出て1階に降りたところに仕事場がある。自宅兼事務所でも後者のほうが、仕事のスイッチを入れやすい。また、スタッフと話しながら作業する場所、一人で集中して作業する場所、オンライン会議をする場所等、シェアキッチンも含めると、その時その時で最適な作業場所を見つけて使うことができる。コワーキングスペースとして、自分たちだけでは持て余すある程度広がりのある空間を用意することで、自分自身の選択肢も増やすことができた。

シェア空間の運営に関して、「土日祝日も管理業務があり大変でしょう?」とよく聞かれるが、思ったほどではない。始めてみて感じたのは、あまり肩に力を入れずに、無理をしないことが大切だということだ。もちろん、シェアキッチン利用者の出す音に対して近所から苦情が来たり、コワーキングスペース利用者からクレームが入ったり(恥ずかしながらわが家の子どもが原因の場合もあったが)することもあり、対応には気を使う。一方で、日々の仕事(本業)の延長、暮らしのついで、に近い感覚でやることもできる。普通のお宅でも、お客さんが来るからリビングを掃除する、雑草が伸びたから庭の手入れをする、電球が切れたから交換する。そんな暮らしの当たり前のことの延長に、シェア空間の管理・運営がある感覚である。自宅の中にシェア空間を設けることで、暮らしを少し拡張している、という表現になろうか。わが家

写真14　階段下のお籠りスペース
本棚もオフィスに置くことで、自宅では収まらない本を揃えられる。

でもピザを作るときはシェアキッチンのガスオーブンを使っているし、両親が来たときにも家族でご飯を食べるのはシェアキッチンである。居住スペースではないけれども割と自由に使える。管理をしなくてはいけないけれど、ある程度は利用者がやってくれる（キッチンの食器洗いやデスクの後片付け等）。自宅の中に少しパブリックなスペースができ、それを含めて新たな「住まい」となっている。実際に4歳の息子は、PLAT295もATELIER295も自分の家だと思っているようだ。保育園帰りにお菓子をつまむところ、休日路地で遊ぶときに使う部屋、くらいに捉えているのかもしれない。

夫婦共に職住近接の生活となったことで、必然的に家族との時間も増えた。親が働いている姿を近くで見られるのは、もしかしたら子どもにとって貴重な体験なのかもしれない。この選択が吉と出るか凶と出るかは、子どもたちが大きくなってからでないと分からないが。

祖母宅を建て替えて、わが家はシェアとともに暮らすことになった。現段階では、コワーキングスペース、シェアキッチンというスタイルをとっているが、もしかしたら子どもたちの成長や仕事の発展によって、使い方は変わってくるかもしれない。新たな利用者が、新しい使い方へと導いてくれるかもしれない。どうなるかは分からないが、そういう柔軟な場所が身近にあることは心強い。ライフステージに合わせて、どう活かしていくべきか、常に考えていきたい。

写真15　シェアキッチンが空いている日は家族でも利用している。

⑧シェアを武器に

シェアの実践をとおして、何が見えてきたであろうか。何が展望できそうであろうか。社会の変化、ライフステージの変化に合わせて暮らしをカスタマイズしていく際の有効なツールとして「シェア」があるのではないか。今の利用者の姿から、そんなことを感じている。少し環境を変える、暮らしをちょっと楽にする、生活に刺激を増やしてみる。そんなおのおのの分岐点において、暮らしやライフスタイルを拡張させていくためのツールである。コロナ禍のように、今後も社会は大きく変化していくだろう。そのたびに、次なる道を模索し、自分の進むべき道を開拓していかなければいけない。そこでは、「シェア」を武器にすることで、立ち向かっていけるのではないだろうか。

住総研の研究会のなかで、韓国ソウル市へのインタビューを行った。詳細は47頁のコラムにあるが、ソウル市は2012年に「シェアリングシティ」という政策を打ち出し、行政としてシェアビジネスの育成・発展に積極的に取り組んでいる。金融危機後の改革として、シェア産業の成長を推進させたわけであるが、さまざまなシェアビジネスが普及し、シェアの文化が広まっていくなかで、次なるステージとして「シェアからコモンズへ」というスローガンを掲げている。シェアビジネスによって、資産を持たない若い世代でもさまざまなサービスにアクセスできるようになった一方で、お金を払わないとあらゆるサービスにアクセスできないようになってしまった面もある。なかには、公共財として市民が平等にシェアするべきものもあり、行政だけでなく、民間の力を使って、公共サービスとして行き届くような仕組みを再構築しようとしている。[注6]「シェア」の視点から、これからの公共のあり方を問い直しているのである。代価を払って受け取るシェアサービスの先に、サービス提供者・受給者がともに参画し、公益的な価値や仕組みを生みだしていく「コモンズ」の姿を描いている。

「カシニワ制度」で触れた「時間的なシェア」と「管理・負担のシェア」も、そうした「コモンズ」の姿に重なる。「okatte にしおぎ」は、まさに「新しいコモンズ」の創出にチャレンジしている。そこでは、「利己的シェアから利他的コモンへの変容がある」と竹之内さんは言う。シェアによりおのおのが便益を受けるだけではなく、それを成り立たせる仕組みにそれぞれが貢献していく、運営や維持の一端を担っていく。そんなコミュニティが目指されている。

先述した柏の八百屋「ろじまる」は、コロナ禍での売り上げは好調であった。家で料理をする人が増えたということに加えて、地元産の野菜は市場を通さず入荷するため、物流の影響を受けずに量も値段も安定して販売できたことも大きな要因であろう。地産地消の強みを見た。農地は農家が管理し農産物を生産する私有地であるが、地域の食を支えるという公共的役割も担っている。農地が身近にあるという自然環境、そこを生業として維持・管理している農家、それを含めた地域の環境を、市民みんなでシェアしているのである。今回のコロナ禍において、その大切さを改めて認識するとともに、「ろじまる」を通じて少しでも消費者に理解してもらうことができたのではないかと思っている。シェアを基盤とした、シェアを意識した、コミュニティや地域

注6
たとえば、コロナ禍では、本来私有財であるマスクが公共財となり、平等なアクセスが必要とされた。ソウルでは、それまでのシェアビジネスのノウハウを活かし、民間プログラマーがマスクを分配する仕組みを行政と連携して構築した。

のあり方に気づかされた。

PLAT295とATELIER295でも、これからそんなコミュニティづくりにチャレンジができればと思っている。ご近所さんや利用者のアイデアや姿勢を受け止めながら、それが場を変化させ、価値を変化させて、地域の大切な場所になっていければ嬉しいかぎりである。私の「シェアの実践」は始まったばかりで、まだまだ試していくべきことがたくさんある。楽しみである。

シェアは自分の周りの環境を、社会を変えていくための道具である。シェアビジネスに人が合わせるのではなく、人が使いこなす道具として、今一度「シェア」を見直してみたい。それぞれの国が、地域が、個人が、自分たちにフィットした「シェア」を武器に、時代を切り開いていく姿を期待している。

「シェア」から「コモンズ」へ
韓国ソウル市のシェアリングシティ政策

2020年12月
語り手：金弘吉、李娗潤
聞き手：鈴木亮平

ソウル市は2012年に「シェアリングシティ・ソウル」を宣言し、シェアビジネスを行政が積極的に推進している。ソウル市革新企画課転換都市担当官・金弘吉《キムホンギル》氏、李娗潤《リジョンユン》氏にお話を伺った。（鈴木）

—シェアリングシティ政策をスタートした背景と経緯について教えてください。

ソウルでは、2008年の金融危機以降、カーシェアリングやシェアハウスなど、暮らしにおける節約文化が浸透すると同時に、シェアビジネスが成長してきました。シェアリングシティ政策はデジタル転換と都市革新を目標に進めていますが、韓国に古くからあるエコの精神が根底にあります。多様な資源を共有しようとする取り組みです。

—ソウル市では民間のシェアビジネスをどのように政策に取り入れ、バックアップしているのでしょうか？

スタートアップ企業と非営利団体に対して、ソウル市から認証を与えています。シェアビジネスに取り組む企業に対して、ソウル市が審査をし、認証企業として指定するものです。ＳＤＧｓとの合致、組織の持続可能性、社会課題への貢献度や公益性、ビジネスの事業性等、細かい基準で審査しています。

—認証を受けられなければできないことや、規制されることはあるのでしょうか？

とくに規制はありませんが、認証マークが与えられると信頼度が高くなり、事業展開する際により受け入れられやすいというメリットがあると思います。また、認証を得た企業（団体）を対象に、補助金を支援しています。2020年は補助金として5億ウォン（約4千700万円）の予算があり、1企業当たり平均約3千万ウォン（約280万円）の運営資金を補助した実績があります。企業は、この資金を活用し、プラットフォームを開発したり、広報を展開したり、製品の開発等を推進したりしています。

たとえばカーシェアリングの場合、ソウル市の共有企業として認証をもらうと、ソウル市所有の駐車場を優先的に利用できます。実際、現在のカーシェアリングの大手企業にとって、ソウル市による共用駐車場の提供が成長の大きな要因になっていたと思います。ほかにも、事業に関連する部署を紹介したり、他の部署が民間プレイヤーを探す際には推薦することもあります。われわれの部署がつなぎ役となり、他部署の政策と連携していくことで、多様な都市の資源の共有が進んでいくのだと思います。

―その時その時によって、政策として力を入れているシェアビジネスはあったりするのでしょうか？

何か一つを中心的に成長させようとする政策をつくってはいません。ただ、産業のトレンドのなかで、自然と取り組みが増える分野はあります。振り返ってみると、結果的に積極的につなげたり、支援していたように思います。

―シェアビジネスが行われる際、既存のルールや仕組みと整合がとれない場合もあると思いますが、どう対応しているのでしょうか？

この点に関しては、ソウル市という一地方自治体の限界があると思います。法律は中央政府と国会が制定するものですので。ソウル市は、多様なシェアビジネスの現場に合わせて、制度的に力添えしていかないといけないと思っています。

―民間事業者に指導や注意をすることはありますか？

法律で規定されている範囲で指導しています。たとえば、シェア電動キックボードが今は大きな問題になっています。電動キックボードは、道路交通法上、自動車運転免許もしくは原動機付自転車運転免許がないと運転はできません。ヘルメットも必須です。歩道では運転できませんし、二人乗りも禁止されています。しかし、みんなが守りながら使用しているとは言えない状況です。それによって交通事故が起こったり、違法駐車が増えたりと、さまざまな問題が起こっています。各自治体で指導を強化していますが、それでも守られていない状況なので、中央政府に提言しています。また、ソウル市とシェア電動キックボードの運営会社とで自主的に協定を締結し、駐車や走行上の問題が発生しないよう、ルールの徹底に努めています。

―シェア電動キックボードが流行っているようですが、ソウル市で他に成長・拡大している事業はありますか？

カーシェアリングやシェアハウスなどが成長しています。最も代表的なシェアビジネスは「タルンイ」というシェアサイクルで、ソウル市民なら誰でも知っているサービスです。子どもの服やおもちゃなどのシェア、ソウル市に上京する人々のためのシェアハウスも多いです。日常生活ではペンチやドライバー等、工具を役所等に配置し、必要な人が使えるようにしているサービスもあります。また、公共機関が所有している会議室や体育施設等を、予約システムを通じて一般の人も使えるように開放している取り組みもあります。民間施設で、民間企業が提供している場合もあります。

―シェアビジネスを利用しているのはどの世代でしょうか？

毎年調査し分析していますが、最も使っているのはミレニアル世代です。性別や分野によって使用する年齢層は変わってくるとは思いますが。子どもの服やおもちゃのシェアの場合、子育て中のママがたくさん利用するサービスとなっています。

―シェアビジネスが普及していくなかで、ソウル市がどう住みよくなり、市としてはどういうメリットがあるのか、議論やビジョンはありますか？

若い世代がプラットフォームを活用してシェアサービスに簡単にアクセスできるようになったことは、チャンスを広げるという意味で大きいと思います。今の若い世代は、以前に比べて資産を持っていません。所有するのではなく共有することで、さまざまなサービスにアクセスできるようになりました。シェアビジネスが活性化していくことで、若い世代にとって暮らしやすい環境になると思うので、ソウル市としても、「所有から共有へ」というスローガンのもと、都市の多様な資源の共有を促進しています。一方で、あらゆるサービスが市場化されることで、格差が拡大してしまうという側面もあると思います。昔はただで貸してあげたり、分け合ったりしていたことが、市場化されることで、お金を払わないとシェアできないという環境になってしまっています。

　そこで、ソウル市は1期〜3期にわたり基本計画を策定してきましたが、3期（2020年〜）では「シェアからコモンズへ」という新しいスローガンで政策を推進しようとしています。コモンズを掲げる大きな目的の一つは「価値の循環」です。それは、生態的循環、包容的循環、社会経済的循環を指しています。コモンズの大きなポイントは、それらによって共有基盤都市を構築することです。

　まず、生態的循環としては、シェア社会では限りある資源を循環させることが可能です。特にソウル市は大都市のため、資源の使用量が多く、消費するばかりの場所であるため、資源を循環して使用していくことが重要です。また、包容的循環として、あらゆるサービスが市場化された社会においてアクセスが困難な階層に対して、シェアへのアクセスを確保することが大切になってきます。さらに、社会経済的循環として、シェアサービスを活用してビジネスのチャンスを広げること、そして公共の財産を市民にしっかりと分配すること、を目指しています。

　今回のコロナ禍で特徴的な事例がありました。マスクは本来市場の原理で消費されるものですが、コロナ禍におい

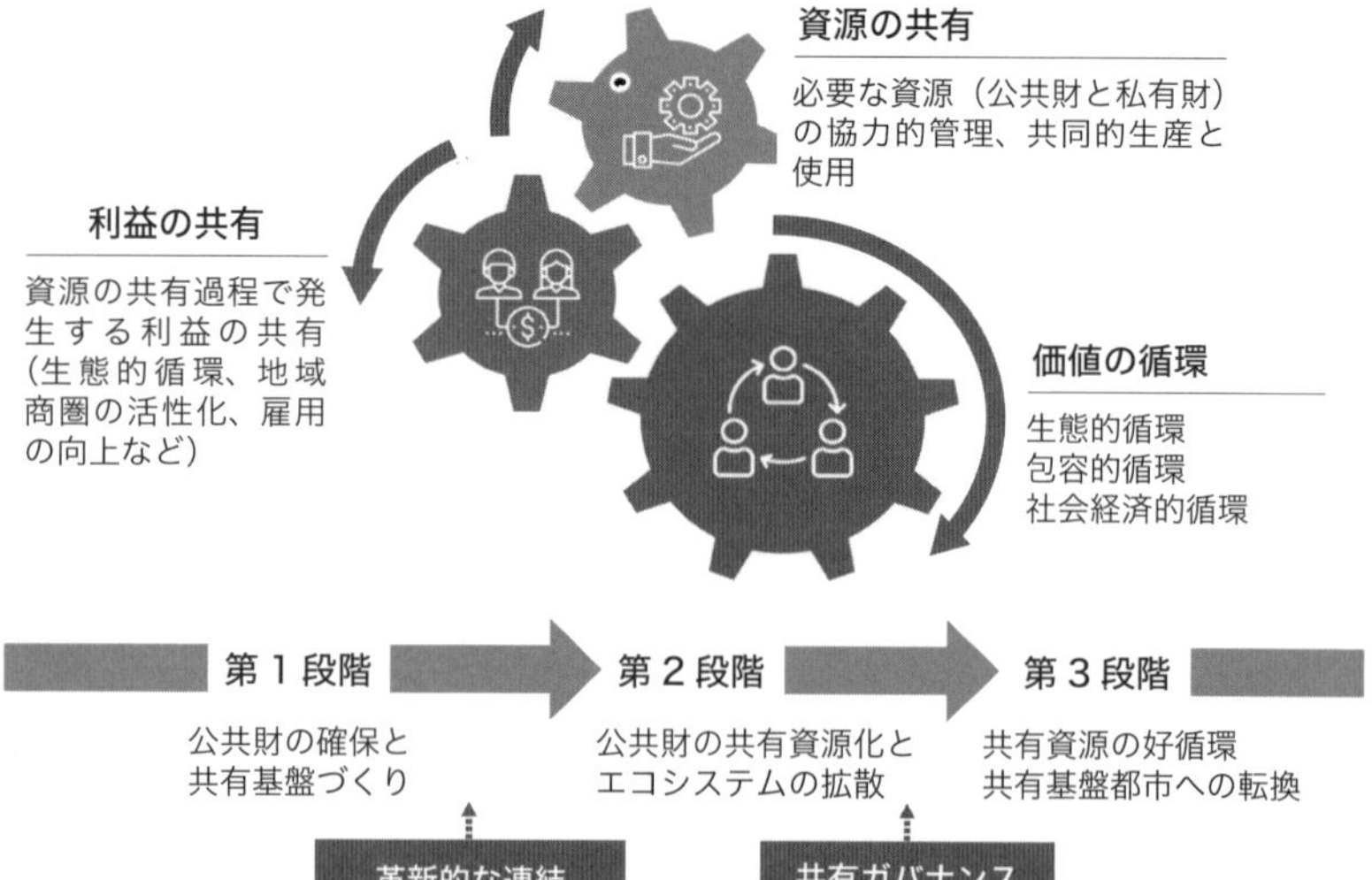

図１　ソウル市「共有基盤都市への転換にむけた方針と戦略」（出典：ソウル市資料をもとに筆者翻訳）
「資源の共有」とそこから得られる「利益の共有」によって、「価値の循環」を生み出すことを試みており、それが実現される「共有基盤都市」の構築を目指している。

ては市場からの需給が困難になり、国がコントロールするようになりました。プログラマーたちが国に対して、マスクの受給状況をオンラインで公開するように提案し、さまざまなアプリが開発されたことで、市民にマスクが行き渡りました。今回のような特殊な状況では、マスクが公共財となっていったわけです。これからもわれわれが公共のもの・個人のものだと区分していたものが、違う意味を持つ可能性があるということです。また、この事例からは、市民と政府の協力が重要であるということも分かりました。公共財を再定義し、市民とどう分かち合っていくのか、コモンズ（共有資産）のあり方を中長期的な視点で議論していくことが重要です。

―ソウル市特有のシェアビジネスの形態があったら教えてください。

ソウル市は大都市であるため、ソウル市だからこそその個性はあまりないと思います。韓国には伝統的な考え方「アナバダ」（大切に使って〈アキョスゴ〉、分け合って〈ナノスゴ〉、交換し合って〈バコスゴ〉、再利用しよう〈ダシスゴ〉の頭文字）というものがあります。プラットフォームが構築されたことで、アナバダ運動がより身近なものにな

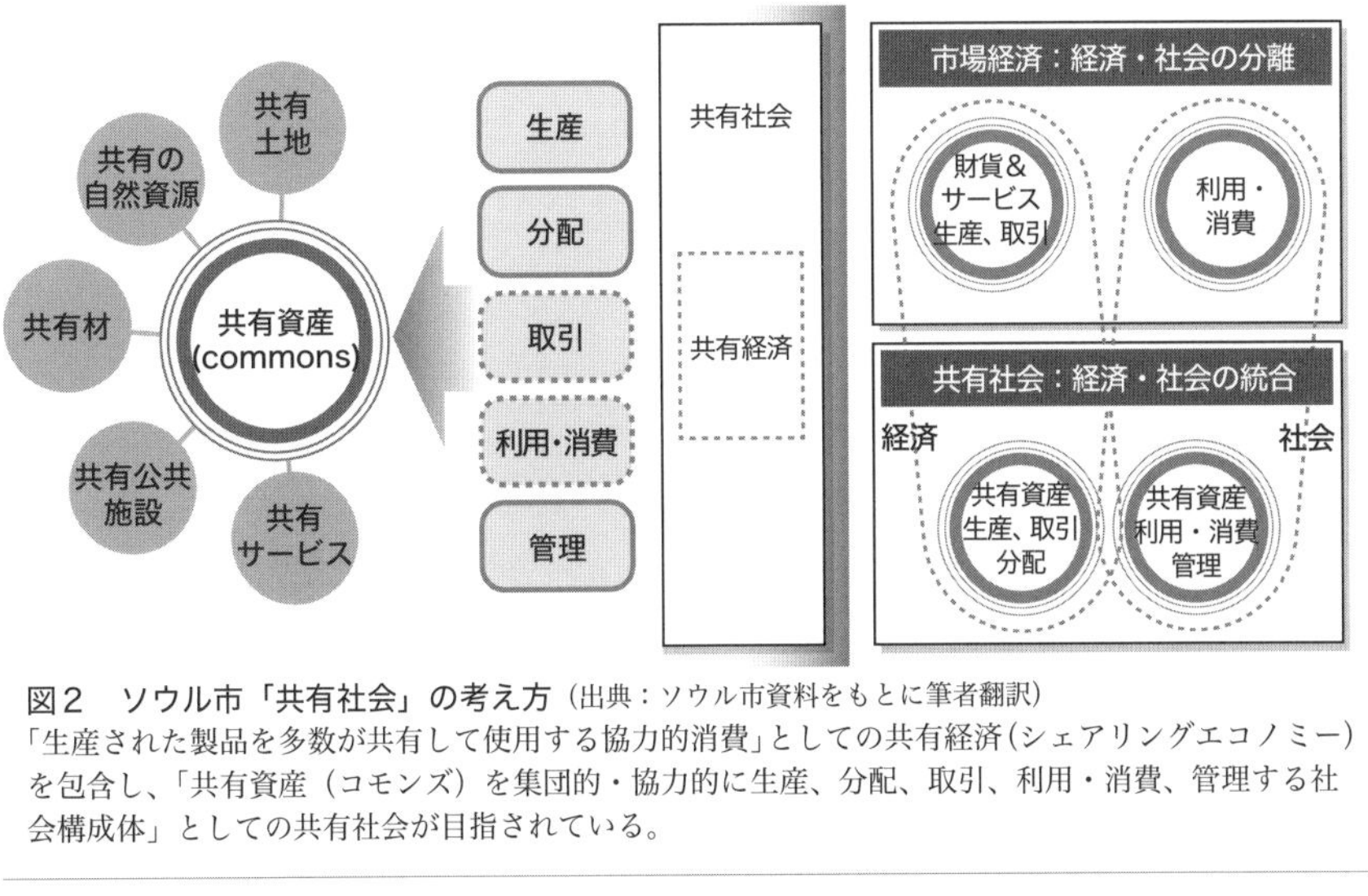

図2　ソウル市「共有社会」の考え方（出典：ソウル市資料をもとに筆者翻訳）
「生産された製品を多数が共有して使用する協力的消費」としての共有経済（シェアリングエコノミー）を包含し、「共有資産（コモンズ）を集団的・協力的に生産、分配、取引、利用・消費、管理する社会構成体」としての共有社会が目指されている。

ったのだと思います。一方で、伝統的なアナバダは対面でやりとりされることが基本でしたが、今はお互いに対面しなくても共有できる関係が形成されました。たとえば、アプリを通じて一人でご飯を食べる人たちが集まって一緒にご飯を食べたり、趣味が似ている人々が集まって活動をしたり、ライフスタイルを共有する人が多くなってきました。

昨年韓国で一番ダウンロード数が多かったアプリは「ダングンマーケット」というアプリです。中古品を売買するアプリで、特徴は半径1キロ以内の近所の人のみ取引が可能であるという点です。テクノロジーによって、ローカルなエリアに限定しての共有が可能になっています。大都市であるソウルにおいて、そうしたローカルなサービスが浸透しているという点は、非常に興味深いです。「徒歩圏内でのシェア」という関係が形成されているのです。

もう一つの例は、先ほど述べたシェアサイクルのサービス「タルンイ」で、このサービスの浸透によって「ラストマイル」という概念が誕生しました。これもコロナの影響ですが、公共交通を下りてから家までの距離を「ラストマイル」と呼び、ここをタルンイやパーソナルモビリティ、キックボードなどが埋めています。カーシェアリングの利用も増加していますが、コロナ禍において、公共交通は多くの人が一つの空間に密集して移動するため、パーソナルモビリティをシェアし移動することが、新しいライフスタイルになっています。

負の側面としては、シェアサービスにおける労働に関してです。韓国は食文化が大きく変化し、外食産業が発達しています。コロナ禍で、テイクアウトや宅配サービスの利用が増加しました。こうした配送サービスの労働者の多くは、正社員ではありません。もちろん雇用の機会を新たに創出していることはメリットですが、配達の際に発生する事故の対応、解雇されたときの補償等は、労働者を守るようにはできていません。配送サービスにおいては、ライダーをシェアしていますが、このような人たちが健康に労働できるように、サポートしていかなければいけません。中央政府と地方自治体で、労働環境の保護に関して、議論していく必要があります。ソウル市は人口が多いので問題がより顕著です。

―住宅と土地に関してはこれからどうなると思いますか？住宅や家も所有ではなくシェアサービスへのアクセスになるのでしょうか？

ソウルや韓国は住宅問題が複雑で、住宅の所有が個人資産の価値を高める手段として多く使われてきたとともに、住宅は市民に多くの負担をもたらしてきました。公共住宅の賃貸や不動産市場の抑制、不動産価値増加の緩和などの政策がたくさんあるにもかかわらず、価格が高まり、悩みが多い状況で、住宅や居住空間を変化させるための試みが進められています。

たとえば、社会住宅ＲＥＩＴｓがあります。ＲＥＩＴｓは不動産賃貸と関連する投資方式で、ソウルのＳＨ（公共賃貸住宅を提供する公的開発事業者）がファンドをとおして土地や建物を買い取る役割をし、その一部を社会的企業に貸して、一般相場より安い価格で青年や社会的活動をする人々に賃貸しています。

従来の公共は直接住宅を管理して低所得者に貸していましたが、現在は社会的弱者に限らず、支払える範囲内の住宅を、誰にでも提供する方式として拡張されています。

第2章

シェアをコンヴィヴィアルな道具にする七つの方法

山道 拓人

①住まいが産業化したプロセス〝二つの分水嶺〟

イヴァン・イリイチ（1926〜2002）という哲学者がいる。産業社会への批判を展開し、『脱学校の社会』や『脱病院化社会』『シャドウワーク』などの著作で知られる。

彼の著作『コンヴィヴィアリティのための道具』[注1]の中に、興味深い「二つの分水嶺」という言葉がある。社会が道具によって便利になっていく二つのタイミングについて述べられている。

たとえば、1910年頃、呪医や民間医に代わって、専門家としての医者が人々への処置を行う機会が過半を超えたタイミングが、現代医療における第一の分水嶺だという。これは人間にとって可能性が広がる「便利」になっていく段階だと言える。

しかしその後には医療への依存を背景として、医学自身が原因となる新しい病気

注1　イヴァン・イリイチ著、渡辺京二、渡辺梨佐訳『コンヴィヴィアリティのための道具』日本エディタースクール出版部、1989年。

である医原病が登場する。薬剤抗性を持つウイルスの出現や、X線照射による遺伝子損傷などである。また医師という専門職による医療手段の独占、医師の訓練期間の長期化、社会成員の医師への依存など、便利にしたはずの道具（医療）に人間が動員され、飼いなされていく（ように見える）フェーズが第二の分水嶺ということらしい。

日本の建築・都市に引き寄せてみると理解が進む。小林一三（1873〜1957）という著名な実業家がいた。彼は20世紀初頭に、都心と郊外を結んだ路線[注2]沿いに郊外住宅地を作り、住宅のローンシステムのような仕組みを考えた。要は、それまで借家暮らしだった一般人がマイホームを持てるようにしたのである。当時の人々にとっては夢のような話だっただろう。それが1911年頃であるから、まさにはじめに書いたタイミングとシンクロしている。さらに小林は百貨店や劇場など目的性が高い施設を作ったほか、電車で移動して生活するという枠組みを作りだした張本人でもある。住まいと施設を分けて考えることで、日本の鉄道開発は、展開していったと考えて良いだろう。

そして、現在どうなっているか。通勤という枠組みにおいては駅からの距離が近ければ近いほど価値が高くなり、駅直結のタワーが建つ。既存の商店街などが死に、個性のない街が量産される。建築分野で仕事をし、こういった状況を見聞きし続けると、人間が建設産業に動員され、飼い慣らされているように感じることもある。

地面の近くに暮らすには？　毎日毎日通勤しなくていいような暮らしはどうやって作れるか？　開発のより良い姿とは何か？と、おのずと考え始める。

そこを開拓しようとしたのが、シェアビジネスであったように思える。住宅が誰か

注2
箕面有馬電気軌道。現阪急。

のためだけものではなく、時間差で複数の人が利用できるようにするようなサブスクリプションサービスであったり、自宅には作りようのない巨大なキッチンを気軽に使えるシェアキッチンであったり。社会システム（常識、慣習、法律）をハッキングするようにたくさんのシェアスペースが生まれたのが２０００年以降、とくに２０１０年代だったように思える。ただ、やはりシェアビジネスも旺盛を迎えると、一気にコモディティ化し、価格競争を迎え、シェアスペースに関わるプロジェクトも増えすぎた感もある。再開発ビルの足元にコワーキングでも入れておけばコミュニティが自動的にできると勘違いされているような打ち合わせに立ち会うことも多い。シェアビジネスはどうやら第二の分水嶺を迎えてしまったようにさえ思う。

ここにきて、コロナ禍。通勤や通学ということの意味を改めて考え直すような時代に入った。効率を重視した産業社会的な建築(カーテンウォールのオフィスビルなど)は、自分の手で開けられない窓に囲まれた空間の厳しさに晒されており、コロナでわざわざ集合させられることの意味を問われる時代ではもう過去の産物なのかもしれない。

そして、地域にあるシェアスペースの意味が変わったことを実感する。それまでは、話題のシェアスペースでは面白いイベントがたくさん行われているのでわざわざ通うような場所だったのが、コロナでイベントもキャンセルになり入居者も一気に解約になったという話をよく聞く。しかし、新たな客層として、その地域住民の契約数が増え、フリーランスに加え大企業の社員のテレワーク拠点として利用されることが珍しくなくなった。社会状況の切実さによって、シェアスペースの空間の利用方法や意味が変わった。

働き方だけではない。住まいや暮らしもシフトするだろう。私自身コロナに直面し、自分自身の暮らしを見直したり、晩ご飯を家族と食べる時間が増えたり、以前より暮らし方が豊かになったのではないかとすら思える。そして、都心の大きくない家では家族が同時に別々のオンラインミーティングを開催できないといった、これまで考えたこともなかった切実な問題が浮き彫りになってきた。２０２１年に入って、急に住宅の依頼が増えたが、いずれのクライアントの設計条件にもこういった新しい条件が含まれており、アフターコロナの建築を生みだせるチャンスだと考えている。

また一般住宅やオフィスだけの問題ではない。老人ホームなどの福祉施設がコロナのクラスターになったというニュースを日々当たり前のように目にするようになった。そもそもなぜリスクの高い人々を風通しの悪そうな中廊下型の建築に一緒くたに集めているのかという違和感に、福祉施設に縁のない人も気づかされているのではないだろうか。多くの福祉施設がとうてい、住まいに見えないことは、先に書いた通勤をベースにした日本の住宅地の発展モデルとも無縁ではない。日本社会の成長の過程でそもそも福祉を面倒なものとして、住宅と切り分けてきてしまったからではないだろうか。しかし、高齢者の割合が増える日本においては福祉施設こそが、人々の中心的な住まいとなっていくだろう可能性すらある。そういった施設が地域と、領域をシェアし関係を持つようなおおらかな作りはできないだろうかと、日々考えている。

「住まい」と、「シェア」ということを結びつけて、少し先の未来について考えてみるというのが本論考の目的である。

②シェアを道具にする七つの方法

住総研研究会のメンバーと、いくつかの施設を視察に行き、シェアが暮らしを豊かにする場で起きていることを観察し議論してきた。もちろん２０１８年からの視察期間はコロナ前であったが、アフターコロナにこそ展開できそうなものばかりだった。そしてシェアと一言で言ってもいろんな側面があることも確認し合った。視察した事例や筆者の関わる事例を交えて、シェアのあり方を項に分けて、書いてみようと思う。

ごちゃまぜにする

石川県を拠点にする社会福祉法人佛子園が運営する『三草二木《さんそうにもく》西圓寺《さいえんじ》』は、廃寺を地域の拠点施設として再生され２００８年にオープンしたプロジェクトである。西圓寺の住職が亡くなり、もともといろいろな事業を手がけていた社会福祉法人佛子園理事長雄谷氏に相談があったことがきっかけで取り組んだという。障害者や高齢者などいかなる人々が来ても使える場所とすることを条件にお寺の譲渡を受け、社会福祉施設にするために助成金を申請したそうだ。その地域の人々とワークショップのようにアイデアをまとめていき、地元の方の思いに答えていき、結果的に現在は高齢者デイサービス、生活介護、

写真１　西圓寺（撮影：住総研）

障害者の就労継続支援などのサービスが利用できる社会福祉施設でありながら、地域住民は無料で利用できる温泉や、昼はカフェ、夜は居酒屋になる飲食スペースも併設したコミュニティセンターとなった。

　実際に訪れてみると、寺の本堂がカフェ兼居酒屋となっており、障害者も健常者も分け隔てなく働き、利用している。さまざまな世代・状況の人々も建物の機能も「ごちゃまぜ」になって、とても居心地の良い自然体の場が立ち上がっている様を目の当たりにすることができた。普通であれば、お経を唱えるためのお堂の一番奥の、気軽に足を踏み入れてはいけなさそうな空間でも、ワイワイ酒を飲めるというのが衝撃的であったが、すぐにある種の方法論として自分なりに理解することにした。用途と人間の一対一対応を脱却させようとしているこの施設のコンセプトが最も鮮やかに現れている場所であった。

　戦後の１９６０年、戦災孤児を受け入れた寺で雄谷氏自身が育ったことが、佛子園の手がけるプロジェクトの価値観を作りだしているそうだ。確かに寺は地域の生活を支えるシェア施設の起源であるように思えてくる。佛子園はこのプロジェクトがきっかけにごちゃまぜの施設を展開していくことになる。

小さく作る

　もう一つ、佛子園が運営する『輪島ＫＡＢＵＬＥＴ《カブーレ》』という施設に視察に訪れた。施設と言っても巨大な1棟の福祉施設ではない。輪島の街の空き家を改修して活用し、戸建てサイズ程度の新築も混ぜながら全体を構成しており、施設が街なかに分散したような作りになっている。２０１８年のオープン以降も施設を増やしつつある。就労継続支援施設となっている温泉や蕎麦屋、サービス付き高齢者住宅、障害者グループホーム、旅行者向けのゲストハウスなどを空き家に挿入し、高齢者、障害者、地域住民、観光客といった多様な人々が分け隔てなく利用できる場所を、『三草二木 西圓寺』よりも広域に、そして分散的に地域の中に埋め込んでいる。施設が街に溶け込んでいくことによって、どの建物が関連施設なのか分からなくなり、ケアする側とされる側という境界も住宅地の中で曖昧になっていく。みんな暮らしているのだ。そして古い建物と新しい建物を同時に混ざるように計画をすることは、多世代が混ぜていく「ごちゃまぜ」のあり方ともシンクロしていて好ましい。

別の見方をすれば福祉施設の問題や、障害者雇用の問題、地方の空き家の問題などを、相乗的に解決しようとしているのが面白い。ただ、実際には、施設を分散していくことは、効率的にケアを行うことを難しくさせるため、人手や資金の問題など運営の側面から考えるとまだまだ課題はあるようだが、漸進的展開手法は、福祉施設にとどまらず、これからの住まいのあり方や開発の仕方にもヒントになると言える。

写真２　輪島 KABULET（提供：五井建築研究所）

通り抜けを作る

福祉施設が大きくなればその敷地も広がり、外からの侵入者などのリスクを考え長いフェンスで囲めば施設の閉塞感も強くなる。駐車場やアプローチのために道路から大きく引きを取って建っていると、敷地の外から中の様子が分からない。住総研の研究会でも視察をした「ツルガソネ保育所・特養通り抜けプロジェクト」（運営：社会福祉法人福祉学団／設計：ツバメアーキテクツ）は、こういった施設のあり方に風穴を開けるべく敷地内を外の人が通り抜けられるように「道」を通した事例である。特養の隣地に職員の子どもを預かる保育所を建設するのを機に、特養の敷地を通り抜けられるようにした。

保育所の敷地は特養に隣接し、一般住宅に挟まれている。さらに、すぐ隣には高校がある。俯瞰的に見れば、児童、学生、職員、高齢者、近隣住民といったさまざまな世代の人たちが敷地周辺に集まることになる。しかし従来の施設計画では、彼らが出会う機会を生みだすのは難しかった。社会制度によってそのあり方が定められた保育所、学校、特養等の施設建築は、特定の機能や目的に特化することによって効率的な運営を成立させているが、一方で施設のタイプがそこにいるべき人々のタイプを規定してしまい、敷地の内側に閉じ込めてしまうからである。このことによって、地域のつながりも、

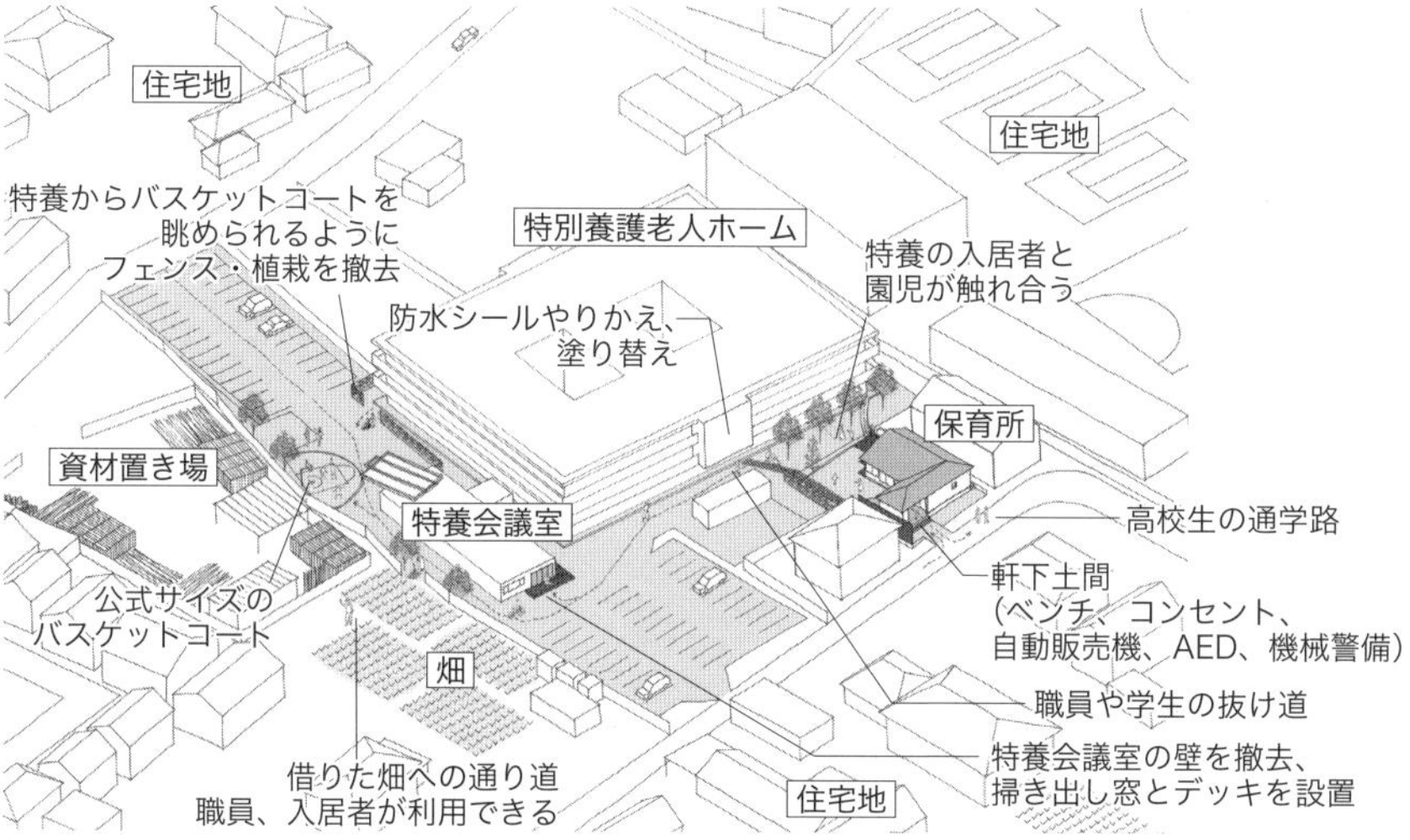

住宅地
住宅地
特養からバスケットコートを
眺められるように
フェンス・植栽を撤去
特別養護老人ホーム
特養の入居者と
園児が触れ合う
防水シールやりかえ、
塗り替え
保育所
資材置き場
高校生の通学路
特養会議室
軒下土間
（ベンチ、コンセント、
自動販売機、AED、機械警備）
公式サイズの
バスケットコート
畑
職員や学生の抜け道
特養会議室の壁を撤去、
掃き出し窓とデッキを設置
借りた畑への通り道
職員、入居者が利用できる
住宅地

図１　ツルガソネ保育所・特養通り抜けプロジェクトの概要（提供：ツバメアーキテクツ）

敷地ごと、施設ごとに細分化されてしまっているのが現状である。もっと分かりやすく書けば、家族の来訪などがないときは、施設の入居者は自分と同じような年齢や状況の他の入居者や専門家（介護スタッフ）のみを日々眺める暮らしを余儀なくされていた。こうした福祉施設が提供する空間は、住まいのあり方として適切なのか？

ここでは、保育所とともに特養までを通り抜けられる道を通し、多世代の活動を定着させることで、敷地を超えた人々の関係性を生みだす空間を作りだしている。まず保育所に大きな軒下空間を設け、通り抜けの入口としての構えを作りだした。軒下空間はベンチ、ゲームや携帯電話の充電ができるコンセント、自動販売機、ＡＥＤや機械警備を設えている。軒下の土間は保育所内部に連続し、誰でも利用できるトイレが隣接する。保育室からは、デッキ、スロープを通って特養の居間コーナーに接続。園庭を通り抜けた位置にある、職員、入居者が利用する特養会議室の壁を撤去し、デッキと掃き出し窓を設けることで、裏となっていた場所に居場所を作りだしている。さらに隣地の畑に接続する抜け道や、バスケットコートを設置。コートと対面する、フェンスと植栽を取り払い、高齢者が眺められるようにした。もちろん、地域への開放とともに、特養と保育所の消防設備や機械警備を連動させ、包括的な防犯・防災対策にも配慮している。

視察のときもそうだったが、ここに来ると日常的に多世代の人々が行き交う風景に

写真３　ツルガソネ保育所・特養通り抜けプロジェクト・開放的なバスケットコート（撮影：長谷川健太）

出会うことができる。このプロジェクトでは、人々の多様な活動に応えるような細やかな設えを、建築を起点に連鎖させる社会構築的なアプローチを試みている。児童が遊べるデッキや高校生が集まるバスケットコートが、高齢者の窓辺と向かい合うといったことは、通常の施設建築の枠組みではこぼれ落ちてしまい制度化されないことである。しかし、道を貫通させ、施設建築の大きな敷地の一部を地域にシェアすることで、こうした人間の身体性に基づいた活動を連関させていくことにつながるし、閉じがちな施設を多少なりとも住まいや町らしくシフトさせることができるのではないだろうか。

そして一点強調しておきたいのは建築プロジェクトにおいて、通り抜けを作ると、自動的にコミュニティが生まれるのかというとそういうことではない。ポイントは、異なる集団同士の交流が強制されるわけでもなく、ただ同じ空間に共存できる状態を自然な形でいかに作れるか、に尽きる。福祉施設の敷地と、地域住民の生活動線を重ねるイメージである。

オンサイトオペレーション

「PLAT295」は、シェアオフィス、シェアキッチン、賃貸住戸、オーナー住戸が一体となった5階建てのビルである。住総研の研究会のメンバーである鈴木亮平氏の実家の建て替えプロジェクトであり、研究会での活動に加え実践編としてツバメアーキテクツで担当することになった。

下町の結節点となるシェアオフィスやシェアキッチンが建物全体の3分の1を占め

写真４　PLAT295 内観（撮影：長谷川健太）

る開放的なビルとなった。

スパンを調整し、窓を大きくして換気性能を最大限上げた1、2階部分のシェアスペースはコロナ禍でもさっそく活躍している。地域に住むユーチューバーが撮影スタジオとしてシェアキッチンを使うなど、さまざまな使い方が使い手によって日々発見され住宅地から全国へ向けて発信されている。

このプロジェクトのポイントは、鈴木氏が大家であり、シェアスペースのすぐ上階に住む地域住民でもあり、シェアスペースのユーザーでもあるという点である。一般的な大家では断りたくなるような多少無茶な使い方のアイデアが寄せられても、ユーザー目線に立てば確かに面白そうかも、と騙し騙し開拓していけているようだ。シェアスペースの管理者が、同じ建物内に住み、多様な人格を使い分ける、分人的大家になることで、シェアスペースをうまく活発に回す、と言ったことができているのだろう。

学生寮の寮長のように大家（管理者）がその場所に住み、入居者、地域住民の話の聞き役になりその場所を管理する方法をオンサイトオペレーションと呼び、方法論自体はあるにはある。しかしその方法が都心の一般的な集合住宅で意識的に採用されている事例はあまりないだろう。結果論かもしれないが、「ＰＬＡＴ２９５」はシェアスペースのオンサイトオペレーションの好例としても位置づけられるだろう。

49%の余白

「ＢＯＮＵＳ ＴＲＡＣＫ」（事業主：小田急電鉄株式会社／運営：散歩社／設計：ツバメアーキテクツ）は小田急線が地下化した地上部分の下北沢駅西側に作られた「新

築の商店街」である。既存の商店街からは徒歩数分の距離があり、下北沢駅と世田谷代田駅のちょうど中間の住宅地に位置している。建物の設計とテナントに対するエリアマネジメント（内装監理業務）をツバメアーキテクツが請け負った。設計した建物は1棟が500平方メートル程度の商業用途の建物（中央棟）、残りの4棟が100平方メートル程度の長屋型の兼用住宅（SOHO棟）で、広場を囲むように建つ。

下北沢では近年駅近の店舗賃料が高騰していて、若く個性的なテナントが参入しづらい状況になってきている。それにより、ケータイショップやタピオカ屋が増え、個性的な商店の連なりが作る下北沢らしい街の風景が失われつつある印象があった。

私たちは設計の与条件設定から関わった。新たな開発行為で街を大きく変えてしまうのではなく、もともとの下北沢らしさを維持しつつ相乗効果を生むように施主と協議しながら、この街区の設計を行ってきた。若いテナントが払えそうな賃料から逆算しテナントサイズを決め、周辺のボリューム感と突き合わせながらボリュームスタディを繰り返した。そのエリアで住みながら商いを行う状況を作るためにSOHO棟はすべて兼用住宅とした。

ボリューム感を揃えるだけでなく、周辺をリサーチし、素材や作り方をサンプリングしながら外装を変化させ、近隣と比較して少しの抑揚をつけた。さらに、ハードのデザインだけでなく、各テナントが外装を張り替えられる部分を設けたり、賃料が発生するリースラインを超えて屋外にはみ出せるルールづくりをするなどもした。ローカルルールを明確化することで、かえって入居者が積極的に街並みづくりに関われるようにするエリアマネジメントとしての内装監理業務である（一般的な内装監理業務

▲写真 5　BONUS TRACK 空撮（提供：ツバメアーキテクツ）

▼写真 6　BONUS TRACK 路面の風景（提供：ツバメアーキテクツ）

は、リスクを冒さないようにブレーキをかける役割であることが大きいが、ここでは街並みに参加するように背中を押しサポートするような役割だった）。駅前にピークを作る「商業施設」ではなく、駅間に人々の暮らしが根付くための「商店街」を設計するように意識を集中した。

このプロジェクトからの大きな気づきは、住宅地において兼用住宅を組み合わせるという方法である。兼用住宅というのは街の新聞屋さんとか牛乳屋さんといった上に住んで下で働くというビルディングタイプを想像していただければ分かりやすいだろう。日本の住宅地は用途地域的に、人々が集まる場所や商業施設が作れなくても、現状、大まかに言えば、兼用住宅とすれば建物の面積の49％をある程度他の用途に活用するという方法は取れるということである。そしてそれら兼用住宅が寄せ集まり、その間の空間も塀などを作らずにシェアすれば、住宅地の中でも人々が集まり活動する空間を生みだすことができる。

ハーフビルド

昔の集落のように住まいを住民自らの手で作ったり拡張していったりすることはできないのだろうか。日本には厳しい建築基準法があるために都心部でこういったことを実践するのはなかなか難しい。建築基準の緩い南米ではセルフビルドを援用し、住宅地を作ろうとしている事例がある（写真7、8）。

「クインタ・モンロイの集合住宅」（設計：エレメンタル）は、チリ北部、砂漠の

写真７　クインタ・モンロイの集合住宅・竣工時（提供：ELEMENTAL）

街イキケにある。この地にもともと住んでいた100世帯もの住民は、これまでの30年間、劣悪な生活環境にもかかわらず、立地の良い5千平方メートルの土地を不法に占拠し続けていた。

チリの設計事務所エレメンタルは、この住民を一掃するのではなく、継続して住み続けてもらうためのソーシャルハウジングプロジェクトを2002年に開始。補助金75万ドルで土地の購入からインフラの整備、住宅の建設までをやらなくてはならなかった。そして1住戸当たり7千500ドルの予算では30～40平方メートルほどにしかならなかった。これは一家族がまともに暮らせる半分の面積にすぎない。

この困難な状況から、ソーシャルハウジングという問いを一から設定し直すなかで、二つの発想の展開があった。一つ目は、空間的な発想の展開。厳しい予算での建設を可能にするために、1戸当たりの面積を削れるところまで削り、郊外の安い土地に立てるというのがこれまでのソーシャルハウジングである。エレメンタルでは、そうではなく、町の中心部に敷地を確保し、1戸当たりを30～40平方メートルとする代わりに、それを1家族が十分に住める広さ（80平方メートル）の家の半分と解釈することにした。まず、構造躯体や水道・電気などのインフラ部分など、素人である住民が手出しできない部分を公的な予算で建設し、残り半分の増築を住民に委ねることにした。そもそも南米のスラムの住民はセルフビルドが得意なのだ。スラムの住民を無色透明の単なる支援対象者で

写真８　クインタ・モンロイの集合住宅・住民による増築後（提供：ELEMENTAL）

はなく、スキルを持つ作り手として解釈したことがポイントである。

二つ目は、時間的な発想の展開。通常のソーシャルハウジングは（日本の住宅もそうだが）自動車のように、買った瞬間からどんどん価値が目減りするような消費財である。つまり、公的な資本を支出として消費する社会の重荷としてのビルディングタイプと考えられていた。しかし、住民が手を加えることで、面積が倍になり、環境も整い、資産価値が向上するならば、公的な資本を用いた投資になる。イニシャルコストの2倍の社会的インパクトを生みだすわけだ。

私自身がエレメンタルで働いていた2012年5月、クインタ・モンロイの集合住宅が竣工して8年が経過した状況を実際に見に行った。竣工当時の写真と比べると、時間の経過とともに住民が建物を確実に自分たちのものにしている様子が分かる。砂漠という過酷な環境に建てられた無彩色で拡張の余白を持つ未完のコンクリート住居は、8年後、それぞれの住民が自らの個性や能力を発揮しカラフルなファサードを持つ住居に生まれ変わっていた。

力仕事が得意な人はそうでない人を助け、植物を育てるのが好きな人は近所の人の目を楽しませるという日常の風景が目に浮かぶ。この建築は人々の参加をともなない手が加えられるほど完成度が上がる。さらにはこの建築を担保に住民が商売を始めたり、子どもたちを学校に通わせることができるようになったそうだ。住戸によっては、当

写真９　クインタ・モンロイの集合住宅の竣工後十年近く経過した様子

初よりも高値がついて転売されたというエピソードも聞いた。つまり、竣工後に資産価値が向上するこれらのソーシャルハウジングは日本の住宅と真逆のあり方だとも言える。

分譲と賃貸の間を考える

日本の住宅地の諸問題は、場所の特性によらずにコピーアンドペーストして作って売っておしまいというデベロッパーの売り切りの方法に起因するようにも思える。コラムでも取り上げる「ウルヴィータ(Urvita)」というマイクロデベロッパーのシェアハウスの開発手法は、日本の一般的なデベロッパーによるそれとはいくつかの点で異なる。まずデザインについて。街に昔からある既存躯体の補強活用と部分的な新築を組み合わせるのが特徴だ。周辺の町と連続したスケール感（建物の大きさやバランス）を持たせ、路地のように通り抜けられるようになっていたり、中庭形式になっていたりと、シェアスペースがかなり充実しており、その代わり居室面積を確保するために、補強した躯体の上階に木造で増築す

写真10　ウルヴィータが開発したシェアハウス見上げ

るなど、建築的にも面白いチャレンジがなされている。

次にファイナンスについても工夫がある。最も特徴的なのは、スマホアプリなどのウェブプラットフォーム上において、開発後にも「1平方メートル」単位で土地の売り買いに気軽に参加でき、上屋の賃料を再分配する点である。これまで「投資」というものに参加する余裕のなかった社会階級の人々にも参加のチャンスを与えることになる。また、開発した土地に対し多くの人々が「地権者」になることで、その土地は公共的な雰囲気を帯びる。スクラップアンドビルドしにくくなり、みんなでメンテナンスをしようという機運が高まると言った具合に。

この手法は、日本の持ち家文化によって下支えされているデベロッパーの売り切り型の住宅地開発手法とはまったく違うことは明らかだ。ウルヴィータの実践は、空間的・まちづくり的にも好ましいし、ビジネス的にも、プラットフォーム運営で収益を上げ続けることができれば作っておしまいではなくなってくる。家や土地はもっと流動的に触りやすくあるべきだという、移民も多い中南米ならではの方法だと言える。

3 シェアの方法から想像する住まいの未来

ここまで、私が直接見聞きし、興味深いと感じる事例を七つの方法に整理した。本節では、これらを組み合わせて想像する住まいの未来について書いてみようと思う。

コロナ以降、住宅の外部空間の充実が求められることも増えてきたので、家の塀や生け垣を開放し、「通り抜けを作る」ことで、風通しの良い庭にオンラインミーティングや作業ができそうなシェアされた領域を作れないだろうか。家に籠もり続けることによる健康被害も抑えられるだろうし、お隣さんとの会話も弾むだろうし、それが互いの見守り機能にもなるかもしれない。

また、「大きく作らない」ことを考えると、住宅の単位を見直すことにつながるだろう。極端に言えばそれぞれの住宅にキッチンやお風呂、リビング、ダイニングなどすべての機能を押し込めるのはやめて、家は寝室と収納だけと最低限に小さくする。「小さく作る」ことができれば「ハーフビルド」的に素人が建築の施工に参加する住宅地ができるかもしれない。新築の施工が厳しいならば、住宅を兼用住宅に置き換える際の「49%の余白」部分のインテリアくらいは住民がＤＩＹで作るというコンセプトの住宅地を作ってもいいかもしれない。手が加えられれば加えられるほど価値が上がっていくような、日本版の「ハーフビルド」を考えてみたい。

コロナ禍で、都内における家族で過ごせる居場所の選択肢の少なさに気づいた。ならば兼用住宅の「49%の余白」に店だけではなく、子どもと参加できるプログラムを入れたらどうだろう。家の中だけでなく空き地や駐車場にフードトラックくらいは呼べるし、テクノロジーを駆使した現代版紙芝居が流行るかもしれない。そんな実践を積み重ねていき、都心の駅間の住宅地が、温泉地・宿場町みたいに人が集う雰囲気になったら面白い。あるいは、自宅よりは少し広い作業場や工作室を住宅地の中でシェアして子どもや大人が分け隔てなく使えばいいし、時に教え合えばいい。この49%の使い方がその地域のキャラクターとなっていくだろう。

当然住宅地の中で、このような新しい活動が生まれる下地が整うならば、建物や暮らしの専門家が「サイトオペレーション」的にシェアDIYアトリエ、シェアキッチンなどを分散させて場を運営しながら人々の相談に乗りながら暮らせば、住宅地の中で仕事を生みだせるし地域がアクティブになりそうだ。昔ながらの電気屋さんやまちの工務店のバージョンアップ、というような。

また、オンライン化が進み一般教室の必要性が減った大学施設にシェア機能や学生の住居を入れて地域開放してもいい。そもそもアメリアの大学の上位校はほとんど学生寮がセットであり、そこでの暮らし自体が学びとされている。近年できたミネルヴァ大学などのように、寮を充実させ授業はオンラインに振り切るところも出てきている。

大学でもオフィスビルでも施設の床を住宅に置き換えていくことができれば、「ごちゃまぜ」状態を各地に作ることにつながっていき、これは住宅を、家族を基準とした単位から組み替えていくことになっていく。単位が変わるということはいろいろな家族形態が住まい方のレベルでもっと社会に受容されるということになるだろう。

そうなっていけば持ち家制度や単純な賃貸借契約以外にも「分譲と賃貸の間を考える」ことが社会に実装されていくかもしれない。大家と住民の格差の解消を考えていくことにもつながる。

コロナ以降にこそ、新しい住まいの形態を自由な発想で発明できるかもしれない。通勤が相対化され、地域（住まいの周辺）／都心、住宅／福祉施設といった対比がなくなり、建築基準法や都市計画法の前提もどんどん覆るならば、建築家はルールから発想するのではなく、地域の人々の声を聞き、地域資源をネットワークしていき、暮らしのサポートをしていくような態度を取れなければいけないだろう。

敷地の中に自律的な建築を作るのではなく、自律的な地域を作るための建築を目指さなければならない。そして、多種多様な人が分け隔てなく地域で暮らしていくためには、高齢者、障害者、大人、子どもなどといった枠を取り払い、ケアする、される、サービスを提供する、されるという一方的な関係性を超えて、各人がさまざまな立場を自在に行ったり来たりするような分人的な能動性が求められるだろう。これは自立的で創造的に交わることができる、まさにイヴァン・イリイチが言うところの「コンヴィヴィアリティ（自立共生）」とも言える。

シェアの方法から想像する住まいの未来は、近代的な思考で整理された画一的な住まいからコンヴィヴィアルな住まいへ価値観の転換を起こすに違いない。

南米で分譲と賃貸の間を実践する

2020年12月
語り手：ケンジ・ロペス
聞き手：山道拓人

ウルヴィータ（Urvita）はメキシコに拠点を置く不動産テック企業。賃貸住宅の開発を手がけているが、建物を作るだけでなく、1平米単位で土地の投資に参加できるプラットフォームも合わせて開発しており、分譲と賃貸の間とも言うべきビルディングタイプの実装を行う。ウルヴィータの代表ケンジ・ロペス氏にお話を伺った。（山道）

—まず、ウルヴィータの概要を教えていただけますか？

ウルヴィータは、私たちがメキシコのモンテレイで始めた住宅開発プロジェクトです。世界中の多くの都市で、不動産開発や都市政策がうまくいっていないという観察から始まりました。一方で、大金を持っている人たちは、都市の中心部にあるオフィスビルや商業ビルに投資していますが、実際には使用されていなかったり、空室だったりしているにもかかわらず、不動産価値を押し上げていきます。そのため、個人の幸福のためにも、地域社会全体の生活の質を向上させるためにも、あまり役立っていないものを所有する人が増えています。

私たちはこれを正しくないと考えています。だからこそ、10年前、より良い都市や暮らしを作るために何ができるかを考え始めたのです。住みやすい街とは、単に快適で感動的な家があるだけではありません。サービスが提供される場所まで歩いていけること、友達や家族と気軽に過ごせること、やりたい仕事ができる機会があること、体と心のケアができること、自分を表現できる楽しくて多様なコミュニティに参加できること、などが大切だと思います。実際にこれらの成果が得られる、より良い暮らしのコミュニティを構築するための新たなハードとしての住宅を次々と開発することを考えました。

私たちはまず、古いインフラや古い住宅が放置された地域で、五つのプロトタイプを開発することから始めました。これらの建物は、最大でも3～4階建ての小規模なもので、1～3部屋のアパートで構成されています。一番小さなアパートは約25平方メートルしかありませんが、通常の家よりも高い天井高を持つように設計しているので、こぢんまりとしていながらも風通しがよく、快適に過ごせるようになっています。1泊から何年でも希望の期間で借りられます。私たちのアイデアは、街全体をリノベーションするために潜在的に考えうるスケーラブルな住宅モデルをテストし、開発することでした。

そして、現在のモデルでは、二つのサービスを提供しています。一つ目は賃貸物件を提供すること、二つ目は居住者だけでなく、誰でも投資ができるように投資プラットフォームを提供することで、老後に備えて一定の収入を得ることができるようにしています。

図1　PC やスマートフォンのアプリケーションを用いて不動産投資への参加のハードルを下げている
（出典：https://urvita.mx/）

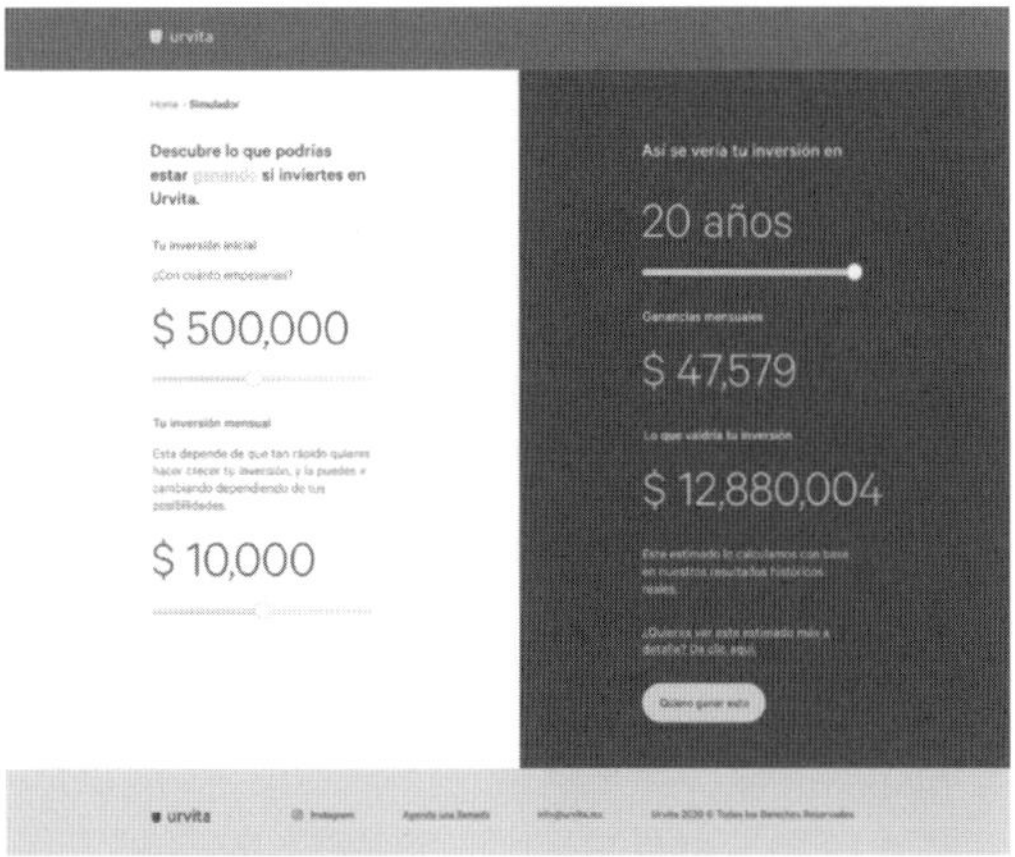

図2　実際の操作画面（出典：https://urvita.mx/）

ですから、私たちが目指しているのは、より良い生活コミュニティを提供することだけではなく、生活の制約となるマイホームを所有するためにお金を借りるのではなく、不動産投資をしながら収入を得られるようにすることで、より経済的な安定と自由を手に入れることができるようになるということです。私たちは、このモデルを、市民が直接参加することで、完全な地域社会を再生するために拡大することができると信じています。

―投資システムの仕組みはどうなっているのですか？

私たちはビルをトークンという株のようなものに細分化していますが、1平方メートル単位で誰でも買うことができます。建物の居室は貸し出されているので、毎月収益が発生します。このお金の一部は、トークンの所有者に再分配されます。つまり、毎月、トークンの所有数に比例して投資価値が上がっていくのです。このシステムを使えば、現在持っているお金で少しずつ物件を購入することができるので、不動産投資が非常に楽にできます。1平方メートルからの少額投資が可能で、お金に余裕があるときはいつでもトークンを買い足すことができます。トークンはすぐに臨時収入を生みだし始め、銀行口座に引き出して今すぐ生活費を賄ったり、将来のために貯金したりすることができます。また、緊急時にお金が必要になったときや、新しいビジネスを始めるときなどに、トークンの一部を売却することもできます。また、あなたの子どもたちにトークンを渡すこともできます。たとえば、あなたには二人の子どもがいるとしましょう。片方の子どもにはこれだけのトークンを、もう片方の子どもにはこれだけのトークンを渡す

写真１　ウルヴィータのプロジェクト

ことができます。不動産資産の分割がとても楽になります。相続の問題では、財産を分けることができないために家族間のトラブルに発展することもあるので、助けになるでしょう。

さらにウルヴィータは、竣工後もパートナーとして残るために、1棟につき10%以上の所有権を維持しています。私たちは、デベロッパーもオーナーであり、オーナーマインドを持つことが重要だと考えています。一般的にデベロッパーは物件を売却して出ていくのが一般的ですが、このようなモデルではテナント間のトラブルや紛争が発生する可能性がありますので、コミュニティの生活を維持するためにも積極的に関わっていきたいと考えています。

―投資に参加するためのシステムはアプリで提供されているのでしょうか?

ウェブ(www.urvitaeverywhere.com)からオンラインでアクセスできます。そこでは、どのビルで何個のトークンを所有しているかなど状況を確認できます。収益、投資額が表示されます。

―どんな人がプラットフォームを利用しているのですか?

私たちは当初から、従来の不動産投資をしている人たちに私たちのプラットフォームを利用してもらうのは難しいと分かっていました。実際の利用者のほとんどは、現在のライフステージで自分のニーズに合った家を借りることの価値と自由さを高く評価している人たちだということが分かりました。私たちのプラットフォームを使えば、支払うお金のかなりの部分が銀行への利息にならずに、銀行に行っていたお金を自分のために使うことができます。家を借りれば、生活が変わったときに家を売却するような高額で時間のかかる手続きをする必要がありません。たとえば、子どもが生まれたり、子どもが成長して家を出ていった場合、理想的には自分のニーズに合った家に引っ越したいと思うのですが、マイホームを所有している場合はそう簡単にはいきません。そこで、当社のユーザーは、賃貸のメリットを理解しつつ、生活費の一部を賄うための副収入を得られる不動産投資にお金をつぎ込みたいと考えている人がほとんどです。

実際の例を挙げますと、私たちのユーザーの一人は、もともとメキシコで住宅ローンを組んで家を購入したが、その後、カナダに留学したいと考えていたカップルです。住宅ローンの負担を親に渡したくなかったので、家を売却してウルヴィータに投資を始めました。今では、カナダに住んでいる間の家賃を賄うために毎月利益を出しています。この例は、プラットフォームの背後にあるもともとのアイデアをよく示しています。人々は専門的に管理された不動産投資を通じて副収入を得ることができるようになり、彼らはどこに住んでいてもこの収入を使用することができます。これがどこでもウルヴィータ（Urvita Everywhere）と呼ばれるゆえんです。

私たちと一緒に投資をしている人の中には、まだ投資を始めたばかりで、従来の不動産は高額なので手が出ないという若い投資家もいます。また、以前はもっと高級な不動産に投資していた人たちが、高級な不動産は使われていない、維持費がかかる、何も生みださないという理由で、私たちの手頃な価格の住宅に投資することに切り替えた人たちもいます。このような投資家の方々が私たちのプラットフォームを利用するようになったのは、安心して副収入を得ることができるだけでなく、人々のお金を投資して、人々が本当に欲しいと思う街を作るというコンセプトが根底にあるからだと考えています。

―また、そのコンセプトは、建物の設計や運用にどのように反映されているのでしょうか。

メキシコのタンピキートの中低所得層の多い地域に位置する当社のプロジェクト、ウルヴィータ・ヴィクトリア（Urvita Victoria）を例に説明します。タンピキートは周辺を富裕層に囲まれており、その富裕層にサービスを提供する職人や庭師が多く住んでいます。近所の二つの部分をつなぐ歩道を中心に建物を設計しました。このエリアに住む多くの人が公共交通機関を利用する近道として歩道を利用しているので、公に共有されたプライベート空間のようになっています。朝8時から夜8時まで開放しています。最初、この歩道を実験的に開放しようと提案したところ、「このあたりは治安が悪いから、人を通らせるのは危険だ」と言われました。人々は歩道を尊重しないだろうし、荒らしに遭うだろうと言われました。でも、3年間運営してきて、何の問題もありませんでした。むしろ人々は空間を大切にしてくれています。ここから学んだのは、コミュニティにとって価値のあるもの、コミュニティに敬意を払うもの、通りや隣人に向けてきちんとデザインされたものを作れば、人々はそれを大切にし、尊重してくれるということです。

また、ウルヴィータ・ヴィクトリアには小さなテラスがあり、そこで食事をしたり、ヨガやダンスのセッションをしたり、レクチャーやワークショップ、コンサートを開催したりしています。このような共有スペースは、良いスケールを持ち、照明がきちんと計画され、風通しが良ければ良いのです。家具や装飾はあまり関係ないと思っています。

しかしそれ以上に重要なのは空間を活性化させるために必要なアクティビティなどのソフトウェアです。スペースを活性化させることは持続的な努力が必要なので難しいことですが、それはコミュニティを構築するうえで最も価値のあることなのです。私たちはこれらのスペースを利用して、ビルの住人と地域の住人の両方にインスピレーションを与え、つながりを持たせています。

モーレというメキシコの伝統的なソースをご存じですか？　何百種類もの材料を使って作られた、とても濃厚なソースです。私たちのコミュニティがモーレのようになっているのも、多様化が進むにつれて、そこに住む人たちの交流や会話が豊かになり、豊かな交流が生まれるからです。良いモーレには火とそれを混ぜる人も必要です。それがコミュニティのファシリテーターの役割です。彼らは活動を組織化し、人々をつなぎ、交流を促進し、スペースが機能するのを助ける重要な役割を担っている。貧しいコミュニティでは、資源を効率的に使うために共有が必須であるのに対し、経済的に恵まれた環境では、共有が社会的に供給されるようになり、コミュニティ内の他の人との交流が少なくなる傾向があります。

そのため、自分たちが住んでいる周辺の人たちとのつながりが希薄になっているのだと思います。私たちが行っているイベントや活動は、こうした交流を促進するという意味で非常に重要なものです。そして実際に、イベントで少しの時間を一緒に過ごしただけでも、一緒に走ったり、一緒に料理を作ったり、仕事の交流をしたりするようになっていくのを見てきました。ほんの少しの交流からも、いろいろなことが起こるのです。

―パンデミックの影響はどのように受けていますか？

今のところ、いくつかのスペースをより安全に利用できるようにするための対策を実施しなければなりませんでした。どこの共有スペースも少人数で利用できるようにプログラムし直されていくのではないかと想像しています。しかし、これは最初のパイロットビルのときからの戦略です。完成予想図では人々が楽しそうにしているのを見ても、実際には空っぽになってしまうような巨大なテラスは必要とされていないことは最初から分かっていました。人間にはある程度のコンパクトさが必要だと思っています。
だからこそ、私たちは巨大なテラスではなく、スケールや個性の異なる小さなテラスをいくつも配置して、ウルヴィータ・ヴィクトリアをデザインしました。グループ活動は20〜30人以下のほうが楽しいからです。また、4〜6人用の共有スペースもいいと思うので、秘密の庭のような、人と人との出会いやつながりを持てるような小さな共有スペースが建物の中や周辺にたくさんあると理想的ですね。うちのマンションには専用のワークデスクもあるので、テレワークにも対応できるスペースがすでに用意されていました。ですから、パンデミックの影響で、人々はコンパクトでありながら光と新鮮な空気に満ちた屋外スペースの価値を認識するようになったと思いますが、私たちの暮らし方を根本的に変える必要はないと思っています。状況が安定するまで、より慎重に空間を利用すればいいのです。

―入居者向けの活動やプログラムに変更はありましたか?

たとえば、ヨガやワークアウトのセッションをオンラインで行うようになりました。しかし、道具を使わない自重トレーニングのような活動については、4〜5人の少人数のグループでテラスで行うようになりました。また、ハイキングに行くことも増えてきました。ショッピングモールやレストラン、バーに行けなくなった今、山は最も人気のある目的地の一つになっているのかもしれません。
ほかにもいろいろな楽しみ方があることに気づいてくれているのは良いことだと思います。また、街なかの人たちが数日だけ家を出て、ビルの素晴らしいホスピタリティを堪能できるように、都市型の短期滞在のワーケーションプランを提供することも考えています。同じ場所で過ごすことに飽きてきた人たちが、自分の街でちょっとした休暇を過ごしたり、一時的に家を変えたりすることができるようになるのではないでしょうか。このようなときに最も重要なのは、家庭で料理をしたり、自宅で運動をしたりするなど、心の健康を維持することに重点を置いたプログラムです。このようなプログラムは、住民が大切にしているものです。

―ウルヴィータの今後の計画を教えてください。

私たちの計画では、私たちのモデルを世界の他の都市にも展開していきたいと考えています。これらは世界的な問題です。私たちの焦点は、住宅を手頃な価格で提供できるようにすることだけではなく、ウェルビーイングを手頃な価格で提供できるようにすることです。現在、私たちは、そのための資金調達を加速させることを期待して、私たちのモデルの実現可能性を検証しています。地元のクラウドファンディングや投資家を活用して、完成した建物の開発や運営に資金を提供できることを示す必要があります。

パンデミックの影響下でも安定した収益を上げることができた今、私たちはさらに良いケースを手に入れたと感じています。このことは、私たちの手頃な価格で柔軟性のある住宅モデルが、商業用不動産やオフィス用不動産よりも回復力があることを証明するのに役立っています。資金調達から開発、管理までの包括的なプラットフォームを持っているので、他の都市での展開に興味のあるデベロッパーや専門家と提携し、ノウハウを共有していきたいと考えています。実際に南米の他の国からもオファーを受けていますし、スペインの大学近くの学生向け物件の開発も進めています。日本もぜひやってみたいところです。とくに東京は活気のある都市で、私たちのモデルがとくにうまく機能するのではないかと想像しています。

―メキシコにはウルヴィータと似たようなプロジェクトがほかにもあるのでしょうか？

似たようなプロジェクトがいくつかあることは知っていますが、開発プロセスの異なる分野に焦点を当てているのかもしれません。たとえば、建築家は良いデザインを作ることで同じ問題に取り組んでいますが、持続可能な財務戦略や管理システムが欠けている場合がある。また、良いコミュニティ管理者はいますが、良い建物がないプロジェクトもある。また、良い物件を買わない善意の人たちもいます。効果的なプロジェクトを作るためには、これらすべての側面を統合する必要があります。私たちが知っている中では、メキシコでこれをやっているのは私たちだけですが、私たちのモデルを他の国でも再現しようとしているクリエイティブエージェンシーがいることは知っています。

世界の他の地域で私たちと同じ問題について考え始めている人が増えていることを知ることは、励みになります。このことは、私たちの関心事が本当に世界的な問題であり、メキシコ以外の地域でも私たちのモデルに潜在的な需要があることを証明しています。

―パンデミック後の世界における共有・共有空間の可能性とはどのようなものだと思いますか？

多くの人が生命の儚《はかな》さを学び、人と人とのつながりの価値をこれまで以上に評価しているので、人々はシェアするという考えにオープンであり続けると思います。しかし、パンデミックをとおして学んだように、特定の用途のために設計された空間よりも、多目的な空間のほうが柔軟性があるということを考えると、私たちの焦点は、いかにして異なる人々が共有できるプライベートな空間を作るかということから、いかにして異なる用途で共有できる空間を作るかということに移るべきではないでしょうか。

また、共有とプライバシーのバランスも考慮する必要があります。プライバシーにはさまざまな尺度があり、まず身体、次にパーソナルスペース、次にプライベートルームなどがあります。これは文化によって異なります。たとえば、ここメキシコでは、学生が自分のバスルームを持つことは非常に重要です。プライベートな空間なので、多くの人が共有したがらないのです。でも、スペインの学生はバスルームを共有することには寛容ですが、ベッドルームを共有することにはあまり寛容ではないかもしれません。これに関連して、プライベートな空間とパブリックな空間の境界線をどのようにデザインするかについては、まだまだ検討すべきことがたくさんあると思います。その線はそれほど厳密に定義される必要はないと思いますし、必ずしもフェンスやバリアによって区切られる必要はないと思います。建物と建物の間の空間は、私たちが共有する空間になる可能性を秘めています。そして、街の中で最大かつ最も重要な共有スペースである道路があります。私たちはストリートの質にもっと注意を払わなければなりません。

メキシコのモンテレイには歩道がないから誰も歩かないと言う人がいます。しかし、日本でもほとんどの道に歩道がありませんが、みんな道を共有することを知っているから歩いているのです。数年前に東京に行ったときも、みんなお互いを尊重しているからか、歩いている人、自転車に乗っている人、車を運転している人が共存していました。そこにはいろいろなものや場所を発見することができて、歩くのも楽しい。プライベートでもパブリックでも、共有スペースは多様性があり、柔軟性があり、楽しいものであるべきだということをよく表しています。

第2部

シェアを媒介するものとしての空間・住まい

第3章

似たもの同士のシェア、違うものを認めるシェア

猪熊 純

1 建築によって開かれるシェアの可能性

私たちの事務所がシェアをテーマに掲げて10年になる。今日にいたるまで同じコンセプトで設計を続けて来られたのは、手がけた場が、私たちの想像を超えていきいきと利用され、私たち自身にその可能性を示し続けてくれたからである。

なかでも2013年に完成したシェアハウスLT城西（名古屋市西区、写真1）は、私たちとって決定的な確信を得たプロジェクトとなった。規模としては決して大きくなく、320平方メートル程度の中に、13人が住むシェアハウスである。当時の他のシェアハウスと決定的に違っていたのは、新築であったことだ。リノベーションのような制約がまったくないため、シェアハウスのプロトタイプを作る意気込みで設計を行い、3640ミリという正方形グリッドの上に、13の個室と水回りを立体配置し、残余空間のすべてを共用部とした。廊下によって個室につながるタイプのシェアハウ

スに比べると、驚くべき広さの共用部が手に入った。

住んでいる人たちは、私がワンルーム住まいだった頃と比較すると、本当に羨ましくなるような生活をしていた。私たちが（事前連絡をして）遊びに行っても、友人でも来たかのように出迎えてくれ、最近の生活の話を忌憚なく話してくれる。共用部は、竣工当時と変わらないきれいな状態だが、電子ピアノやら、ウクレレやら、住んでいる方たちの趣味が感じられるものが自然な感じで置かれている。キッチンは食材と調理器具でいっぱいだ。空間は心地よい生活感で満たされ、それぞれが同居人を適度に気遣いながら、自分らしい生活をしているのが感じられた。

竣工から数年経って、知り合いだった住人から、クリスマスパーティーの写真が突然送られてきたことがある。数人で楽しんでいる写真かと思いきや、そこには共用部の空間がさまざまな人で満たされ、思い思いに楽しんでいる風景があった。住人の皆で企画し、それぞれ知り合いを招き、100人近い人たちが来たそうだ。

施工床320平方メートルと言えば、ワンルームであったら10人程度しか住むことのできない面積である。当然共用部は一切なしだ。その320平方メートルを私たちがシェアハウスとして設計したことで、まったく別の暮らしを誕生させることとなったのだ。建築の設計が、ここまで暮らしを変えてしまう可能性があることを、私は自分のプロジェクトをとおして知った。

写真１　LT 城西（設計：成瀬・猪熊建築設計事務所）（撮影：西川公朗）

こうした可能性を励みに日々新たな挑戦をする一方、建築には冷静に自覚しておかねばならない側面もある。建築は、ＩＴも含めたどんな創作物よりも、構築するのに時間がかかり、いったんできてしまうとなかなか変えたり壊したりはできない。スピードと変化の時代に逆行しているとさえ思うことがある。一方で、建築の持つその大

図１　LT 城西（設計：成瀬・猪熊建築設計事務所）

きさと遅さは、いつの間にか当たり前の環境と化してしまうという、独自の強みでもある。壁があればその先に行くことはできないし、窓があればその先の風景を見ることができる。そうしたフィジカルな環境を、人はいつの間にか受け入れてしまう。一方でこれは危うさでもある。ローレンス・レッシグによるアーキテクチャの話[注1]を出すまでもなく、建築は人の行動をいつの間にかコントロールできてしまうからだ。建築家はそんなことを意図して設計しているのかと言われるかもしれないが、ワンルームマンションのように一般化した建築にそういった強制力がないかと言えばそうではない。一人一人に部屋が与えられ、壁で仕切られ、共用の滞在空間がなければ、同じ建築に住んでいても、住人同士の関係が生まれるどころか、会話をするチャンスすら生まれない。どんな「普通の建物」であっても、物的な強制力を発揮し続けているのだ。

そうしたなかで私たちにできることは、建築がもち得てしまったある種の強制力をただ恐れるのではなく、自覚的になり、今の社会に大量に存在している既存の建築たちが無意識的に阻害してしまっている何かを暴き、新たな可能性をひらくことではないか。新たに生みだされた空間もまた、いつの間にか生活の基盤としての環境となるため、カンフル剤的に提供されるイベントなどとは異なる、ゆっくりとした、地に足のついた、日常的な関係が作られてゆく可能性に満ちている。

② 人口減少社会におけるシェア

建築にしかできないことは必ずある。では私たちは、何のためにシェアの場を作っ

注1　ローレンス・レッシグ、山形浩生訳『CODE VERSION 2.0』翔泳社、2007年参照。

ているのだろうか。10年前から私たちが意識していたのは、人口減少社会への活かし方である。街という視点で見たときに、人口減少は増加前の姿に戻ることではない。人口増加が急激に起こった高度経済成長からバブルまでの期間で、日本中にインフラが整備され、面開発が行われた。これらは人口減少と同時に減るかと言えばそうではない。開発された面積が維持されたまま人口が減るのだ。

この状況は、人口増加前にはなかったいくつかの問題を引き起こす。たとえばインフラや施設の維持。人口減少と連動して減少する地方自治体の税収に対して、老朽化によって維持費はむしろ増大する。こうした問題に対し、とくに公共施設においては、機能の集約・複合化により、少ない維持費で複数の機能を維持する動きは、昨今ではずいぶん耳にするようになった。

こうした機能複合（ある種のシェア）は、維持費という仕方のない事情から始まっているが、私たちはそうしたこととは別な文脈で、シェアが人口減少社会を豊かにするために有効な考え方だと信じてきた。前述のように、開発された面積が維持されたまま人口が減るということは、さまざまな地域がスカスカなスポンジのようになるということだ。実際に、空き店舗・空き家の問題、徒歩圏内に日常生活に必要な施設がない等の問題が人口密度が低い地域で起こっている。こうしたことに対して、もちろん個別の問題解決は必要なわけだが、私たちは同時に、地域全体の縮退のさせ方をイメージせねばならないと考えている。均質でスカスカなスポンジを避け、人口密度が下がりながらも部分的に密度の高い場所を作るような未来像だ。シェアの場がハブとなり、密度の高い部分を担うことができれば、全体としては疎になっても、いきいきとした地域性を保つことができるのではないか。

この考え方は、都市計画的な視点でなく、建築単体の事業ベースで進むことに意味がある。街が拡大する段階では、計画さえすれば人が集まるが、縮小する段階は計画したとおりに空き地を作るわけにはいかない。個別に家や店舗が減っていくなかで、民間ベースで、時には個人の店舗やカフェ、時には幼稚園や保育園や福祉施設、時にはシェアハウスなどが、意思ある担い手によって徐々にハブ化する。黒磯（栃木県）の1988 CAFE SHOZOはカフェ業界では伝説だが、都市計画的な視点で見るとずいぶん中途半端な場所にある。ところが、今このカフェの周辺は素敵な飲食店やインテリアショップが軒を連ね、通り全体が魅力的な場所になっている。人が人を呼び、徐々に成長する生命活動のようにハブ化したのだ。これは都市計画では作れない。建築単体の事業の連鎖の結果だ。私たちが行うべきことは、建築の設計をとおしてシェルパのように取り組みに伴走し、事業が加速する手助けをし、地域の中に〝うねり〟を作りだすことだ。

③ 似たもの同士のシェア

シェアには、誰と誰の関係に注目するのか、といった視点もある。前述のLT城西は素晴らしいプロジェクトだった。実際に訪れ、住人の雰囲気や共用部の空気感を感じれば、すぐに分かる。しかし少し冷静に観察すると、住人はほぼ同世代の社会人で、もともとシェアハウスに住みたいという趣向の人たちである。他人同士とはいえ「似たもの同士」であり、互いを気遣いながら楽しく暮らすことに対して、比較的容易な条件が揃っていたとも言える。

実際こうした「似たもの同士」は、私たちの身の回りでもいくらでも散見される。世代・性別・年齢・職種などはもちろん、ゲーム好き・猫好き・釣り好き・ハイキング好きといった趣味や興味を持つ同士のコミュニティもある。SNS等でつながっていることも多いだろうし、猫カフェのように、空間化したビジネスも生まれやすい。猫カフェほどセグメントを絞ったプロジェクトはさすがに建築家の仕事にはなりにくいが、ホテルなどを設計する際に、ある程度収入層・年齢・来訪目的などといった顧客像を想定することなどは、われわれの業界でも一般的なことだ。これなどはまさに、「似たもの同士のシェア」を事業化している例の一つと捉えることができるだろう。

こうした「似たもの同士のシェア」は、気の合う人たちがつながるという意味においてはとても幸せなことだ。しかしこれらは、分断の危うさを内在させていることも事実である。似たもの同士のまとまりができると、原理的にそこには〝外側〟が生まれる。多様化した時代、たいていの人が複数のコミュニティに属するため、まったく外側との関係性が切れたようなコミュニティのみに属する人は多くはないだろうが、組み合わせによっては、分断が顕在化する。たとえば近年、待機児童などの問題から保育園建設が盛んになっているが、一方で騒音などのクレームから建設がストップしたり、防音壁に囲まれた息苦しい保育園しか認められなくなったりする話を、しばしば耳にする。これは、地域の住人という属性と、子育てを理解しないという属性の人が、一致してしまうことによって起こっていることだろう。

さらに規模が大きくなることもある。トランプ政権下でのアメリカでの人種差別は、なかなか悲惨なものであった。人種が収入層や思想と結びつき、〝外側〟を排斥する方向に動いてしまった。「似たもの同士のシェア」は、時に排他的な方向に人を向かわせることは紛れもない事実である。

実際これまでにも、私たちが対談などでシェアの話をした際に、「コミュニティ的なものは外側を作るから良くないのではないか」といった意見をもらったことがある。これに対して、私は二つの点からこうした意見に反論することにしている。一つは、前述した「一人が複数のコミュニティに属しているので、完全に相反する関係はめったにない」というもの。加えてもう一つ、新しい視点をこれから紹介したい。

抽象的な議論から離れ、リアルなまちを見てみよう。たとえば東京。渋谷・代官山・丸の内・秋葉原・谷中・池袋・大久保……山手線付近だけでも、本当に多彩な都市だ。住んでいてエキサイティングで楽しいのはもちろん、近年では、海外からも多くの旅行客が訪れる魅力的な都市だ。この多様さは、どこからきているのだろう。住宅が多いかオフィスが多いか、といった用途だけの問題ではない。建築物のスケールの違いだけでもない。それぞれの街の雰囲気は、そこに暮らす、あるいは利用する人たちの趣味趣向の傾向が、飲食店の雰囲気・看板のデザイン・道ゆく人のファッションなどをとおして現れ、形作っているのではなかろうか。すなわち、「似たもの同士のシェア」が場所に定着して生みだされたエリアごとの偏りが、東京の多様性を作っているのだ。もし「似たもの同士のシェア」がなかったら、東京は、多様な趣味趣向が完全に混ざり合った、均質な都市になりはしないだろうか。「似たもの同士のシェア」は、都市や社会の多様性に必要不可欠なのではないかとさえ思う。

もう一つ、注目しておくべきことがある。さきほど、「似たもの同士のシェア」は関係づくりが比較的容易だという話を述べたが、これはシェアハウスにおいては家族同士でなくともうまく一緒に住みやすいということであり、地域においては1988CAFE SHOZOのようなカフェが後発の事業者を刺激し、取り組みが拡大しやすい、ということだ。「似たもの同士のシェア」は、社会のなかで自然とつながりや多様性が生まれる、ある種のエコシステムのようなものだ。

「似たもの同士のシェア」は、稀に排他的な方向に人を向かわせるが、同時に社会の多様性に寄与している。この難しい対象と、私たちはどのように向き合えばよいのだろうか。簡単に前者のリスクだけを大きく捉えて、後者を失うわけにはいかない。「似たもの同士のシェア」そのものを否定するのではなく、排他に向かわせない方法、すなわち〝外側〟にいる「違うものを認めるシェア」が必要なのではなかろうか。

④ 違うものを認めるシェア

排他に向かわず〝外側〟にいる「違うもの」を認める、という言葉で、思い出す事例が二つある。一つは保育園、もう一つはサービス付き高齢者向け住宅の話だ。この二つの施設の共通点は、時に迷惑施設的に扱われることだ。

保育園が近年、騒音などのクレームに苦しんでいる話にさきほども触れた。これは、新たに建設される施設を、地域住人が自分たちとは無関係な迷惑施設として扱っているごとによる、排他の現れだ。これからの未来を作る子どもたちが、どんな環境で育てられることが幸せかといった、〝外側〟を認める気持ちが消えてしまった結果だ。こうした想像力が隣人同士で育まれていれば、保育園は中止にもならないし、過剰な防音壁もいらないだろう。園がうまく地域へ開かれていれば、子どもの微笑ましい光景が、地域の日常になる可能性もあるはずだ。以前、まちの保育園を運営する松本理寿輝さん[注2]を取材したことがあるが、彼の取り組みは、「子どもたちの学びや育ちに地域の資源を活かし、保育園自体がまちづくりの拠点になる」ところまで進んでいた。

こうした革新的な取り組みは、人の力が大きいのは言うまでもないが、小竹向原の保育園は設計も大変興味深い。まちの保育園という言葉からは、園全体がまちに開かれている設計を想像しがちだが、必ずしもそうではない。保育園自体は、むしろある程度閉じたうえで、敷地の少し奥に配置し、誰もが自由に入ることのできるパン屋を分棟にして前面道路側に併設している。これによってパン屋と保育園はなんとなくお互いの存在が感じられる一方、保育園はパン屋によって守られているような構図だ。この施設では、「違うものを認める」というのは、必ずしもお互いの接触を増やすことではないことも気づかされる。

次にサービス付き高齢者向け住宅の事例である。福祉では、近隣との関係はもちろん、運営者と入居者の関係さえも難しい。一般的すぎて疑問にすら感じないかもしれないが、福祉施設では、入居者が運営者の感知していない状況で外出してしまうことがリスクになるので、基本的には施錠をする。安全のためなので疑問を持つこともない。運営者は管理者であり、入居している高齢者との間には少なからずギャップがあ

注2
松本理寿輝。「ナチュラルスマイルジャパン株式会社」代表取締役。「まちの保育園」「まちのこども園」を運営。子どもを中心に保育士・保護者・地域がつながり合う「まちぐるみの保育」を通して、乳幼児期によい出会いと豊かな経験を提供し、保育園が既存の枠組みを超えた「地域福祉のインフラ」となることを目指している。

ることが多い。

　私たちが少しだけ計画をお手伝いしたことがある下河原忠道[注3]さんは、自身の運営するサービス付き高齢者向け住宅である銀木犀において、こうした価値観を覆すべく、挑戦し続けている。住人の方々が人間らしく豊かに暮らせるよう、施設は施錠をせず基本的に出入り自由だったり、駄菓子屋を作って近所の子どもたちが遊びに来るようにしたり、過剰な延命治療を行わなかったり、自分たちで看取りを行うことに取り組んでいたりする。そしてまた、こうした取り組みが地域の共感を生み、時に街に出て施設に戻れなくなってしまった入居者を、地域の人が見つけて連れてきてくれることもあるそうだ。この事例は、建築の設計よりも運営を貫く思想が成しえていることだが、こうした努力によっても、本来利害が一致しない「違うもの」を認めることができるのだ。

　この二つの事例から私たちが学ぶのは、「似たもの同士のシェア」を成立させたまま、互いを認める状況を作り上げていることである。まちの保育園においては、住人と利用者コミュニティそれぞれが別個に空間をシェアしているが、同時に互いの存在を認めている。銀木犀においては、空間というよりは運営的な思想によって、入居者・運営者・駄菓子屋に来る子ども・近隣住人といったさまざまな「違う」人たちが、それぞれ自分たちのつながりを保ったまま、その外側の人たちを気遣うことができている。

　大きな社会から見れば小さな一施設かもしれないが、具体的に理想の状況を垣間見ると、プロジェクトを積み重ねるなかで、社会を少しでも良い方向に前進させることができるのではないかと思えてくる。

注3　下河原忠道。
株式会社シルバーウッド代表取締役。スチールパネル工法を得意とする建設会社を営むかたわら、サービス付き高齢者向け住宅「銀木犀」を運営。高齢者の立場を大切にしたさまざまな取り組みを積極的に行っている。近年では、認知症を体験できるVRの開発を行う。

5 「公」「共」「私」の関係を問い直す

さて、ここまで進めてきたなかで、「違うものを認めるシェア」「似たもの同士のシェア」が、それぞれ「公」「共」に近い位置づけであることに気づく方もいるだろう。しかし「違うものを認めるシェア」「似たもの同士のシェア」は、あくまで私が日々の設計活動の中で徐々に想像し、言葉を与えたものだ。そこでこの章では、「公」「共」と、「違うものを認めるシェア」「似たもの同士のシェア」の関係を再定義し、「私」も含めたより一般的な広がりのなかで、論考を行ってみたい。

そもそも、「公」「共」「私」という言葉は、よく知っているようで定義は曖昧だ。広辞苑にも「公」「共」「私」を比較した定義は存在しない。経済学者の永安幸正が「公」「共」「私」の三元論をシステム論的に扱っている。[注4] 今回の議論に近いものでは、政治学者の齋藤純一の論考がある。公共性(publicness)は、「国家に関係する公的な(official)もの」「すべての人びとに共通もの（コモン：common)」「誰に対しても開かれている(open)」の三つの要素からなるとし、一方で共同体は、「閉じた領域を作る」「〃外〃を形象化することによって〃内〃を形象化する」としている。[注5] 彼は「公」「共」「私」という切り口ではないため、単純に当てはめるわけには行かないが、コモンが公共性に入るのは、意外である。彼は「公共性は、複数の価値や意見の〈間〉に生成する空間であり、逆にそうした〈間〉が失われるところに公共性は成立しない」と述べており、すべての人びとに共通ものとしてのコモンはともに近いのではないかとも思える。

注4　永安幸正『コミュニタリアニズムからみた公と共と私の哲学』(『計画行政』24巻4号、2001年、10〜15頁）参照。

注5　齋藤純一『公共性』岩波書店、2000年参照。

これらの議論を参照しつつ、一般的なイメージも含めて整理すると、

「公」：誰に対しても開かれている≒「違うものを認めるシェア」

「共」：共通性によるまとまり、外に対する内≒「似たもの同士のシェア」

「私」：個人的なもの

としても、違和感はないかと思う。

ではここから、「公」「共」「私」の関係性について論じてみたい。しばしば用いられる考え方に、公と私の間に共が存在するという、単線のグラデーションの概念がある（図2）。確かにこれらを、まとまりの大きさとして、「公」はすべての人、「共」は限られた一団の人、「私」は一人と想像すると、納得のいく話ではある。あるいはプライバシーの視点から考えると、「公」は最も開かれており、「共」は限られた人に開かれており、「私」は、まったく開かれていない状態だ。しかし、実際の状況はそんなに簡単だろうか。

「公」は、誰に対しても開かれているが親密度は高くない。「共」は、親密度は高いが限られた人にしか開かれていない。考え方によっては、「公」と「共」は、完全に相反する関係にあるとも言える。次にこれに「私」を入れて考えてみる。たとえば「私」のプライバシーは、互いによく知っている「共」の中では、なかなか守られない。あるいは積極的にある程度プライバシーを開示することさえあるだろう。一方で「公」は親密度は高くなく、都市公園や電車のように極めて公共性の高い場では、まったく知り合いがいないことさえ日常的であるため、「公」のほうがプライバシーが守られ、一人で居られることも多い。「公」「共」「私」は、決して単線に並んだグラデーショ

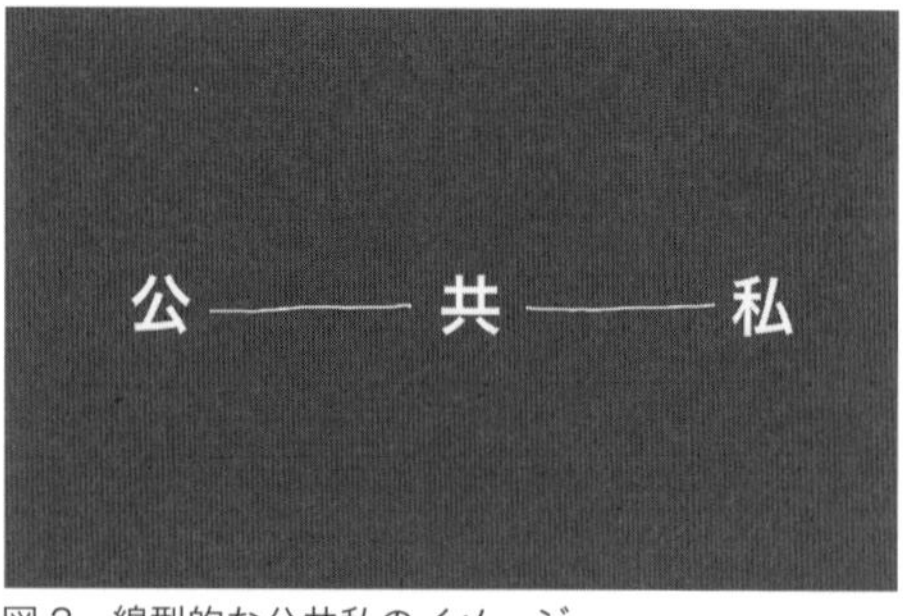

図2　線型的な公共私のイメージ

ンの中に位置づけられているのではなく、それぞれ他の二者と異なる要素と見るほうが自然なのではないか（図3）。

もう一段階、議論を進めることができる。「公」と「共」は、概念的には相反するとしたが、実際には「違うものを認めるシェア」の部分で示したとおり、実際の空間では両立できる概念でもある。これは、「公」が、誰に対しても開かれているという意味において、それぞれの「共」に対しても開かれているはずである、ということである。同様に、どんな「私」に対しても開かれているはずである。このとき、空間的な概念を含んだ「公」「共」「私」の図式は、広がりのある「公」の中に、さまざまな「共」と「私」が無数に散らばっている状態（図4）になるはずだ。

⑥「公」「共」「私」を両立する空間

前述の図式は、そのまま建築の設計に利用しうるものである。今回のような整理は初めて行ったが、設計中には、常にこの図式が頭の片隅にあり、目の前にある図面や模型と重ね合わせ、どのようにして具体化できるかを試行錯誤している。

いくつか例を示そう。まず、前述したＬＴ城西。３６４０ミリという正方形グリッドの上に、13の個室と水回りを立体配置し、残余空間のすべてを共用部とした設計である。同規模の一般的なシェアハウスは、たいてい戸建て住宅に近い構成で、共用部はまとまった大きめのリビングだ。一つの部屋が唯一の共用部ということになる。すなわち「私」が集まる唯一の「共」である。住まいであるから当然かもしれないが、す

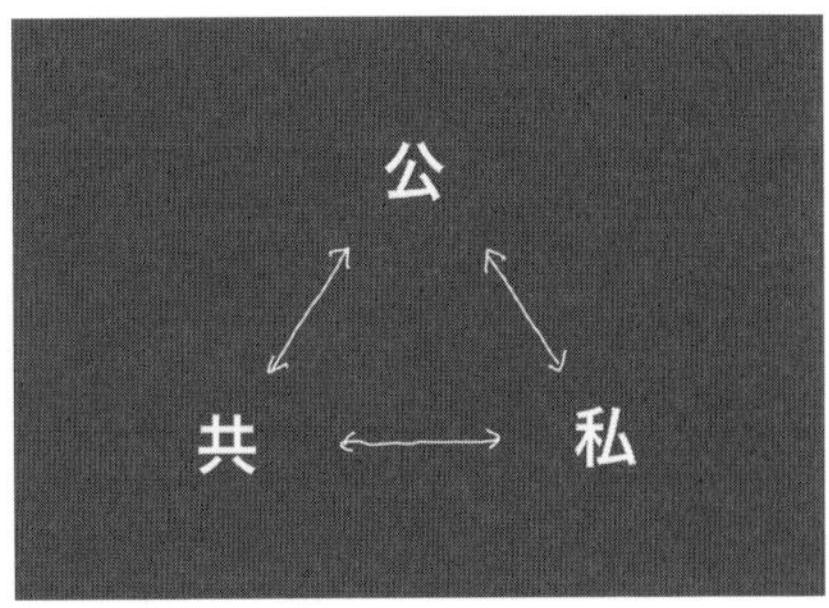

図3　互いに相反する公共私のイメージ

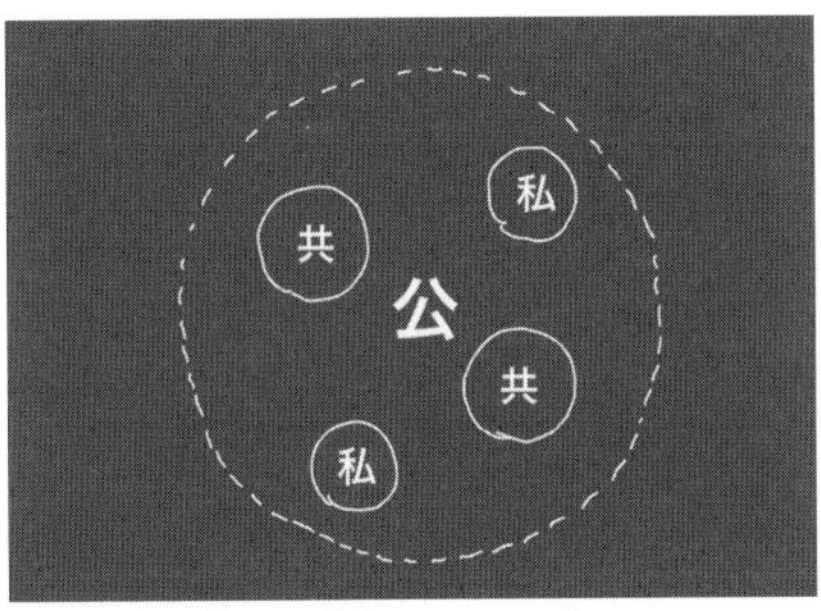

図4　空間的な公共私のイメージ

この場合「公」らしきものは登場しない。一方でLT城西はどうだろう。「私」のための閉じた個室を立体的に構成することで、共用部にはさまざまな場所が発生する。メインのダイニング以外にも、ちょっとしたソファスペースや窓際の休憩スペース、2Fのくつろぎスペースなどが各所に点在する。一人あるいは数人が、思い思いに過ごすことができる場だ。この状態は、まさに前述図4の「公」「共」「私」図式そのものだ。あくまで一つのシェアハウス内のことではあるが、複数の「共」「私」の存在を許す空間を作りだせていると思うし、クリスマスパーティーのようにたくさんの人たちが思い思いに過ごすことができたのも、こうした空間の性質によるものだと思う。一方で今思えば、外とのつながりをもう少し丁寧に作り込み、共用部の「公」的な側面をより強めることができていたなら、さらに豊かな場になっていたであろうとも思う。

次に31VENTURES KOIL（写真2）を見てみよう。このプロジェクトで最もこだわったのは、オープンさだ。通常のオフィスはもちろん、近年急速に増え始めた大型のコワーキングスペースやイノベーションセンターは、基本的には会員しか入れないものも多い。しかしKOILでは、基本的には誰でも入れることを、何よりも重視した。メインのエントランスは、日中は基本的にセキュリティフリーとし、中にも無料で利用できる席がある。カフェや工房には、近所の住人も訪れる。開かれた「公」を作ることが、さまざまなタイプの「共」「私」を受け入れることにつながり、結果的にそれがおのおののイノベーションにつながると考えたからだ。内部の用途も、オフィスのサイズを多段階にし、会議室は非会員でも利用できるようにするなどさま

▲写真２　31VENTURES KOIL（設計：成瀬・猪熊建築設計事務所）（撮影：西川公朗）

▼写真３　ソウルメトロ・ノクサピョン駅改修プロジェクト（成瀬・猪熊建築設計事務所設計）（撮影：西川

ざまな人たちがこの場を利用できるように心がけた。

私たちのプロジェクトの中で最もパブリックなものが、韓国のソウルメトロのノクサピョン駅改修プロジェクト（写真3）である。ここはもともと駅という誰もが（すなわちさまざまな「共」や「私」が）利用できる施設ではあったが、古くなった内装のせいか、巨大な地下空間は行き交う人たちにとっては単なる通過空間になっていた。駅なんてそんなものだと言ってしまえば終わりだが、魅力的な広場や公園では、互いが他人であっても、それぞれが生き生きとした風景となり、存在を受け入れるような空気に満ちている。私たちは、これを「公」の質の問題だと考え、閉じた地下空間であっても、広場や公園と同様な空気感を作りだせないかと試み、既存のドーム状の吹き抜け空間に、白いエキスパンドメタルのドームを挿入した。これによって暗かった地下空間は、トップライトから入った光が乱反射し、驚くほど明るい空間になった。ここを通過する人は、誰もが平等にその光に包まれ、生き生きとした風景を作りだしている。

最後に、これまでとは少し考え方の異なるプロジェクトを紹介したい。ナインアワーズ（写真4）というカプセル

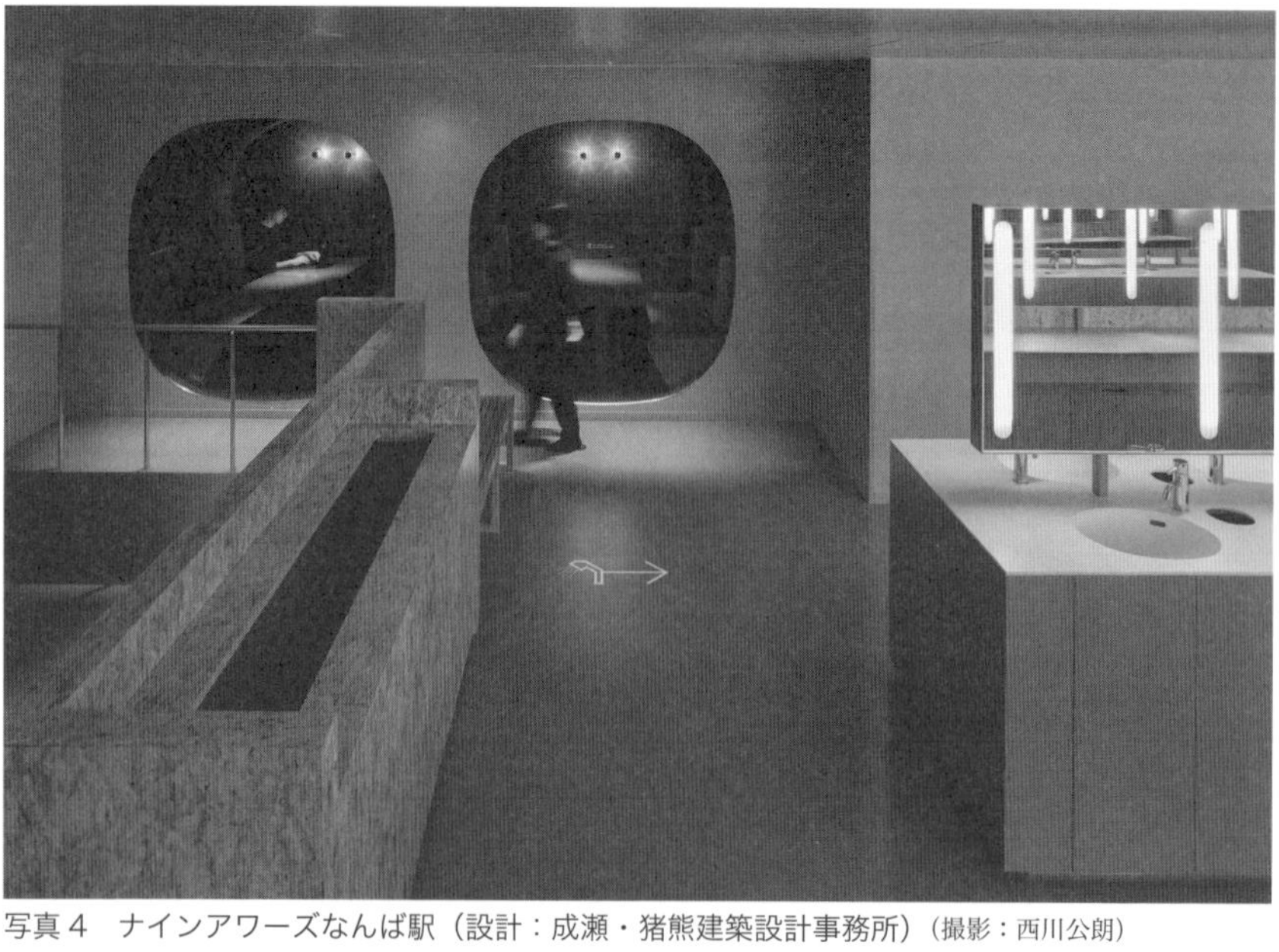
写真４　ナインアワーズなんば駅（設計：成瀬・猪熊建築設計事務所）（撮影：西川公朗）

ホテルだ。カプセルホテルは、私たちが多く手がけ得意としてきた、利用者の関係づくりを主軸としたプロジェクトとは、ずいぶん性質の異なるものだ。シャワーや洗面をシェアする計画ではあるが、これはより安価に泊まるための合理性の追求である。プランは、工場のように見えるほどシステム化されている。一方でこのきわめて特徴的な宿泊施設は、際立ったデザインと安価な宿泊料により、安価でも清潔に宿泊したい人、デザイン好きな人などを世界中から引き寄せている。そこで私たちは、これまでの三つの事例のように施設内で図4の図式全体を再現するのではなく、ナインアワーズが置かれる都市全体を「公」と捉え、そのなかにすでに散らばっているさまざまな「共」や「私」に、ナインアワーズ宿泊者という新たな参加者を加え、まちに接続させるものだと捉えることにした。

こうしてみると、われわれの設計の目標は明確になる。どんな人に来てもらい、どんなふうにまちを楽しんでもらうかを、設計することが仕事だ。われわれはこれまで大阪と博多のプロジェクトを手がけたが、どちらにも共通するのは、ナインアワーズ独特の非日常な体験をさらに先鋭化させること、地域や場所ごとに独自性を際立たせること、水回りでのオペレーションを快適にすることなどだ。一般的なカプセルホテルは、安かろう悪かろうのイメージが拭えないが、ナインアワーズのクリーンで精密なイメージを私たちが再解釈して作った新しい宿泊体験は、大阪や博多のまちをますます豊かにしてゆくと信じている。

こうして見てみると、一つの図4の図式は、プロジェクトの主要用途や規模によってさまざまに運用しうることが見えてくる。今後も、新しいプロジェクトに取り組むごとに、「私たちはここでどのような関係性を生みだすべきなのか」といったことを考え、設計をつむぎだしてゆくことになるだろう。

7 近代的な社会構造をリノベーションする

プロジェクトの種類が増えるにつれ、何のためにシェアの場を作っているのかというイメージが変わり始めている。図5は、私のイメージする近代社会の概念図だ。家族の図式でもあるし、企業の組織図でもあるし、行政区画の概念図でもあるし、土地利用の階層構造でもある。これらは、社会が安定的に保たれるために、それなりに、（あるいはとても）うまく機能してきたと言っていいだろう。だからこそ、世界中のさまざまな分野でこの構図が現れているところが複雑化した現在、さまざまな場面でひずみが出始めている。

家族に関しては、高度経済成長の際に持ち家政策とともに核家族が増えたが、現在では平均世帯人数が3を切り、単身世帯が世帯数の3割にまで上昇している。実際には、図のような階層構造を成していないほど同居家族の人数は減っている。企業にとっては、ツリー状の組織は安定して成長・維持するために最適な形式であった。しかし経済がグローバル化した近年では、革新的なアイデアがその分野を世界的に制してしまうことが増え、こうした組織では立ち行かなくなっている。土地利用も、子育てしながら働くために住宅地に職場が欲しい人もいるなど、これまでの用途地域では実際のニーズに応えきれないことが多くなっている。

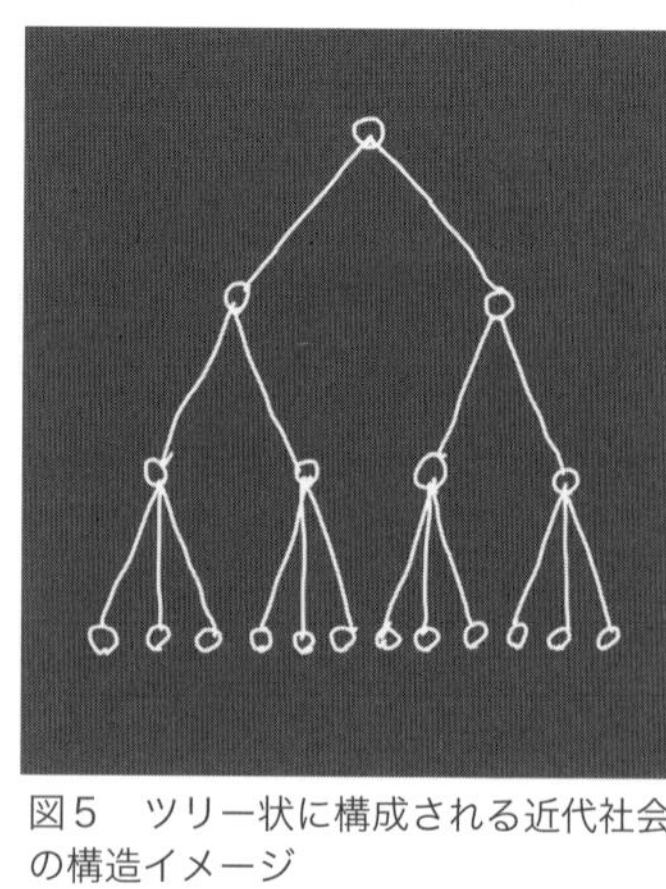

図5　ツリー状に構成される近代社会の構造イメージ

私たちがプロジェクトをとおして行っていることは、いわばこうした近代的な社会構造と実社会とのずれをシェアによって別な回路でつなぎ、現代にふさわしい複雑な構造へと徐々に作りかえること（図6）である。たとえばシェアハウスは、孤独な暮らしがどんどん増えていくなかで、家族とは別なつながりを基本として「共に暮らす家」を成立させる取り組みであるし、イノベーションセンターは従来のツリー状の組織体系を崩した形で創発を起こす取り組みであるし、店舗付き住宅や民間主導の地域拠点は、行政区域とずれた形で地域内外の人を巻き込んで、時には用途地域を巧妙にかわして、地域を盛り上げたり職住近接を実現したりする取り組みである。地域でのアートプロジェクトや宿泊施設は、本来まったく関係ないほどの距離があった国や地域の人びとを、直接地域と結びつけるような取り組みである。

私は、こうした一連の取り組みを、近代的な社会構造をリノベーションしているようなものだと考えている。私以外にも、近代の綻びを感じる方々は多くいることだろう。しかしだからと言って、近代とは別な価値観の社会全体を構想し、置き換えてしまおうとすることは、「まったく新しいものを作りだしたい」というある種の近代思想ではないか。一つの建築を、時に綻びを直し、補強し、機能改善をしながら利用するように、膨れ上がった人間社会をそこそこうまく持続させている近代的な仕組みを、シェアによって多彩に運用し、ますます複雑化する社会にフィットさせてゆくことは、悪くはないのではないかと思っている。

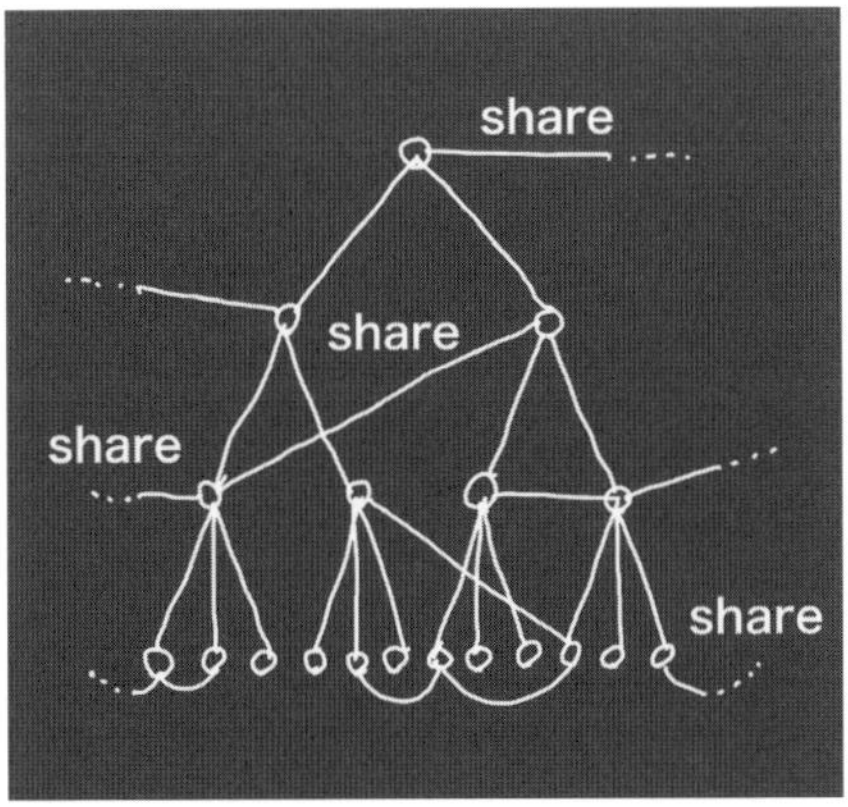

図6　近代社会をシェアによって現代に合わせて改造していくイメージ

第4章

災害を生き抜く、人と人以外（モノ）のシェア

前田　昌弘

1 災害が可視化する人と人以外（モノ）の働き

2020年1月以降、新型コロナウイルス感染症（COVID－19）のパンデミック（世界的大流行）により日本でも緊急事態宣言が発令され、私たちは外出や移動を極力控える生活が強いられている。この原稿を執筆している2021年3月時点においてもコロナ禍収束の見通しはまだ立っておらず、感染症のパンデミックという、私たちの多くが経験したことのない災害の渦中にある。自宅に籠もる生活が続くことのストレスは大きく、身体ないし精神の健康が脅かされる二次被害が増えているという報道を見聞きする。

コロナ禍により状況が一変し、さらに、その影響が長期に及ぶことで、「コロナ以前」の生活を思い出すことさえ難しいと感じることがある。コロナ禍は私たちの身体感覚や意識さえも変えてしまったのではないかという不安を覚える。一方で、コロナ禍が

もたらした変化には悪いものばかりではないのかもしれないとも感じる。たとえば、自宅で過ごす時間が増えたことにより、自宅周辺の緑や自然、散策ルート、商店など、身近な環境の質に意識が向くようになったという人は少なくないのではないだろうか。

私が暮らす京都の街も一度目の緊急事態宣言の期間（2020年4月16日〜5月21日）は四条河原町や祇園等の繁華街への人出が激減し、それまでのインバウンドによるオーバーツーリズム的状況からの落差もあり、街から人の気配がまったくなくなったと感じるほどであった。しかし、緊急事態宣言が解除されると、ほどなく人出が戻り始め、コロナ以前ほどの賑わいではないにしても、鴨川べりにカップルが等間隔に並んで座るお馴染みの風景も戻ってきた（写真1）。

二度目の緊急事態宣言の期間中（2021年1月14日〜2月28日）、コロナ禍の生活に慣れてきたこともあり、鴨川べりの空間は多くの人びとで賑わっていた。散歩やランニング、休憩、ペット、楽器・歌の練習、ピクニック、釣り、写真・動画の撮影、風景のデッサン、太極拳、スケボー、キャッチボールなど、ここでは挙げきれないほどの活動が溢れていた。

鴨川べりの空間にこれほど多くの人びとが思い思いに過ごすことができるのは、屋外の広々とした心地よい空間だということも

写真１　京都・鴨川の風景（四条大橋北側）
新型コロナウイルス感染拡大による１度目の緊急事態宣言が解除され１週間が経過した頃の様子。カップルが等間隔に並ぶお馴染みの光景が戻ってきている。

あるが、むしろ、そこにさまざまな活動を受け入れる「アフォーダンス」（後述）に満ちた環境があるからであろう。歩道、芝生、ベンチ、木々の陰、川の護岸、石畳、アスファルト舗装、橋の下等、それと、ちょっとした段差や傾斜、凹凸でさえも場所の性格に違いを生み、人それぞれの愉しみ方や居方を人々にさせてくれる。

京都の鴨川の例からも分かるように、人は環境に「働きかける」だけでなく、環境に「働きかけられる」ことで環境の意味や価値を享受している。ところが、通勤、通学、出張、旅行等、「動いている」ことを常とする現代人の生活では、このような、ある意味で当たり前とも言える環境との関わりを実感する機会が少なくなっていたのではないだろうか。だとすると、新型コロナ禍ははからずも、人びとが立ち止まり、私たちと環境の関わりを見つめ直す機会となったと言えるであろう。私自身、学生時代から見慣れたはずの場所だが、鴨川べりの空間はこれほどまでに多様な活動を受け入れる魅力的な空間だったのか、と驚かされてしまった。

本書の共著者でもある門脇、猪熊が『シェアをデザインする』[注1]で、社会の流動化と「シェア」の親和性を指摘している。確かに、現代の「シェア」は、ホモ・モビリタスとしての私たちが本来持っている「移動（モビリティ）への欲求」の解放としてポジティブにも捉えられよう。しかし、モビリティの側面だけが肥大化し過剰になると、そのような社会が行き着く先は私たちが働きかけ、働きかけられる拠り所を欠いた不安な社会ではないだろうか。

本章では、流動化を背景とした現代の「シェア」では見落とされているかもしれない、人が環境に働きかけ、働きかけられるという相補的な関係、とくに、人が環境に「働

注1　猪熊純・成瀬友梨・門脇耕三ほか編著『シェアをデザインする―変わるコミュニティ、ビジネス、クリエイションの現場』学芸出版社、2013年。

きかけられる」ことの意味について問い、現代の「シェア」が向かう先について考えてみたい。ここで「人が環境に働きかけられる」という側面を強調するのは、住まいや土地を含む環境（モノ）を、人間により制御され、利用される「客体」としてではなく、人間と同等の「主体」として扱うことの可能性について考える必要があると感じるからである。本書ではここまで、住まいや空間をシェアするのは「人同士」であるという前提に立ってきたが、本章では、人と人以外（モノ）がシェアするという関係にも踏み込むこととなる。

このような考えは、本章で紹介する、災害によって再定住を余儀なくされた人びとの実践から着想したものである。災害を含む危機的状況は、人間と同等の「主体」としてのモノの働き（行為者性、不確実性）を可視化する。発生から10年が経った現在も深刻な影響をもたらし続けている福島第一原発事故はその最も顕著な例であろう。また、堤防、道路、自動車、そして住宅といった、私たちの普段の暮らしを支えているモノが、災害時には一転して、私たちの命を脅かす存在となってしまうことがある。たとえば、阪神・淡路大震災における死者総数5千488人の死因の大部分（約77％）は、建物の倒壊や家具の転倒等による「圧死」であったことを忘れてはならない。災害は、シェアの「主体」としての環境が、人びとの生存に直接的に作用し、最も切実な意味を持つようになる局面なのである。

②環境に働きかける主体とシェア

本節では、人が環境に働きかけるという、私たちがまず思い浮かべると思われる環境との関わりを取り上げる。災害を生き抜くにあたって、環境に働きかける「主体」の問題を議論する際によく持ち出されるのが、「自助・共助・公助」パラダイムである。このパラダイムにおいて、責任とリスクの「シェア」が、どのような主体間の関わりの下で行われているのか、事例を交えながら見ていく。結論を先取りすると、本節では、「自助・共助・公助」パラダイムで前提とされている「主体」の境界は実際の災害現場ではそれほど明瞭ではなく、「私」の決定には他者、さらには人以外（モノ）の存在が関わってくることで「私」という主体がシェアされ、その境界が曖昧となっていくことを示す。

主体と選択：災害時の「自助・共助・公助」

アメリカの哲学者・人権論者ナオミ・ザックは『災害の倫理』[注2]において、人命救助を含む災害支援の問題について考察している。人命救助に優先順位はつけられるか、平時の倫理は災害時にも守られるべきか、災害時の国家の役割とは何か、といった災害時に直面する疑問に対して、近代民主主義の哲学的基礎（義務論、帰結主義（功利主義）、徳倫理、社会契約論等）に基づいて展開される議論は、災害に関わる人びとの行動に対する具体的な問題提起をともなっており、極めて実践的である。一方で、

注2
ナオミ・ザック、髙橋隆雄監訳、阪本真由美・北川夏樹訳『災害の倫理―災害時の自助・共助・公助を考える』勁草書房、2020年。

注3
『災害の倫理』においてザック氏はハリケーン・カトリーナ（2005年8月）被災地でのNGOの貢献に触れており、また、自身も災害ボランティア向けの人命救助の講習を受講した経験があることを述べていることから、災害時の共助の役割を認識したうえで、あえてこのような議論の構成を採用していると思われる。

災害時の行動の選択に関わる主体を個人および政府に限定した議論となっており、コミュニティやNGOといった、個人と政府以外の主体の役割にはほとんど関心が払われていない点については個人的に意外であった。[注3]

欧米では「公」の仕事も基本的に「民間」が担い、「民間」が対応しきれないものを「政府」が担うという発想が一般的である。民間を補完するのが政府の役割ということである。ザックの議論も、災害時における「民間」による支援の限界を前提としていると考えれば、個人と政府の関係に論点を絞ったことも理解できなくはない。ちなみに、ヨーロッパでもとくに災害文化が根付く国であるイタリアでは、民間のボランティアが法制度的な後ろ盾によりかなり専門化・組織化されており、災害時に政府と同等かそれ以上に機能することが知られている。いずれにせよ、欧米では「公」と「私」がお互いの領域に干渉しない、二元的な関係となっており、いわゆる「共助」も「公助」にかぎりなく近いと捉えられるであろう（図1・上）。

それでは、日本の場合はどうかというと、「公」を担うのはあくまで政府（＝官）であるという限定的な捉え方がいまだに根強く、「私」＝個人・家族と「公」＝政府が両極にあり、かつそれらの間に拡がる曖昧な領域を「共」＝コミュニティ、NPO等が担っているという捉え方ができる（図1・下）。これまでにも多くの論者によって指摘されてきたように、日本では、「公」と「私」の曖昧かつ中間的な領域としての「共」が、公私関係を特徴づけている。このことと関連して岡部は、日本の公共空間をめぐる近年の建築

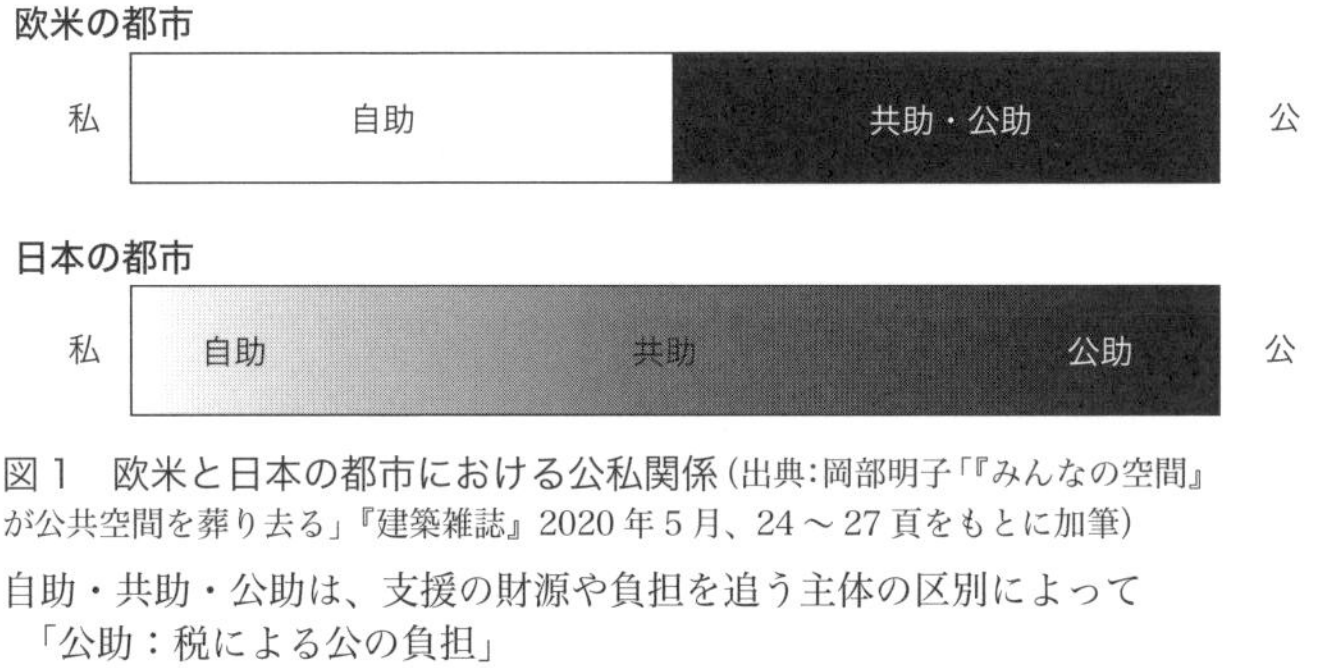

図１　欧米と日本の都市における公私関係（出典：岡部明子「『みんなの空間』が公共空間を葬り去る」『建築雑誌』2020年5月、24～27頁をもとに加筆）

自助・共助・公助は、支援の財源や負担を追う主体の区別によって
「公助：税による公の負担」

「共助：リスクを共有する仲間による負担」

「自助：自分自身による負担」

と定義される。

的実践は、中間領域としての「共」＝「みんなの空間」を盛り上げることを主流としているが、それは公私を二元論的に捉え両者が明確に隔てられた欧米の公共空間とは似て非なるものであり、むしろ本来的な意味での公共空間を損ないかねないということを指摘している。[注4]

現実の公私関係は、岡部自身も指摘しているように図1で示したほど単純ではなく、欧米と日本、それぞれの文化圏の中においても図1で示した2種類の関係はある程度混ざり合っている。また、このような主体間の関係を表す図式が即、空間的な関係に置き換えられるわけでもない（第3章の猪熊による議論を参照）。それに、どちらかの関係が一方よりも優れているというわけでもない。重要なことは、災害を生き抜く上で、文化的な差異を踏まえつつも、そのときどきの状況や文脈に即して、必要な関わりを立ち上げられるか、ということに尽きるであろう。

注4
岡部明子「『みんなの空間』が公共空間を葬り去る」『建築雑誌』２０２０年5月、24～27頁。

注5
前田昌弘『津波被災と再定住―コミュニティのレジリエンスを支える』京都大学学術出版会、２０１６年。

注6
バングラデシュのグラミン銀行を創設したムハマド・ユヌス氏が２００６年にノーベル平和賞を受賞したことでマイクロクレジットは一気に認知され、世界中に普及していった。

共助を顕在化させる仕組みと空間

中間領域としての「共」が日本的な公私関係の特徴であると述べたものの、現代の日本では生き生きとした「共」の姿を感じられる場面がますます少なくなっていると感じる。中間領域の持つ「曖昧さ」には本来、柔軟性、臨機応変というポジティブな意味も含まれている。しかし、近年の日本における町内会・自治会等に代表される地縁コミュニティは、そういった良い意味での「曖昧さ」を発揮しているとは言いがたい。少子高齢化、生活様式の変化を背景として弱体化の一途をたどっている。そんなとき、海外にも目を向けてみると、日々の営みに「共」が息づいている世界がまだまだ残されていることに気がつく。

私がスリランカの津波被災地をフィールドワークしていたとき、再定住地でマイクロクレジットに取り組む女性たちのグループに出会った。[注5] マイクロクレジット（マイクロファイナンスとも呼ばれる）とは、貧困層を対象とした金融の仕組みである。通常の銀行とは異なり、マイクロクレジットでは利用者が融資を受ける際、担保となる住宅や土地等の物的資産は求められない。代わりに、利用者でグループを結成し（人数は5名から10名程度であることが多い）、グループのメンバーがリスクを「シェア」することで返済の滞納や貸し倒れを防ぐ。物的資産を持たない人びとが、コミュニティの力を結集して銀行の機能を代替するという仕組みは、「共助」を顕在化させる究極的な形であると言えよう。[注6]

私が通っていた再定住地では女性たちが毎週集まり、グループでの貯蓄や融資の借り入れ・返済等の活動のほか、日常生活のさまざまな困りごとやアイデアについて情報交換を行っていた（写真2）。融資は主に、家庭菜園や自宅で営む雑貨店、ヤシ殻の繊維からロープを織る機械、漁業のための道具といった生計手段の再建・購入費に充てられ、それ以外にも病気の療養、祝い金・見舞い金、子どもの就学等、急な出費にも利用されていた。受けられる融資の金額は最初のうちは少ないが、返済の実績を重ねることで徐々に増えていく。私が再定住地に通っていた2年間、住宅と周囲の庭には生計手段がみるみる増えてい

写真２　再定住地におけるマイクロクレジットの集まり

き、女性たちの活動も活気づいていった（図2、写真3、写真4）。漁業世帯の収入は、季節や天候に左右され、不安定になりがちである。そのため、家計を管理する立場にある女性たちが、マイクロクレジットに参加することによって、自分の裁量で扱えるお金を持てることや、副業によって安定した収入を得られることの意味は非常に大きい。

マイクロクレジットの集まりはメンバーの誰かの自宅で行われる。いつも同じ家を使うグループもあれば、メンバー間の持ち回りというグループもある。メンバーの中には幼い子ども数名を連れて集まりに参加する若いお母さんもいる。集まりの会場となるのは住宅の軒下と庭を含む広々とした場所であり、そこにプラスチック製の軽い椅子や机を各家から持ち寄って場を設える。なので、人数が増えたり、子どもが急に泣き出したりしても柔軟に対応可能であり、あまり気にならない。スリランカの地方の家にはたいてい、玄関の前に「ベランダ」と呼ばれる半屋外の軒下空間があり、日中はそこで家族がくつろいだり、近所の人と談笑したりする。再定住地の住宅にもこのような中間領域があることで、私的な空間を必要に応じて他者に開き、「シェア」することが可能である。マイクロクレジットの仕組みに加え、このような中間的領域の存在が、「共助」を顕在化させている。

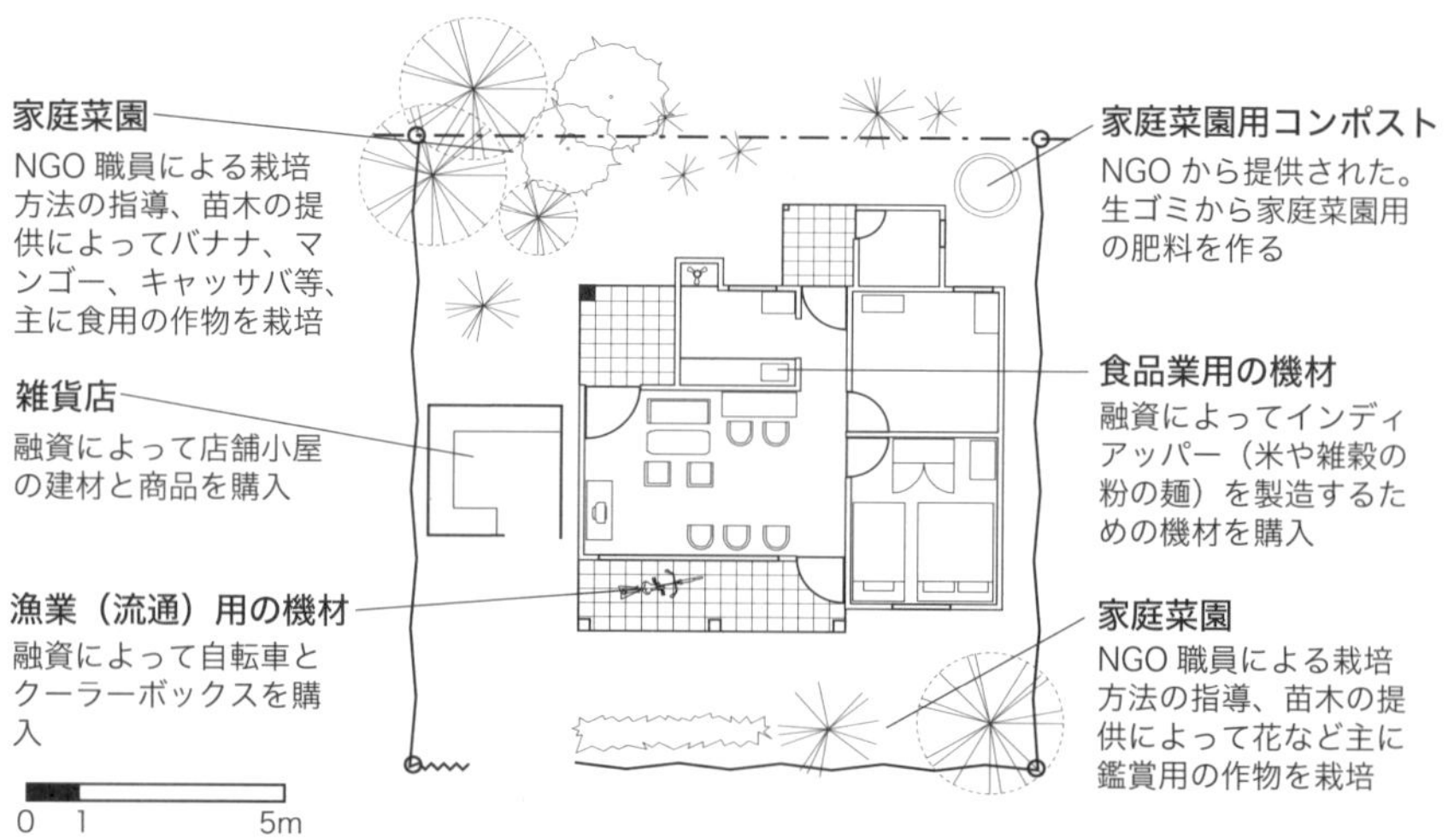
家庭菜園
NGO 職員による栽培方法の指導、苗木の提供によってバナナ、マンゴー、キャッサバ等、主に食用の作物を栽培
雑貨店
融資によって店舗小屋の建材と商品を購入
漁業（流通）用の機材
融資によって自転車とクーラーボックスを購入
家庭菜園用コンポスト
NGO から提供された。生ゴミから家庭菜園用の肥料を作る
食品業用の機材
融資によってインディアッパー（米や雑穀の粉の麺）を製造するための機材を購入
家庭菜園
NGO 職員による栽培方法の指導、苗木の提供によって花など主に鑑賞用の作物を栽培
0 1 5m

図2　再定住地の住宅敷地に生みだされた生計手段の例

自助・公助における「選択」の実態

災害公営住宅とは、災害で住まいを失った人びとへの「公助」として提供される公的な賃貸住宅である。災害公営住宅に入居するためには、被災者は希望する団地を選び、必要な書類を揃えて役所に申請の手続きを行う。このような手続きが求められるのは当たり前と言えばそれまでなのだが、家族や住まいを失い、失意の中にある被災者にとっては、数ある選択肢の中から災害公営住宅を選び、複雑な申請手続きを行う作業は高いハードルとなることがある。無事に手続きを完了できたとしても、抽選により希望の団地から外れ、見知らぬ土地で周囲から孤立するというケースも実際に起きている。被災者の孤立の防止は近年の災害復興において最重要課題となっている。このことは、行政が「公助」で住宅を用意し、あとは被災者の「自助」に任せるというやり方の限界を示していると考えられる。

このような問題に対して、宮

写真３　住宅の庭に建てられた雑貨店

写真４　魚の行商用の自転車とクーラーボックス

城県岩沼市玉浦西地区の取り組みは示唆的である。玉浦西地区は東日本大震災により被災した同市沿岸部の六つの集落を移転・集約する形で仙台平野の内陸部に建設された復興住宅団地である。同地区には防災集団移転促進事業による自力再建用宅地とあわせて災害公営住宅が供給されている。震災前に沿岸部にあった住まいは、「イグネ」と呼ばれる屋敷林に囲まれた広々とした敷地に母屋と離れ、納屋、庭、畑等がある、宮城県下でもとくに立派な形式の民家であった。かつては3世代、4世代が同居する大家族が一般的であったようだが、近年は仙台への通勤圏の拡大や生活様式の変化により世帯分離や小規模家族化が進んでいた。このように、震災の影響に加え、震災以前からの社会変化の中で、どこで住まいを再建し、誰と住まうのかという決断は、被災者にとって悩ましい問題である。

玉浦西地区の計画は行政と住民を中心とする協議会に専門家のサポートが加わり、まちづくりのプロセスを経て完成した。従前の集落は失われ、新たな土地で生活を再開するにあたり、玉浦西地区では従前の集落のまとまりが維持され、住宅の配置に反映された（図3）。また、地区を自力再建住宅と災害公営住宅に二分するのではなく、両者を混在させることで従前の集落のまとまりを維持したうえで被災者が住まいを選択できるようにした。このような配慮の一方で、被災者の住まいに対するニーズは避難ステージの移行と震災後の時間経過を通じて多様に変化していった。避難先を転々とする、家族との離別や再同居を繰り返すなど、住まいの選択をめぐって被災者の間に葛藤が生じていた様子がうかがえた[注7]（図4）。

このような葛藤を抱える人びとにとって、従前の集落コミュニティの存在が、住ま

注7　前田昌弘・佃悠・小野田泰明・髙田光雄ほか「集団移転における世帯分離・再編を伴う住宅・生活再建に関する研究—東日本大震災における宮城県岩沼市玉浦西地区を事例として」『日本建築学会計画系論文集』2020年4月。

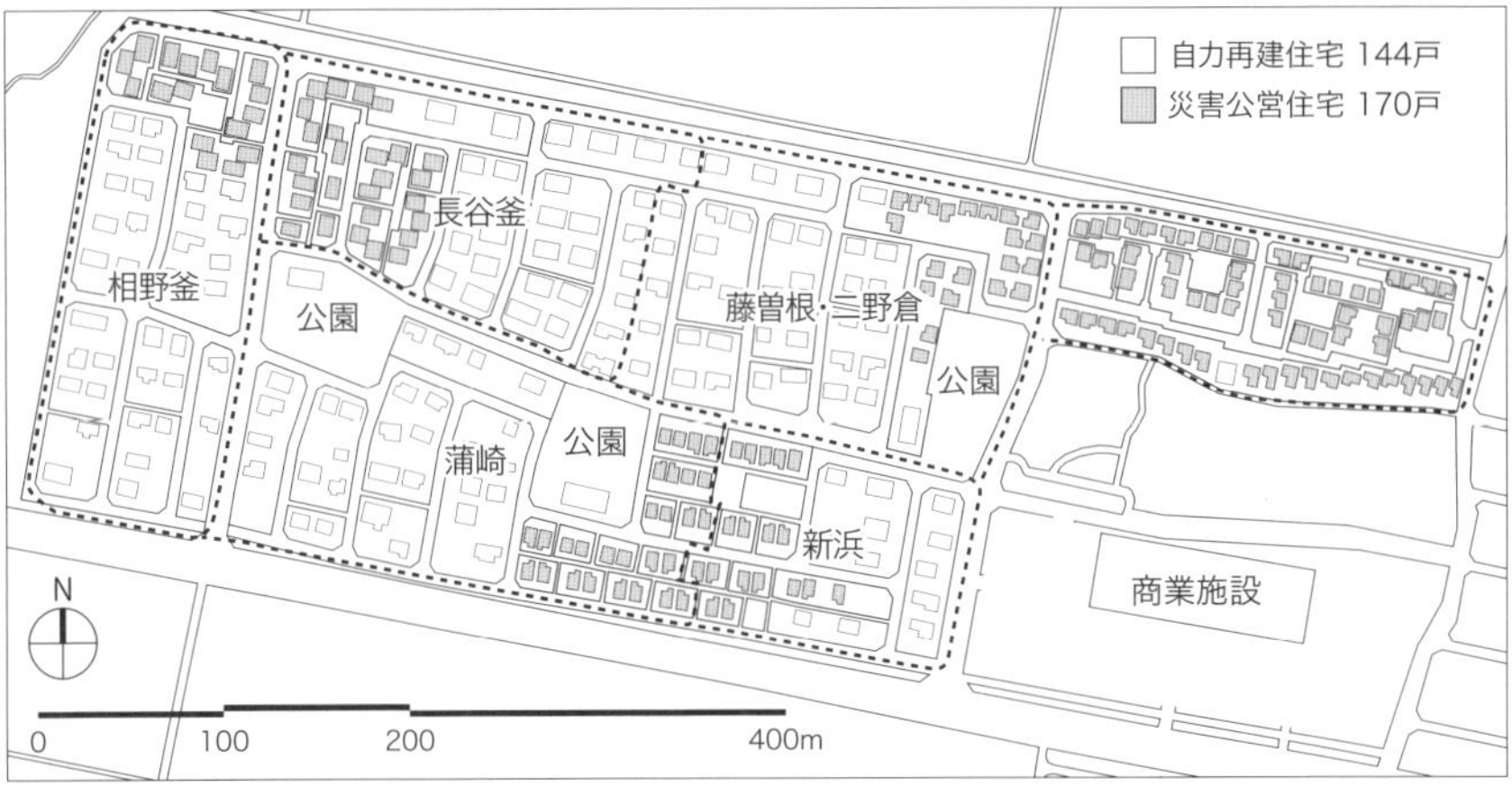

図３　岩沼市玉浦西地区の配置図
点線で囲われた範囲が従前の集落コミュニティのまとまりを表している。

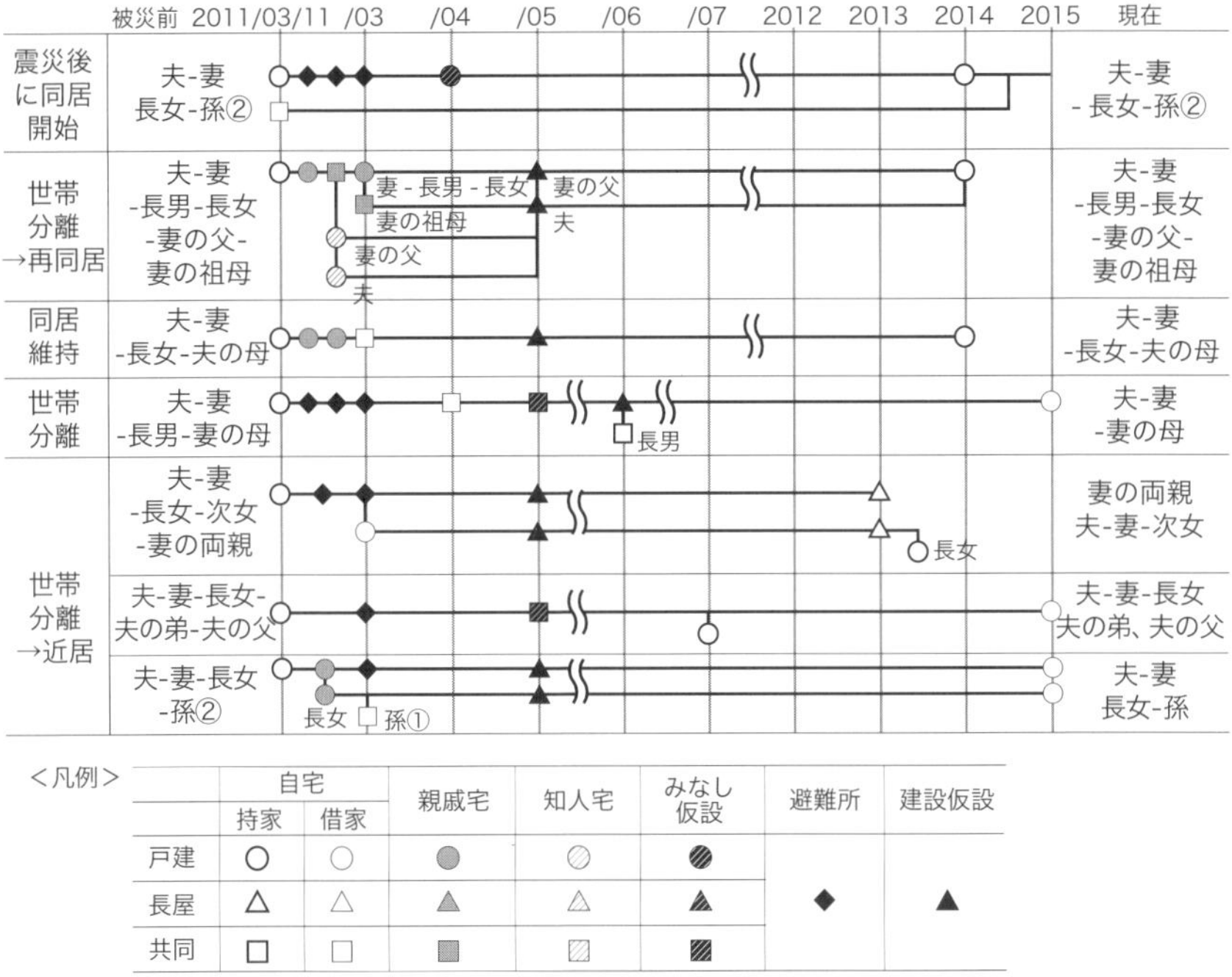

図４　現在の住宅に至るまでの住まいの変遷と世帯構成の変化

いを再建するうえでの手助けになった。玉浦西地区に入居した経緯を尋ねると、主に高齢の世代からは「同じ部落の人たちが行くっていうから自分もそうした」「よその部落に行くことは考えられなかったので迷いはなかった」という意見が聞かれた。また、若い世代（とくに幼い子どもがいる世帯）の中にも、「親や親戚、昔からの知り合いが多い土地で暮らせるのは安心だから」という理由で親世帯と同居あるいは近居している人びとがいた。震災前、とくに集落に嫁いできた女性たちは、夫の親との同居生活や集落のしきたりに対して、少なからずストレスを感じていたようである。しかし、震災後の同居・近居は、慣行に基づく夫方居住ではなく、親からの子育てへのサポートを期待して妻方居住を選択するというケースが増えていた。

　このように、従前の集落の関係性を維持しようという行動の結果として再建場所が決まった高齢の世代の存在、あるいは、親世代と一定の距離感を保ちつつも集落コミュニティの近くで住むという選択をした若い世代の存在は、災害時の「自助・共助・公助」や被災者の孤立問題について考えるうえで示唆的である。なぜなら、従前の土地や新たな土地との関わりの中で「自助」「公助」では割り切れない関係性が生まれているからである。そして、そうした関係性が、自助・公助の制度（防災集団移転や災害公営住宅など）の外にこぼれ落ちて行きそうな人々を制度の内側にぎりぎり留まらせてくれている。そのような関係性は、制度に裏付けられた明示的な関係性ではなく、以下で見ていくように、「共助」という守備範囲が広すぎる概念を補強していくうえでの手がかりを与えてくれるものである。

私の住まいは私が選択するのか?

本章でここまで見てきた人びとの環境への働きかけは、困難な状況の中で当事者間のシェアとしての「共助」を具体的な実践として立ち上げ、そのときどきの必要に応じて関係性を組み直していく行為として捉えられ、そこから学ぶことは多い。

まず、「共助」は環境への働きかけの中で立ち現れてくるものであり、彼らは顔のみえる相手や、身近にある空間、人以外(モノ)の力も借りながら、そのときどきで真に必要とされる関係性を築いている。日本では、「共助」の指し示す内容が曖昧なまま、その重要性だけが「コミュニティ」や「絆」といった言葉とともに語られることが、とくに東日本大震災以降に増えたと感じる。確かに、公私の中間にある曖昧な領域として「共」が控えていることで、それが必要に応じて「公」あるいは「私」と接続し、柔軟な対応力が発揮されるということがある。ただし、「共助」が抽象的な概念や曖昧な領域のまま機能することはない。それは本章でも見てきたように、マイクロクレジットのグループ、住宅の軒先空間と庭、従前の集落コミュニティのまとまり等、具体的な媒介物を通じて「共助」が姿を現していることからも分かると思う。

また、「自助・共助・公助」は、費用負担の制度的裏付けに基づく区分であるが、本章で見てきた人びとは、どちらかと言うと、こういった制度の外側でさまざまなリスクを「シェア」していた。このことは「共助」という概念をもっと精緻に捉える必要があることを意味しているように思う。たとえば、「互助」(お互い様の関係)のような関係性は、「共助」と似ているが、制度に基づかない、

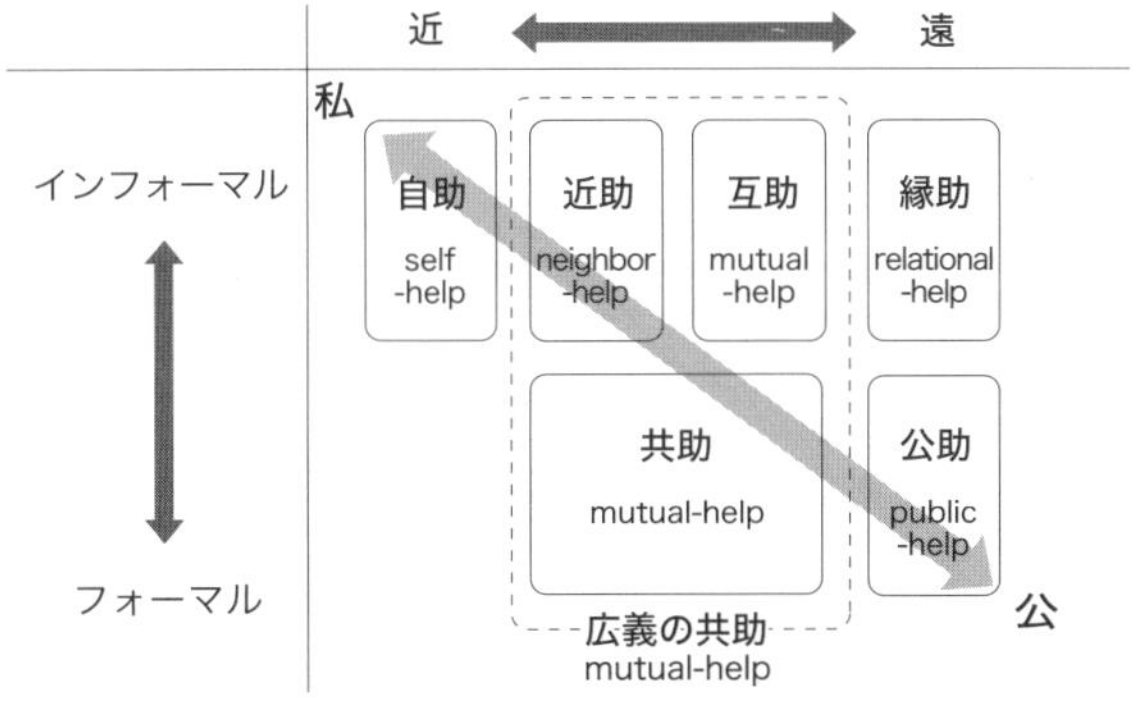

図5　公私関係を軸とした自助・共助・公助概念の再整理

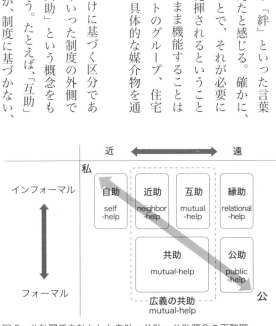

当事者間のインフォーマルな助け合いという点では異なる（図5）。それから、「近助」という言葉がある。これは「お互い様の関係」であることさえ感じさせない関係性として捉えられる。[注8] 上述したスリランカの再定住地におけるマイクロクレジットのグループや岩沼市の集団移転における従前の集落コミュニティのまとまりは、この「互助」や「近助」に近い関係性であろう。加えて、彼らの活動をサポートするNGOのスタッフやまちづくりの専門家は、物理的にも心理的にも隔たった主体間のネットワークによる「縁助」のような関係性に位置づくであろう。フォーマルな公助が実は、縁助のようなインフォーマルな公助や、互助、近助を含む広義の共助によって支えられていることは興味深い。

さらに、「自助」についても、その意味は自明であるようでいて、実は検討の余地がまだまだある。「自助」は、「自分のことは自分でする」という意味であるが、ここまで見てきたように、自分の住まいを自分の意思や力だけで選択し再建できる人ばかりではない。彼らの行動には他者や人以外（モノ）の存在が入り込んできており、「個人」と「集団」、あるいは「自助」と「共助」の境界を明確に線引きすること自体が困難である。そういった人びとの住まいの再建を考えるとき、個人としての選択や決断を支援するだけでは明らかに不十分である。[注9] 上で見たような概念的なレベルでの「共助」の補強にとどまらず、その人に連なる他者や人以外（モノ）との関わりを回復することを支援する、という発想が必要であろう。

注8
「近助」という言葉は、「防災隣組」のような、自治会・町内会よりもさらに小さな地縁的グループを指すことが多いが、著者の理解では、物理的な距離にかかわらず、心理的に近しい関係性である。

注9
医療・福祉の現場における当事者の研究からは近年、自らの意思と責任のもと選択する主体＝個人という近代主義的な人間観に対する疑義が示されている（國分功一郎『中動態の世界―意志と責任の考古学』医学書院、2017年、アネマリー・モル、田口陽子・浜田明範訳『ケアのロジック―選択は患者のためになるか』水声社、2020年など）。

3 環境が人に働きかけることで生まれるコミュニティ

「環境が人に働きかける」とはどういうことか?

前節では、環境に働きかける「私」(たち)という主体が実は、「私」以外(他者)、さらには人以外(モノ、空間)を含む拡がりを持っていることを見てきた。このことを踏まえ本節では、環境とそれを構成する人以外(モノ)が人に働きかけるということの意味について掘り下げていきたい。そもそも、「人が環境に働きかける」とは、どういうことであろうか。人文・社会科学における議論を引きながら考えてみよう。

●人以外(モノ)の「行為者性」:アクター・ネットワーク論

フランスの人類学者ブルーノ・ラトゥールは『虚構の近代』[注10]で、近代化が「自然」と「社会」、「主体」と「客体」、「人」と「人以外」を区別する「純化」を掲げつつも、実際にはそれらが際限なく結びつき「混合」(翻訳)され、無数のハイブリッドによる構成体を生成していく過程であったことを指摘し、現代社会への警鐘を鳴らしている。「純化と翻訳の両輪駆動と後者の否認」こそが、近代化が世界中に広まることに成功した要因であり、また、環境問題や原子力といった人間の手には負えないモンスターを生みだした。ラトゥールらが発展させた「アクター・ネットワーク論(Actor Network Theory:ANT)」は、このような認識論的な問題を踏まえ、人以外(モノ)も人と同様に「行為者性」を持った「アクター」として捉え、私たちが所与のものとして認識している社会や自然を多様なアクターからなる集合体(ネットワーク)とし

注10
ブルーノ・ラトゥール、川村久美子訳『虚構の「近代」―科学人類学は警告する』新評論、2008年。

注11
「非人間(モノ)の行為者性」という表現は、モノ自体が意思を持って動くことを指すかのように誤解されがちであるが、そうではない。ラトゥールはそもそも、人間の「意志」という概念それ自体を相対化している。ここでいう「行為者性」とは、異質なものを結びつけ新たな関係性を生み出す作用(「媒介」の機能)をモノが持っていること、そして、そのような作用は人間の意思から独立して存在し、私たちの行為に影響することを指している。ラトゥールはこのことを自転車のゴムタイヤの技術発展史を例に説明しているが、現代で言えば、携帯電話やスマホの登場が私たちのコミュニケーションの在り方を大きく変え、影響し続けていることは一つの顕著な例である。

て捉え直すという知の態度である。[注11]

ＡＮＴは、モノ自体を「一人前のアクター」と見なし、人を含む他のアクターと結びつくことで良くも悪くも人間の制御を超えた働きをすることを浮き彫りにする。モノに囲まれた生活が当たり前となった現代人もまた、人だけで存在できているわけではない。私たちの環境における在り方を、人以外（モノ）との非対称な関係（人間がモノを制御する）という従来的な見方ではなく、両者が相互に働きかけ合う対称な関係の中に見出そうとするラトゥールらの議論は近代以降の人間観に再考を促すことから、「存在論的転回」と呼ばれている。[注12]

●人と環境の関わりに内在する価値：アフォーダンス

住宅という「アクター」を通じて社会の「組み直し」に寄与してきた住宅計画学にとって、ＡＮＴの議論は一見親しみやすそうである。しかし、違和感を覚えるのは、つくり手・住み手による制御や価値判断から離れて、住宅や住環境の「行為者性」というものが存在しうるのか、という点であろう。このような疑問について考えるうえでアメリカの心理学者ジェームズ・Ｊ・ギブソンの議論が参考になる。ギブソンは、ラトゥールと同様に近代的二元論の呪縛を打破しようとした数少ない研究者であり、アフォーダンス[注13]（Affordance）理論を提唱したことで知られる。アフォーダンスとは、たとえば、その上に立つことができる面（地面や床など）は休息をアフォードする、垂直に立ち上がった堅い面（壁）は衝突や移動の妨害をアフォードするというように、「それに対して動物が働きかければ、このような出来事が（その動物）に生じるという環境の特性」であり、より簡潔に言えば「環境が動物に与える意味」である。

注12
ラトゥールの議論は、「いかなるものも、それ自体において、何か他のものに還元可能であることも還元不可能であることもない」という「非還元の原理」を中核としている。『社会的なものを組み直す』では、社会的実践を、「自然」の次元だけでなく、「社会」の次元に還元することさえ回避して集合体（ネットワーク）を認識する試みとしてＡＮＴを説明している。ラトゥールはこのような試みを、社会というまとまりの存在をあらかじめ想定し、その範疇において分析を行う従来的な社会科学（＝「社会的なものの社会学」）とは区別し、「連関の社会学」と呼んでいる（ブリュノ・ラトゥール、伊藤嘉高訳『社会的なものを組み直す―アクターネットワーク理論入門』法政大学出版局、２０１９年）。

注13
ギブソンによるアフォーダンスの定義は、「環境が動物に提供（offers）するもの、良いものであれ悪いものであれ、用意したり備えたりする（provide or furnish）もの」である（Ｊ・ギブソン、古崎敬ほか訳『生態学的視覚論―ヒトの知覚世界を探る』サイエンス社、１９８６年、１３７頁）。

冒頭で紹介した京都の鴨川は、アフォーダンスにあふれた空間の例である。河野哲也は『善悪は実在するか』[注14]において、ギブソンの理論は、価値や意味を主観の中の観念のようなものとしてではなく、環境に実在するものとして捉え直した点で革新的であったことを強調している（「実在する」とは、主観性や意識から独立に存在することを意味する）。ギブソンのこの主張は、環境もまた「一人前のアクター」であるとするラトゥールの議論とかなりの部分で重なり合っている。

ところで、ギブソンにとっての環境は、自然環境だけでなく、建築物や道具等をともなった構築環境、さらには人間関係やルール・慣習等の社会環境も含んでいる。ギブソンは郵便ポストのような人工物にもアフォーダンスを認めている。しかし、このように環境の概念を拡張してしまうと、「人工物の意味や価値は私たち人間がそれらを与えた結果ではないか」という疑問も生じてくる。この疑問に対してギブソンは、人工物のアフォーダンスは確かに、それについての「学習」を必要とするが、私たちの主観的な解釈によって与えられたのではなく、その人工物にもともと備わっているもの（人工物に実在する意味や価値）を私たちが検出できるようになった結果であるという趣旨のことを述べている。[注15] 住宅や住環境についても、その意味や価値を所与のもの、すなわち知覚されたアフォーダンス（perceived affordances）として捉えるのではなく、人間が環境に働きかけることによる知覚のあり様によって、私たちが思っている以上のものを与えてくれることがある。そのように捉えると、住宅や住環境にもやはり「行為者性」は存在するとみてよいのではないだろうか。

注14
河野哲也『善悪は実在するか―アフォーダンスの倫理学』講談社、2007年。

注15
郵送は確かに、ある社会システムを前提としているが、ポストに手紙を投函すれば先方に郵送されるのは主観的に意味づけたからそのようになったのではない。私がその鉄の箱がポストであることを知っていてもいなくても、それは手紙を運ぶのであり、人工的・社会的であるが因果的効力をもった実在するシステムである（河野哲也『善悪は実在するか―アフォーダンスの倫理学』講談社、2007年、47頁）。

人と環境のやり取りから生まれるコミュニティ

ここまで見てきたように、「環境が人に働きかける」とは、私たちの主観や意思を離れて存在する意味や価値を、環境が私たちに与えることであると捉えられる。ただし、構築環境や社会環境といった人工環境については、私たちがそれらをつくる、学習するといった環境への働きかけを経ることで、そこに在る意味や価値を知覚できるようになる、つまり、環境からの働きかけを受けられるようになると解釈できる。ここでは、このような人と環境（土地）の「やり取り」から生まれるコミュニティの実例についてみていこう。

●ジャングルへと還っていく再定住地

スリランカの再定住地の女性たちによる取り組みを先に紹介した。この再定住地では実は、マイクロクレジットの活動が始まるまでに実に1年という長い時間を費やしている（図6）。

活動を指導したNGOのスタッフたちはまず、女性たちとともに、再定住地の住宅の庭を有効活用する方法や各家庭から出るゴミの堆肥化やリサイクルの方法について学習したという。こういった活動は一見するとマイクロクレジットの成功とは無関係に見える。しかし、住宅の庭で野菜を育てたり、家庭ゴミを再利用することで、遠くの街にわざわざ買い物や稼ぎに出ることの負担を

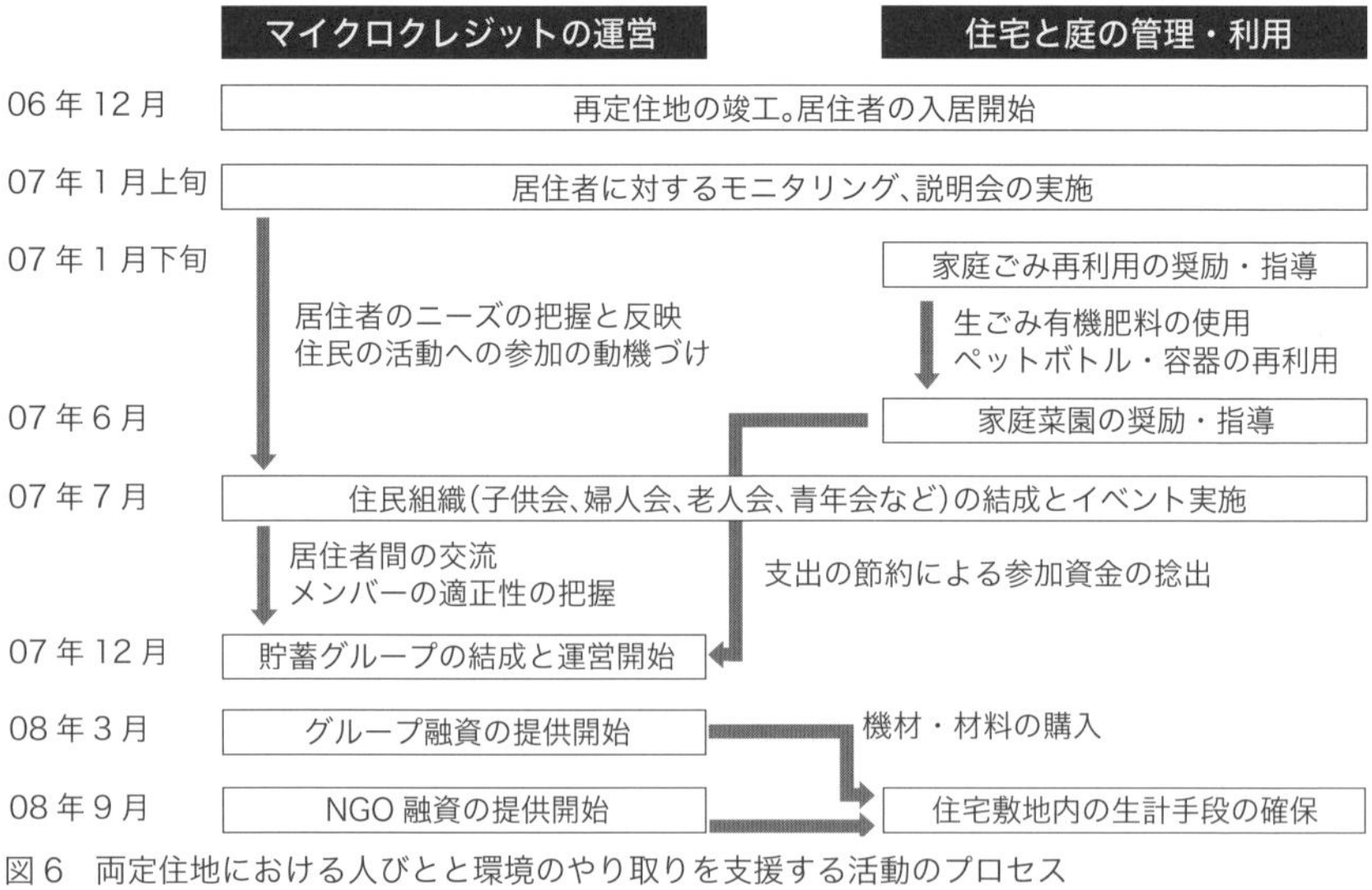

マイクロクレジットの運営
住宅と庭の管理・利用
06年12月
再定住地の竣工。居住者の入居開始
07年1月上旬
居住者に対するモニタリング、説明会の実施
07年1月下旬
家庭ごみ再利用の奨励・指導
居住者のニーズの把握と反映
住民の活動への参加の動機づけ
生ごみ有機肥料の使用
ペットボトル・容器の再利用
07年6月
家庭菜園の奨励・指導
07年7月
住民組織（子供会、婦人会、老人会、青年会など）の結成とイベント実施
居住者間の交流
メンバーの適正性の把握
支出の節約による参加資金の捻出
07年12月
貯蓄グループの結成と運営開始
08年3月
グループ融資の提供開始
機材・材料の購入
08年9月
NGO融資の提供開始
住宅敷地内の生計手段の確保

図6　再定住地における人びとと環境のやり取りを支援する活動のプロセス

減らすことができる。それにより、マイクロクレジットを始めるための時間的・経済的な余裕が生まれるという意味で実はとても重要である。それから、活動や共同での作業を通じて、住民はお互いの人柄や資質を知ることができ、マイクロクレジットの成功の要である人間関係やグループでの役割を形成したという点でも重要であった。ちなみに、再定住地の土地は住民が入居した当初、作物の栽培に適さないと思われていた。しかし、NGOのスタッフが土壌の改良や栽培方法の工夫等を試み、試行錯誤を住民と共有することで、再定住地の土地に適したやり方が見出されていった。さらに、作物の栽培だけでなく、住宅の周辺でできる小規模なビジネスの知識を得る機会があったことで、マイクロクレジットによる融資を再定住地での生活再建に活かすという発想も生まれ、実現していった。

このように、再定住地の環境の意味や価値は、マイクロクレジットの取り組みと住宅周辺の庭の利活用を組み合わせた学習プロセスを経て「実在化」していったと捉えられる。この再定住地では条件が似た他の再定住地と比較しても住民の生活再建がスムーズに進んでおり、居住者の定着率も高い。それは、上述した活動を通じて「環境からの働きかけ」をうまく受けられるようになったことの成果であると考えられる。

ところで、数年後にこの再定住地を再び訪れたところ、思わぬ形で、まったく異なる環境からの「働きかけ」が起きていることを目の当たりにした。写真5、6は、それぞれ2008年、2013年時点の再定住地の風景をほぼ同じ場所から撮影したものである。この再定住地はもともと山を切り開いて造成されたのだが、5年の間に草木が生い茂り、元のジャングルに還ってしまったかのような状態だ。この状態でも人

▲写真５　建設から間もない頃の再定住地（2008 年）

▼写真６　ジャングルに還っていく再定住地（2013 年）

びとは住み続けており、住宅の庭は相変わらずきれいに整えられている。しかし、中庭や運動場といった共用のオープンスペースは緑に完全に飲み込まれてしまっていた。

オープンスペースは再定住地の建設資金を寄付した海外の団体（ヨーロッパを本拠とする企業）の意向を反映して計画されたようだが、熱帯気候で草木の成長が早いスリランカでは、維持管理を怠ると、あっという間に緑で覆われていく。津波以前から実は、とくに子どもを持つ若い女性の間には、海辺の集落を離れたいという思いがあったという。海辺の暮らしは子どもたちの安全や教育に良くないと考えられているからだという。再定住地に移った当初、オープンスペースは子どもたちの遊び場として利用されており、そのような様子から想像すると、彼女たちにとって再定住地は待望の住まいだったのかもしれない。ただ、再定住地の共用のオープンスペースは、漁に出るための浜辺や生活の糧となる住宅の庭等といった生存に欠かせない空間とは異なり、時間と手間をかけてわざわざ維持しようという意識が働きにくい。結果的に、従前から続けられてきた、彼らにとって自然な土地との関わりが勝った。つまり、オープンスペースの維持管理ではなく、ジャングルに囲まれて暮らすという関わりが強くなっていったのである。

●復興住宅に現れる従前の間取りと住み方の特徴

石巻市北上地区にっこり団地は、東日本大震災で被災した同地区の住宅や行政機能の移転先として山の斜面地に新たに整備された地区にある。この団地には災害公営住宅が計画されており、その一部は高齢者の見守りに配慮した計画となっている。

計画では、5〜6戸を一つのクラスターとして斜面に沿って住戸が並び、また、街区内のオープンスペースにはデッキや畑（家庭菜園）用のスペース、街区を通り抜ける歩道（緑道）が配され、さらに、隣り合う2住戸がベンチ付きの玄関ポーチを共有する等、居住者間の交流を促すことを目的としたコモン空間が導入されている（写真7）。興味深いことに、この街区に住む70〜80歳代の6名の女性は、平日の昼下がりにほぼ毎日、コモン空間（玄関ポーチ）で集まってお茶飲み会（東北地方では「お茶っこ」と呼ばれる）を行っている（写真8）。彼女たちが毎日お茶っこをしていることを知ったのは偶然だったが、コモン空間を理想的とも言える形で積極的に活用しているユニークな事例だと感じた。そこで、地元の復興支援団体を通じて彼女たちを紹介していただき、震災前や現在の住まいについて話を伺うことにした。

彼女たちは震災後、団地に隣接する敷地にあった仮設住宅で暮らしていた。その際に行政職員や建築士が開催する団地計画の勉強会やワークショップに参加し、その中で6名が団地にまとまって入居することになったという。震災前、彼女たちは地区内の別々の集落

写真７　にっこり団地、街区内のコモン空間

写真８　にっこり団地、住民とのお茶っこの様子

注16
前田昌弘・佃悠・井本佐保里「コモンをもつ接地型集合住宅における共同性の回復に関する研究―東日本大震災の災害公営住宅を主な対象として」『住総研研究論文集』No.47、2021年3月。

で暮らしていたので、せいぜい顔見知り程度の関係であった。仮設住宅での暮らしや活動を通じて知り合い、その後、仮設住宅や復興団地で暮らすうちに関係が拡がっていったという。また、復興団地のコモン空間の利用も時間経過とともに充実していく様子がうかがえた[注16]（図7）。

災害後の生活再建では一般的に、避難所、仮設住宅、復興住宅と復興のステージが進むたびにコミュニティもリセットされ、住民間の関係性はどんどん薄くなっていく。逆に、従前の集落コミュニティのまとまりを維持した岩沼市玉浦西地区のような事例（前節を参照）では、従前からの知り合いの範囲に交流が留まりがちである。それに対し

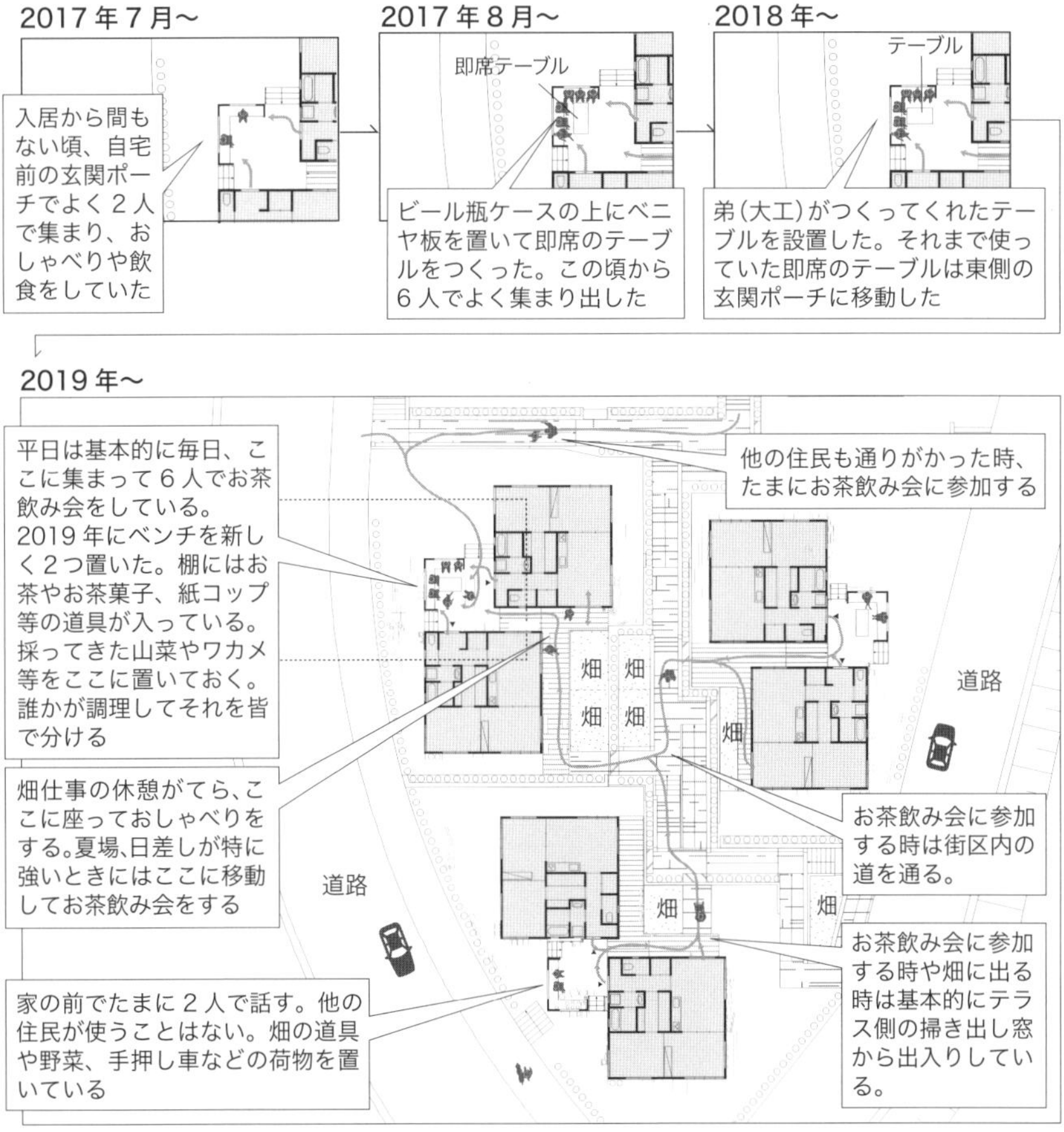

2017年7月～
入居から間もない頃、自宅前の玄関ポーチでよく2人で集まり、おしゃべりや飲食をしていた
2017年8月～
即席テーブル
ビール瓶ケースの上にベニヤ板を置いて即席のテーブルをつくった。この頃から6人でよく集まり出した
2018年～
テーブル
弟（大工）がつくってくれたテーブルを設置した。それまで使っていた即席のテーブルは東側の玄関ポーチに移動した
2019年～
平日は基本的に毎日、ここに集まって6人でお茶飲み会をしている。2019年にベンチを新しく2つ置いた。棚にはお茶やお茶菓子、紙コップ等の道具が入っている。採ってきた山菜やワカメ等をここに置いておく。誰かが調理してそれを皆で分ける
他の住民も通りがかった時、たまにお茶飲み会に参加する
畑仕事の休憩がてら、ここに座っておしゃべりをする。夏場、日差しが特に強いときにはここに移動してお茶飲み会をする
お茶飲み会に参加する時は街区内の道を通る。
お茶飲み会に参加する時や畑に出る時は基本的にテラス側の掃き出し窓から出入りしている。
家の前でたまに2人で話す。他の住民が使うことはない。畑の道具や野菜、手押し車などの荷物を置いている
道路
道路
畑

図7　にっこり団地　住区内のコモン空間の利用の変遷

て、にっこり団地の6名の女性たちがつくるコミュニティは、仮設住宅で築かれた関係を維持しつつ、復興団地でさらに関係が拡がっていくという珍しいケースである。

にっこり団地ではなぜ、このような理想的とも言えるコミュニティ形成が実現しているのであろうか。その理由としてまず、従前からの社会関係の変化が挙げられる。北上地区では古来より、北上川が太平洋に注ぐ河口付近の豊かな自然とともに集落が発達してきた。集落ごとに、生業の継承と結びついた家の制度や契約講等の相互扶助、祭礼文化などの伝統が守られてきた。しかし、これらの伝統は、東北の他の地方と同じく、人口減少や高齢化を背景として、震災発生の時点でかなり衰退していたようである。[注17]にっこり団地の女性たちも、以前は家業や育児・介護、女性たちの集まり等[注18]で多忙な日々を送っていたが、震災発生時には、子世帯の転出や親・配偶者との離別、地域行事の減少等により、生活はかなり落ち着いていたようである。そのことは、彼女たちとの会話で、震災により住み慣れた集落や家族と離れてしまった寂しさを滲ませつつも、「忙しい日々からやっと解放されて今はやっと人生を楽しめている」と発言していたことからも感じられた。

6名の女性たちは一人暮らしの身ということもありお互いのことを常に気にかけているが、一定の距離感は保って交流したいと考えており、お互いの家を行き来することは基本的にないという。そのような交流のニーズを満たすうえで復興団地のコモン空間や屋内外のバッファー空間が鍵となっている。にっこり団地の住宅では、従前の住まいの特徴である続き間型の間取りや屋内外のつながりを強く意識させる空間（庭側の掃き出し窓、縁側デッキ等のバッファー空間）が取り入れられている。このよう

注17
西城戸誠・宮内泰介・黒田暁編『震災と地域再生—石巻市北上町に生きる人びと』法政大学出版局、2016年、19〜20頁。

注18
北上地区には、東北地方に広く見られる集落自治組織である契約講の一種として、「観音講」「念仏講」という女性の組織がある。観音講は「お嫁さんの会」であり、村落に嫁いだ時点で加入・参加が義務づけられ、嫁同士の親睦の場としての意味を備えていたが、年に2回の共同飲食の場などにおいて上の世代の下の世代への関わりは非常に厳しかった。

念仏講は「お姑さんの会」であり、祖先の霊を弔うことが目的とされ、観音講と同様に共同飲食を伴うが、観音講のような「厳しさ」は聞かれないという。観音講も近年は参加が必ずしも義務ではなくなっており、東日本大震災後、自然と消滅してしまったものも多いという（武中桂・庄司知恵子「集落における女性の組織—観音講と念仏講 宮城県石巻市北上町を事例として」『女性学評論』2015年3月）。

な工夫により、従前の住まいと同じく、表—奥のヒエラルキーが明確な住み方が可能となり、加えて、住宅の内部を循環する動線により奥の部屋にもアクセスしやすくなっている(図8)。実際、住宅の奥にある寝室、仏間等のプライベートな空間を守りつつ、日中滞在する庭側の部屋がバッファーとなり各住人の生活は外部に開かれていた。ま

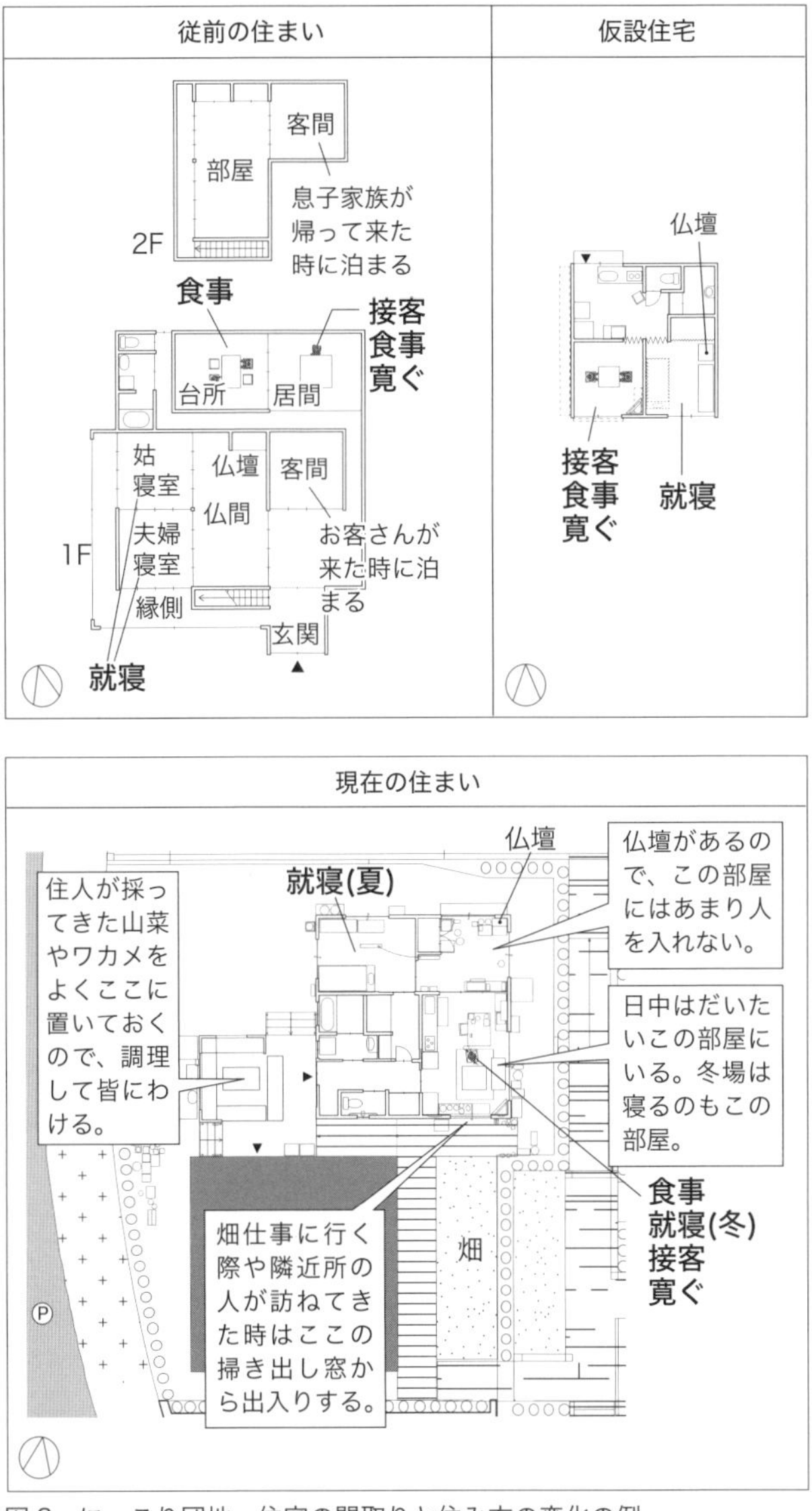

従前の住まい
客間
部屋
息子家族が帰って来た時に泊まる
2F
食事
接客
食事
寛ぐ
台所
居間
姑寝室
仏壇
客間
仏間
夫婦寝室
お客さんが来た時に泊まる
1F
縁側
玄関
就寝
仮設住宅
仏壇
接客
食事
寛ぐ
就寝
現在の住まい
仏壇
仏壇があるので、この部屋にはあまり人を入れない。
住人が採ってきた山菜やワカメをよくここに置いておくので、調理して皆にわける。
就寝(夏)
日中はだいたいこの部屋にいる。冬場は寝るのもこの部屋。
食事
就寝(冬)
接客
寛ぐ
畑仕事に行く際や隣近所の人が訪ねてきた時はここの掃き出し窓から出入りする。
畑
P

図8　にっこり団地、住宅の間取りと住み方の変化の例

た、住民間の交流は基本的に屋外のコモン空間で行うため、従前の住まいに比べて住宅の規模や隣家との距離が縮小したにもかかわらず、プライベートな空間が侵食されることを免れている。

　にっこり団地の女性たちの現在の暮らしには、以上のように、従前の住宅の特徴や生活習慣が影響しており、彼女たちの住まいの再編には、従前の住まいからの影響の再帰性[注19]が認められる。従前の住まいや集落は津波により、ほぼすべて流されてしまった。しかし、彼女たちが復興団地の環境に働きかけることで、織り上げられた従前の住まいの特徴が復興団地に立ち現れ、彼女たちに働きかけてくる。そうして、従前の住まいが持っていた意味や価値、すなわち、屋内外のつながりや表—奥の秩序を再び享受している。

④ 個別的な関わりを連鎖していくシェアにむけて

　本章では、途上国の貧困層や災害による被災者といった、社会的に弱い立場にあると一般に考えられている人びとがつくるコミュニティを取り上げ、人びとが環境に働きかけ、働きかけられることで現れてくる、人が人以外（モノ）と行う「シェア」について見てきた。ここまでいくつかの具体的な事例を紹介してきたが、それらに共通する特徴を挙げるとすれば、それは、彼らと環境の関わりが、その場その場の状況に合わせて「まにあわせ」でつくられる「個別的」な関わりであるという点であろう。そのような関わりは、流動化を背景とした現代の「シェア」において偶然居合わせた

注19
　再帰性（reflexivity）とは一般に、「AだったのでBになる、だったのでAになる」という循環を指す。社会学では脱・近代化の困難さを説明する概念としてしばしば用いられる（アンソニー・ギデンズ、松尾精文・小幡正敏訳『近代とはいかなる時代か？—モダニティの帰結』而立書房、1993年）。
　被災地の研究においても、従前の集落に近代以前から築かれてきた共同性が、近代化の装置である「復興」の文脈において失われつつも再度立ち現れてくる状況を説明するうえで有用であると考える。

人びとがつくる関係性にもどこか似ている。

本章の締めくくりとして、災害を生き抜こうとする人びととの実践に学ぶという視点から、社会の流動化に対応した「シェアを基盤とした社会」の一つのイメージを描きたい。本章で取り上げたスリランカや東北の事例における問題は、経済的な貧困（生計手段の欠乏など）および社会的な貧困（高齢者等の孤立など）の問題として捉えられる。このように、災害時の問題の多くは、平時からその社会にあった問題が災害を契機として顕在化したものであるということがしばしばある。「シェア」によってさまざまな社会問題を乗り越えることが可能な社会が、「シェアを基盤とした社会」であるとすれば、災害を生き抜くなかで現れてくる人と環境の「個別的な関わり」の集合は、私たちの社会が向かうべき一つの方向性を示唆している。

個別的な関わりの集合としての「シェア」は、「集団」を単位とする伝統地域の「分かち合い」と「個人」を単位とする現代の「シェア」のちょうど中間的な形態、すなわち新旧の「分かち合い」の仕組みのハイブリッドではないだろうか（図9）。

まず、農山漁村における入会地・コモンズ等の共同管理の仕組みや、都市における高密度共同居住の空間・文化は、人びとが資源を「分かち合う」ための伝統的な仕組みである（図9・上）。これらは基本的に、家族や近隣といった「集団」を主な単位として、人びとが親族関係や地縁的な儀礼を通じて緊密に結びつきつつ、土地、環境との継続的な関わりを築くことで成立してきた。

次に、現代における「分かち合い」の仕組みである「シェア」は、「個人」を基本的な単位として、個々の事情に応じて自由に場所を選択し、場所の利用を通じて他者とゆるやかにつながることを特徴とする（図9・中）。このような仕組みは都市的なサービスや情報技術の発達によって実現可能となり、近年急速に拡がりつつある。

本章で見てきた、スリランカの再定住地や東北の集団移転地のコミュニティはどちらも、新旧の「分かち合い」のハイブリッドを具体的な姿として示している（図9・下）。そのことはおそらく、スリランカも東北も、「成長」と「縮退」という、正反対のベクトルではあるが、どちらも社会の過渡的段階にあるという意味では似た状況であることが関係しているかもしれない。

彼ら（彼女ら）がつくるコミュニティにおいては、「私」という主体に他者性や人以外（モノ）の行為者性が入り込んできていた。それは端的に言って、災害という理

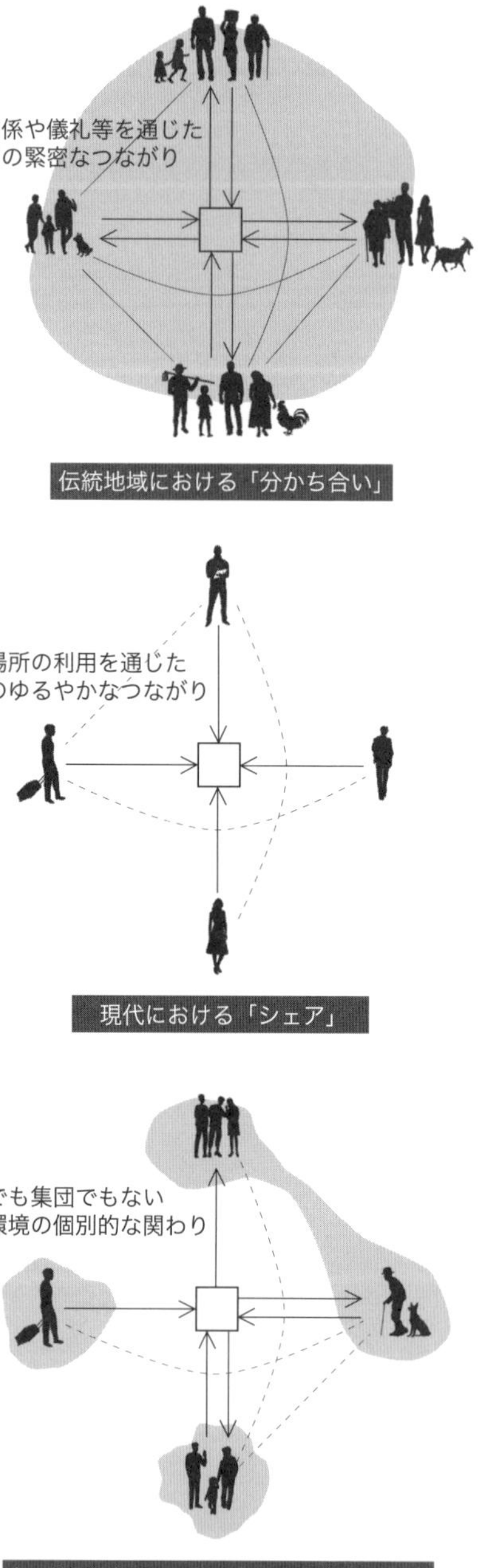
親族関係や儀礼等を通じた
集団間の緊密なつながり
伝統地域における「分かち合い」
空間・場所の利用を通じた
個人間のゆるやかなつながり
現代における「シェア」
個人でも集団でもない
人と環境の個別的な関わり
個別的な関わりの集合としての「シェア」
図9　人と環境の個別的な関わりの集積としての「シェア」

不尽な出来事を「私」だけの力で乗り切ることはとうていできないという事実（＝私の住まいは私だけが選択するのではないという現実）の現れである。災害の現場において「シェア」は、時には生きていくうえで「不可欠」なものとして強く意識され（例：再定住地におけるマイクロクレジット）、また、あるときには「当たり前」のこととしてあまり意識されない（例：集団移転における従前の集落のまとまり）。このように、「シェア」が当該の社会において「図」にもなれば「地」にもなるという在り方は、個人による能動的な選択の結果として、「シェア」が常に「図」として意識されている平時の「シェア」と大きく異なる。本章でみてきた人々の「シェア」は、「まにあわせ」にすぎないのだろうか。私はむしろ、このような差異の中に、「シェアを基盤とした社会」のヒントが潜んでいるのではないかと考えている。

本章で紹介した、住まいの再建に従前の住まいの特徴が「再帰」していく事例、すなわち、再定住地のオープンスペースがジャングルに還っていく事例や、復興住宅に従前の続き間型の間取りや生活習慣の影響が現れてくる事例は、シェアを介して個別的な関わりが連鎖していくことを思わせ、そこに集合化（社会）の萌芽をみることができる。住み継ぎや再定住によって人と人以外（モノ）のいずれか、あるいは両方が置き換えられた場合でも、人と環境の関わりが連鎖していくことで、個別的な関わりが集合化していく。そんなふうに、人と人以外（モノ）の「シェア」が時に「図」となり、時には「地」となり、個別的な関わりが連鎖していく、とは考えられないだろうか（図10）。私たちはふだん、人や人以外（モノ・空間）を社会における要素（点）とし、要素間の関係を線で表すという表現に馴染んでいる。しかし、上述した事例では、ある時点での人と人以外（モノ、空間）の関わりそれ自体、具体的には、人びとジャングルの関わり、人びとと続き間の関わりが、別のある時点においては人びとに働きかけたり、働きかけられるものとなる。このとき、シェアの「図」と「地」は反転しており、ラトゥール風の言い方をすると、「主体」と「客体」の逆転、「関わり（線）」と「主体（点）」の互換という、「非還元の論理」が具体化し、人と人以外（モノ）が対等な関係であるような集合体がつくられている。

自然災害では、とくにそれが大規模な破壊をともなう場合、地域の物理的な要素の多くが失われることで、復興事業において従前の環境がもともとなかったかのように扱われ、地域を置き去りにして復興が進んでいくことが往々にしてある。しかし、たとえすべてが失われてしまったようにみえても、人が環境との間に築いてきた関わり自体が消え去ることはない。人と環境の関わりを人びとが復興において想起させる何らかの仕掛け —— それはたとえば、環境との関わり方についての集合的な学習や、従前の住まいの特徴の空間への投影だったりする —— そういった営みを通じて、人びとと環境の個別的な関わりが「シェア」され、連鎖していく。そういった人と人以外（モノ）の「シェア」を可能にする術がもっとあれば、災害を生き抜くうえでの心強い武器となるに違いない。

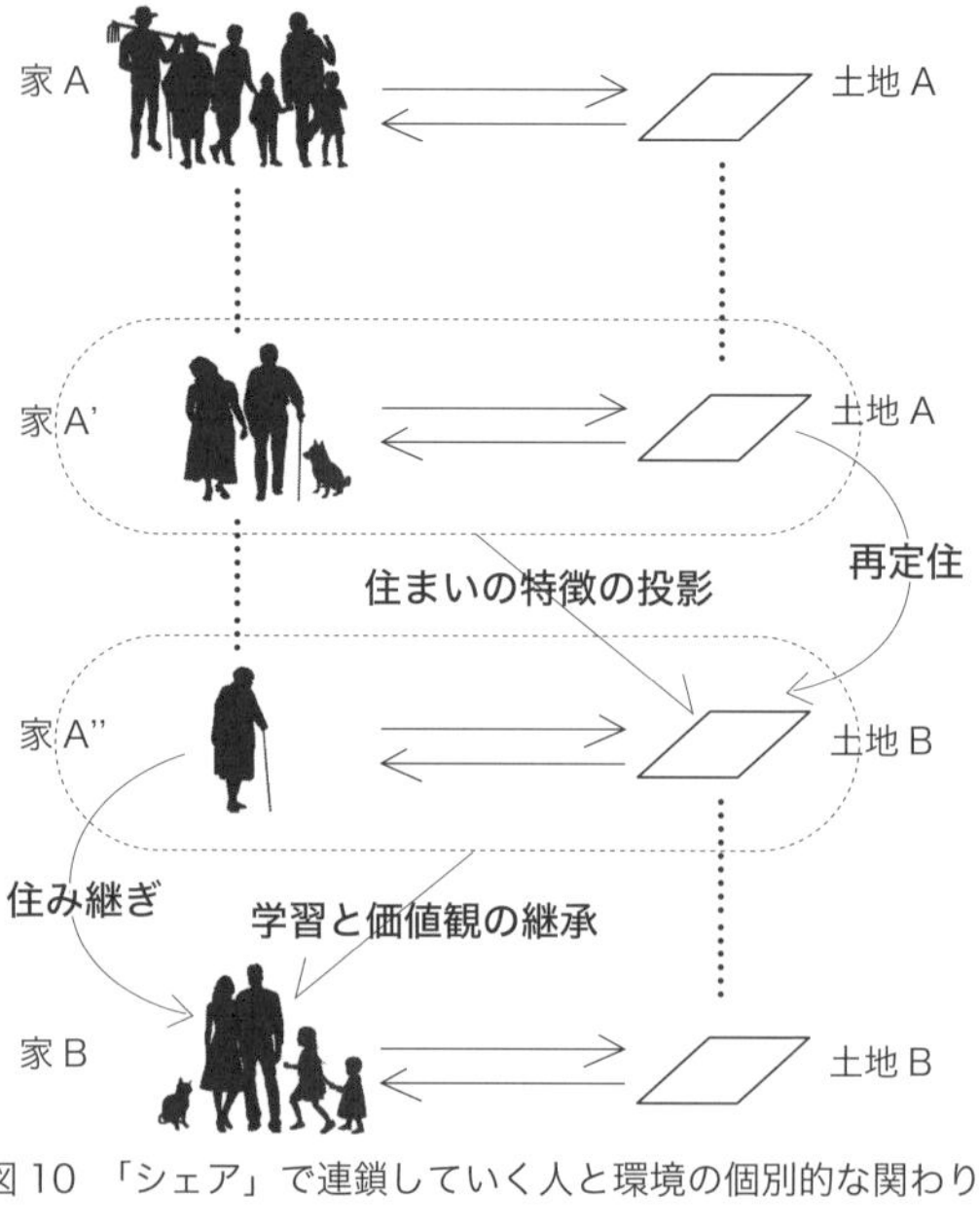

図 10　「シェア」で連鎖していく人と環境の個別的な関わり

第３部

所有を基盤とした社会から、シェアを基盤とした社会へ

第5章

戦後の住まいに見るシェアの思想とその現在

門脇 耕三

◇1◇ 古くて新しい問題としてのシェア

本書の出発点となった問いのひとつは、シェアの発達によって、私たちの住まいはどのようなものへと導かれていくのだろうか、というものだった。この問いが暗に前提としているのは、シェアはまだ始まったばかりの動きで、これからもさらに発展の余地があるという予感だろう。しかし、はたしてシェアは新しく、未来的な概念だと言えるのだろうか？

シェアは、その古さこそを強調して語ることも可能である。古さというより、始原性と言うべきかもしれない。空間や資源や労働力のシェアは、災害をはじめ、ひとりだけではいかんともしがたい困難を乗り越えるために必須の手段である。また、集団的な危機ばかりではなく、病気や怪我などの個人が抱えるリスクをヘッジするためにも有効である。つまりシェアは、生き残るための方策そのものであり、人間が社会を形成する根源的な契機に関わるとさえ言ってよい。山林や漁場を村落で総有した入会地や、多大な労力が必要な作業を総出で行う結《ゆい》など、シェア的な枠組みは、前近代的な共同体にこそさまざまなかたちで見いだすことができる。

社会の発展は、むしろ人間の「個」としての側面を強化し、その確立を促した。社会が高度化してできあがったものの中には、個としての人間の成立に深く関わると考えられるものが少なくない。たとえば都市は、そうしたもののひとつである。無数の人びとが行き交う都市では、ある人が誰にも知られていないという状況が出現するが、そうした雑踏の中において、人は逆説的にひとりになれるのである。南後は、[注1] ひとりでいることこそが歴史的に〝正常〟な都市生活であったことを指摘し、昨今のコミュニティ志向の都市空間を批判的に論じている。

また、都市で発達した交易は、共同体に依存しないという意味で「ひとり」で生きることも可能にした。市場を通じた財やサービスの交換は、共同体の外部との価値交換を促進するが、その先には共同体に依存しない生き方が見えてくる。産業革命後の市場経済の急速な発展は、富の偏在を助長し、無産階級の労働者に困窮をもたらすという負の側面も持っていたが、それでも「個」を強化する流れはとどまることはなかった。それどころか、こうした諸問題を解決する過程で、人権の概念とその保障に関する仕組みの整備が進み、近代的な意味での個人が確立していくのである。

ただし、都市や市場経済は、共有の枠組みを強化する側面も持っていることを見逃してはならない。グレイザー[注2]は、現代人の所有物や利用物のほとんどすべてが、誰か別の人の手によるものであることを指摘し、その過程に見られる協力、共同生産、知

注1　南後由和『ひとり空間の都市論』筑摩書房、2018年。

注2　エドワード・グレイザー、山形洋生訳『都市は人類最高の発明である』NTT出版、2012年。

識の共有などを成り立たせている媒体として、都市を最大限に評価している。市場経済にしても、交換を通じて個と個を自在につなげ、共同体を越えて価値を共有する仕組みであると見なすことができる。つまり、論理としては少しややこしいのだが、われわれの社会の発展は、個としての人間を際立たせることによって、より壮大なシェアへと向かうものであったと言うことができるのである。

シェアは、その意味で古くて新しい問題であると言える。だとするならば、社会におけるシェア化の動きと個人化の動きは、常にせめぎあいの様相を見せているに違いない。したがってシェアは、時代の状況に照らして初めてその意味を捉えることができるものだろう。そこで本論では、現代の日本の住まいが置かれた状況を見直すことを通じて、これからの日本の住まいにおけるシェアの意義と課題を考えたい。

2 戦後の住まいをかたちづくったふたつの形式

現代の日本の住まいを支える仕組みは、おおよそ戦後にかたちづくられた。この戦後の住まいを考えるにあたって重要なのは、終戦直後、実に200以上の都市が空襲による爆撃を被っており、都市部が壊滅的な状況にあったことである。当時の住宅不足はおびただしく、420万戸もの住宅が不足していたと言われているが、そうした中でつくられた仕組みは、住宅供給に国を挙げて邁進することを目指すものであった。この仕組みを支えたのは、1950年の住宅金融公庫法、1951年の公営住宅法、1955年の日本住宅公団法であり、この3本の柱からなる体制は、「住宅の55年体制」

写真１　建設が進む戦後の東京郊外の様子（東京都世田谷区経堂、1954年２月）（所蔵：高見澤一夫）
戸建て住宅と集合住宅が並び建っている。

と呼ばれている。一方、住まいの形式で見れば、戦後の住宅の大量供給は戸建て住宅と集合住宅を主軸としていた（写真1）。それぞれの形式について、詳しく見てみよう。

現実路線をたどった戸建て住宅

まずは戸建て住宅について。住宅の55年体制下において、戸建て住宅の建設を制度的に支えたのは住宅金融公庫法であり、この法律の制定によって、住宅の建設や購入に対し、長期固定かつ低利の直接貸付を行う住宅金融公庫が成立した。その結果、戦前までは一部の階層に利用されるにとどまっていた住宅ローン[注3]が広く普及し、いわゆる持ち家が庶民階層でも一般化する。数字の面でも、戦前は20％台前半にとどまっていた持ち家率は戦後に一気に高まり、1958年には71％に達している。[注4]この住宅ローンは、うがった見方をすれば、若い住宅取得層の未来を担保に資金を借り入れ、住宅建設に充てるやり方であり、自助努力による復興の手段であったと言うこともできる。飛躍的な経済成長は始まってはいたが、まだまだ貧しい時代である。ここで取られた戦略は、極めて現実的な態度に基づいていた。

戦後の戸建て住宅は、技術や生産の面でも現実路線を貫いていた。当時の戸建て住宅の主流は、日本の伝統的な住まいの系譜に連なる木造の軸組構法によるものであったが、こうした住まいは当時、近代化された技術と生産組織ですぐにでも置き換えるべき、古き世界の遺物だと思われていた。空襲によって都市が焼き払われたことの衝撃は大きく、木造に対する風当たりは強かったし、それが密集する木造住宅地は、都市災害のリスクそのものであると考えられていた。つまり木造の戸建て住宅は、諸手

注3　加瀬和俊「戦前日本の持家推進策―住宅組合制度の歴史的意義」『社会科学研究』58巻、3・4号、東京大学社会科学研究所、2007年3月、35～57頁。

注4　平山洋介『都市の条件』NTT出版、2011年。

を挙げて歓迎されるようなものではなかったのだが、にもかかわらず、建てられた数は莫大であった。日本は木造の高度な技術と豊富な人材を抱えていたという事情もあって、戸建て住宅は当時、やむなく許容されていたと言ってよい。

　１９５０年に施行された建築基準法では、木造は原則的に認められていなかったが、小規模な建物にかぎっては木造でつくることもできるとされた。また同法において、木造の小規模建物は「４号建築物」に分類されるが、４号建築物は構造計算が不要とされるなど、さまざまな面で特例的に扱われる。つまり木造の戸建て住宅は、法的にも例外的なものと位置づけられていたのであり、おそらく将来的には根絶すべきものだと見なされていた。住宅金融公庫は融資対象とする住宅の共通仕様書を定めており、これに先導されるかたちで木造の技術体系もある程度は改良・再編されていくのだが、１９８０年代以前の木造住宅は、依然として近世的な特徴を強く残しており、[注5]こうした前時代性こそ木造が忌避される理由だったのだろう。

　もちろん、近代化された技術で住宅をつくろうとする努力もおおいに払われた。その成果が、いわゆるハウスメーカーがつくる工業化住宅である。日本のハウスメーカーは、重化学工業をはじめとした他産業による新規市場開拓の結果として生まれたものであり、その結果、鉄やプラスチックといった新しい材料を使った住宅がつくられることになったのである。しかし新築住宅における工業化住宅のシェアは、どんなに高いときでも20%を越えることはなかった。[注6]大量の住宅建設を支えたのは、長い歴史を持つ在来の技術であり、大工をはじめとする伝統に連なる職人たちであり続けたのである。

注5　門脇耕三ほか『ふるまいの連鎖―エレメントの軌跡』ＴＯＴＯ出版、２０１９年。

注6　国土交通省「住宅着工統計調査」による。

理想を託された集合住宅

戦後の戸建て住宅は、未来を担保に借り入れた資金を使って、過去から引き継がれた木造建築の技術的・生産的基盤を最大限活用してつくられたものであった。しかしそれらは、苦しい現在を何とか乗り切るための一時しのぎにすぎない。だとするならば、住まいの理想的な未来は、過去の遺制とは切り離された、近代的な建築の形式に託されなくてはならない。当時としては、この理想的な住まいの形式こそ、集合住宅にほかならなかったのである。

日本には長屋は古くからあり、近世の都市では庶民の住まいの一般的な形態であったが、住宅が垂直方向に積み重なる積層型の集合住宅は、戦前まではごく限られた階層の住まいだった。戦前の集合住宅としては、東京と横浜の各地につくられた同潤会アパートが著名であるが、総建設戸数はたかだか2千500戸にすぎない。[注7]東京府、東京市、横浜市、大阪市による公営住宅もよく知られているが、これらの戸数もやはりわずかである。

集合住宅の一般化を戦後に牽引したのは、全国でつくられた公営住宅と、日本住宅公団や各地の住宅供給公社がつくった住宅だった。とくに1955年に設立された日本住宅公団の役割は大きく、ピーク時の1971年には年間建設戸数が8万3千601戸に及んでいる。[注8]また日本住宅公団は、法的には勤労者のための住宅をつくる組織と位置づけられていたため、公団による集合住宅は主としてサラリーマンとその家族のための住まいとして利用され、集合住宅という形式が世の中に浸透するきっかけとなった。

注7　堀薫「同潤会のアパートメントハウスと普通住宅との性格の相違について」『日本建築学会学術講演梗概集・計画系』、日本建築学会、1981年10月、2331〜2332頁。

注8　林新太郎「公団住宅からUR賃貸住宅まで、60年の住まいづくり」『調査研究期報』162号、都市再生機構、2016年3月、52〜57頁。

なお、公団は行政機関の一部として設立された公的機関であり、公社も公企業の一形態である。また、公営住宅は言うまでもなく地方自治体がつくる住宅である。つまり戦後の早い時期につくられた集合住宅は、そのほとんどが公的な資本によるものであった。集合住宅は、したがって理想的な住まいであらねばならなかったし、その反対に、集合住宅がこれからの都市のあるべき住まいだと考えられていたからこそ、公的な資本が大規模に投下されたのだと考えることもできる。また当時の集合住宅は、4階から5階程度とされることが多く、鉄筋コンクリートでつくられることがほとんどだった。鉄筋コンクリート造は当時、永久建築とも呼ばれており、集合住宅は技術的にも理想の建築だったと言える。

公的な資本により建設された集合住宅は、公的であるがゆえに、住戸間の平等を旨とする性格も備えることになった。1970年代頃までの公共集合住宅は、「団地」と聞いてわれわれが思い浮かべる、同じ住宅がタテヨコに並べられてできた板状のものが多いが、こうした姿は、まさに平等な計画の結果である（写真2）。また、集合住宅はそもそも、都市における生存のための有限な環境と空間を効率よく再配分する装置であると捉えることもできるが、こうした集合住宅の本来的な性格も、平等を担保しようとする理念と親和的である。実際、この時期の公共の集合住宅は、近代都市計画が理想とした太陽・空気・緑の獲得と、住宅ごとのサービスの平等化を軸に組み立てられた計画技

写真２　1970年代初頭に建設された集合住宅団地（多摩ニュータウン永山団地）
ほとんど同じ設計の住棟が大量に並んでいる。

法の産物にほかならない。

戸建て住宅と集合住宅の対比の構図

戦後の戸建て住宅と集合住宅は、以上で見たように、あらゆる面で鋭い対比を取り結んでいる。

戸建て住宅は、民間資本による自助努力による復興の手段という側面を持ち、戦災という急場をしのぐための過渡的で一時的な性格を備え、過去から引き継いだ在来の技術と生産基盤を最大限に活用した住まいの形式であり、その意味では現状追認主義的であると言える。対して集合住宅は、公的な資本によって整備された都市の半永久的な構成要素であり、技術的にも形式的にも、近代以前の日本とは直接的なつながりを持たない、まったく新しい理想の庶民の住まいである。

また、戦後の住宅政策において戸建て住宅と集合住宅が並びたっていたことからは、当時の世界のイデオロギー対立の構図を読み取ることもできる。住宅ローンという金融的な技術を使ってつくられる戸建て住宅は、資本主義的な色合いが強いが、ひとつの建物を平等に分かち合って住まう集合住宅は、財産の共同所有を通じて平等な社会の実現を目指す、共産主義の考え方と親和的である。実際、ソビエト連邦などの共産主義国には、この時代に日本の団地に見られるものとよく似た集合住宅が大量に建設されている。というより、もともと集合住宅という住まいの形式を持たなかった日本は、諸外国に多くを学んで集合住宅をつくったのであり、共産主義国もその中に含まれていたと言ったほうが正しいだろう。

いずれにせよ、日本の戦後の住まいは、その出発点において、現実と理想、あるいは資本主義と共産主義が奇妙に混交する様相を見せていた。さらにうがった見方をして、戸建て住宅を単一の家族による建物の排他的な利用の形態、集合住宅を複数の家族による建物の共同利用の形態だと捉えれば、日本の戦後の住まいは、専有＝個の側面を強める動きと、共有＝シェアの側面を強める動きがせめぎあうところから出発したとも言える。

ただし、いくら公的な資本で建てられたものが多かったとは言え、当時の集合住宅を「シェア的」とまとめることには違和感を抱かれるかもしれない。だとするならば、その理由はおそらく、シェアを語る際に必ず付いてまわるコミュニティの問題に一切触れなかったことにあるのだろう。しかし集まって住むための器である集合住宅が、コミュニティの議論と切り離すことができないことは言うまでもない。

③ 集合住宅とコミュニティ

集合住宅は、そもそもコミュニティの議論と不可分な住まいの形式である。とくに1920年代にピークを迎えた近代建築運動において、集合住宅を設計するということは、コミュニティをデザインすることと同義であったと言っても過言ではなく、20世紀前半に建築家たちによって行われたさまざまな実験こそ

写真３　1930年代に撮影された「ドム・ナルコムフィン」（撮影：Robert Byron、出典：https://commons.wikimedia.org/wiki/File:Narkmomfinfoto2.jpg）

が、戦後に世界中で建てられた集合住宅の原型をつくったと言える。なかでも、国家のデザインそれ自体が社会システムの壮大な実験だった共産主義国では、集合住宅に関する大変ラディカルな実験が行われている。

共産圏での近代建築運動としては、ソ連におけるロシア構成主義が有名だが、この運動を牽引した建築家たちも、集合住宅の設計を通じて新しいコミュニティのデザインを試みている。構成主義の建築家たちは、住宅が社会主義化されれば、そこで暮らす労働者たちも自然と社会主義的に行動し、思考するようになると考えており、そこでは家庭という私的領域に属するとされていた、家事や育児の公共化が目指されたという。現代の視点から見ても極めて示唆的だが、この考えに基づいてつくられた集合住宅の中でも、ロシア構成主義を理論的に主導した建築家モイセイ・ギンズブルグが設計に関わった「ドム・ナルコムフィン」はつとに有名である。この集合住宅は、1930年にモスクワに完成したドム・コムーナであった（写真3）。

ドム・コムーナとは、コムーナと呼ばれる住民組織によって住民自身の生活が運営される住宅のことであるが、コムーナは本来、財産や労働を共有する生活共同体であるとされていた。このコムーナは当初、1917年の革命後に労働者たちに引き渡されたブルジョワジーの邸宅で自然発生的に生まれたのだという。ブルジョワジーの邸宅は大きく、そこには複数の家族が住まうことになったため、台所や浴室を共有し、食事も一緒に取り、洗濯や育児も共同で行う生活スタイルが生まれたのである。[注9] 1920年代になると、コムーナのための新しい住宅のタイプが建築家によって提案されるようになるが、そのひとつの到達点が「ドム・ナルコムフィン」であった。

注9
山崎揚史「三つのドーム・コムナ1928—1930」『住宅建築』289号、建築資料研究社、1999年4月、129～135頁。

注10
八束はじめ『ロシア・アヴァンギャルド建築［増補版］』LIXIL出版、2015年。

注11
本田晃子「ロシア団地の憂鬱」『ゲンロン11』ゲンロン、2020年9月、248～262頁。

注12
白承冠「理想的コミュニティーを目指すゴダンのファミリステールについて—19世紀における労働者向けのコミュニティモデルに関する研究その1」『日本建築学会計画系論文集』75巻、647号、2010年1月、219～225頁。

「ドム・ナルコムフィン」は、財務省に相当する財務人民委員会の職員のための集合住宅であり、エリート官僚に向けられたものという点で特殊である。[注10] しかし食事はやはり家族単位ではなく、共同で取ることとされていたため、廊下で結ばれた別棟として共同食堂が設えられ、さらに各住戸からは台所設備が省略されていた。また、予算の関係で実現されなかったが、育児も共同で行うコムーナの生活スタイルを引き継ぐべく、託児所も別棟で設けられることになっていたという。[注11] 本田は、こうした家事や育児の公共化の背景には、家長の下で家事・育児という無賃労働に従事し、社会から切り離されていた女性たちを、家族という中間項を経ることなく、ひとりの労働者として社会に直接接続する意図があったことを指摘している。つまりここでは、理想的な社会の実現のために、家族の解体が目論まれたのである。

このような集合住宅を通じたコミュニティの実験は、共産圏に限られるものではない。たとえば資本主義が大きく拡大した19世紀のヨーロッパには、都市で生活する労働者の共同生活のための理想的なコミュニティモデルを構想し、これを普及させることで、資本主義社会を改良しようとした空想的社会主義者が登場する。[注12] 産業革命にともなう都市環境や労働環境の劣悪化

写真４　「ファミリステール」の住居棟の中庭（撮影：Velvet、出典：https://commons.wikimedia.org/wiki/File:Guise_pavillon_central_int.jpg）
大人数での催しはここで行われた。

▲写真５　同潤会による江戸川アパートメント　充実した共用施設を備えていた。

▼写真６　山本理顕の設計による「熊本県営保田窪第一団地」

は、居住とコミュニティについての関心を高めることにつながったのである。

空想的社会主義者の代表格であるシャルル・フーリエは、「ファランステール」と名づけられたコミュニティモデルを提案しているが、その影響下で計画された労働者の共同体のための住まいである「ファミリステール」は、鋳物工業により事業を拡大した実業家ジャン＝バティスト・ゴダンにより、フランスのギーズに実際に建設されている（写真４）。「ファランステール」では一夫多妻制が採用されるとされ、住居は個人単位で構成される計画であったのに対して、「ファミリステール」の構成は一夫一妻制の家族を単位としており、より現実に即した計画に改変されている。それでも「ファミリステール」は、女性たちの家事労働や育児負担を減らすための共同の食堂や洗濯場や託児施設を備えていたばかりではなく、商店や余暇施設をも備え、さらに自主的なコミュニティ形成を促す仕組みまで用意されているという、現代の眼から見ても画期的なものであった。なお、ロシア構成主義の建築家たちと同様に、ゴダンもまた、「建築が社会を変化させる」という考えを持っていたことは特筆されるべきだろう[注13]。

日本の集合住宅も例外ではない。戦前の同潤会アパートのうちいくつかでは、共同の浴室や食堂に加えて、社交室や娯楽室が設けられている（写真５）。またアパート内で発行された新聞には、共同体確立のための協力を全住民に呼びかける記述が見られるなど[注14]、住民の間でも共同体をつくろうという意識が強かったことがうかがえる。

戦後になると、集合住宅は庶民の住まいとして一般化した反面、集会室などを除いて住民が共同で利用する施設は備えられなくなっていく。技術の進歩により、浴室な

注13　白承冠「ゴダンのファミリステールのオリジナリティとその建築・都市史的特性―19世紀における労働者向けのコミュニティモデルに関する研究　その2」『日本建築学会計画系論文集』75巻、654号、2010年8月、2039〜2045頁。

注14　同潤会江戸川アパートメント研究会『同潤会アパート生活史』住まいの図書館出版局、1998年。

どの大がかりな設備を各住戸に備え付けることができるようになったことも、戦後の共同利用施設の消滅に関係しているのだろう。ただし原によれば、各地の郊外につくられた集合住宅団地の住民の政治意識は、保守よりは革新、資本主義よりは社会主義に共感を示していたというから[注15]、集合住宅は戦後しばらくの間、共同体意識を強く持った人びとが好む住まいであり続けたようである。

また試みとしては単発的なものが多いものの、公営住宅を中心に、コミュニティにまつわる実験的な集合住宅は断続的に提案され続けた。たとえば山本理顕の設計により1991年に建設された「熊本県営保田窪第一団地」では、家族の成員ひとりひとりが公共空間へと直接アクセスできる住戸計画が提案されており、「ドム・ナルコムフィン」に見られたものと同一の問題意識が、この時代の日本でもリアリティを持っていたことが分かる（写真6）。

しかし日本の集合住宅において、コミュニティに関する試みは1990年代後半から急激に失速していく。この頃から、戦後につくられた住まいに関する枠組みは変質を始めていくのである。

4 集合住宅の変質

よく知られているように、戦後につくられた公団住宅をはじめとする公的資本による集合住宅は、当初はサラリーマンを中心とする庶民階層に熱烈な歓迎をもって受け入れられた。1960年に東京郊外の団地を皇太子夫妻が視察したことは、当時の雰

注15　原武史『団地の空間政治学』NHK出版、2012年。

注16　曽我部昌史「団地映画を通してみる公共空間の活用についての研究」『神奈川大学工学研究所所報』29号、神奈川大学、2006年11月、27〜34頁。

注17　日本住宅リフォームセンター『スーパーリフォーム40s 調査研究報告書』日本住宅リフォームセンター、1999年。

囲気を象徴するエピソードして有名である。しかし1970年代に入ると、集合住宅や団地に対する評価は一気に否定的なものへと変わっていく。こうした評価の変質は、たとえば当時のサブカルチャーからも読み取ることができる。曽我部によると、日本の映画における団地は、1960年代までは新しいライフスタイルの器として描かれていたものの、1970年代になるとそのような描写が消失し、1980年代には画一的な空間が社会問題を起こすという図式で描かれることが増えるのだという。[注16]

公共集合住宅の位置づけは、政策的にも1970年代に大きな転換点を迎える。公共集合住宅の建設戸数は1960年代をとおして右肩上がりに増えていき、1971年には全国での年間建設戸数が16万戸近くに達するが[注17]、1973年の第一次オイル・ショックを契機に、その数は急速に落ち込んでいく。また、家賃補助のある公営住宅の供給も同時期に大きく減速し、困窮対策は住宅政策の中心ではなくなっていく。戦後の住まいの最大の課題であった住宅の不足が解消されたのもこの頃である。1973年の住宅統計調査で住宅の戸数が世帯数を上回っているが、当時の霞ヶ関をよく知る内田祥哉によれば、この結果は大変に大きく、量的な不足が解消された以上、以降の住宅政策はかつてのような力を持ちようがなかったのだという。[注18]

力を失っていく公共の集合住宅に対して、民間の集合住宅は逆に

注18
内田祥哉「建築法制・構法学の歴史と建築士の責任」『建築雑誌』134巻、1725号、日本建築学会、2019年6月、10〜11頁。

写真7　1965年に原宿駅前に建設された「コープオリンピア」
当時の分譲価格で1億円を越えた住戸が出たことで知られる。

活気づいていった。1962年に区分所有法が施行されると、建物の部分である集合住宅の住戸を所有権の対象とする行為が、法的に明確になる。これによって、集合住宅の住戸を住宅ローンで購入することが可能となり、分譲集合住宅も一般化した。民間の集合住宅はこの過程で、本来は豪邸を意味する「マンション」という呼び名を獲得することになる（写真7）。

1970年代に入ると、積極的な財政政策により急速なインフレーションが進み、地価や株価は急騰したが、オイル・ショックはこれにさらに輪をかけ、分譲マンションの供給ブームへとつながった。当初は都心近郊での供給が中心だったマンションは、やがて郊外にも盛んに建設されるようになる。これらは住宅ローンを利用して取得される価格帯の低いものが中心だったが、1980年代後半にバブル景気が訪れると、郊外にもいわゆる「億ション」がつくられるまでになった。

以上のように、1970年代以降の集合住宅では民間の優位化と市場化が進んだ。また、その流れはバブル景気が崩壊した後も止まらず、それどころかよりいっそう顕著になった。バブル崩壊後の経済危機は規制緩和を促し、1990年代後半以降は日本にも新自由主義が台頭することになったが、その影響はあらゆる領域に及び、集合住宅の市場化も次なる段階へと進んだのである。

写真8　タワーマンションが林立する東京都心の風景（東京都中央区佃、2021 年 3 月）

市場経済による都市再生を進めるため、2000年代になると政府は不動産の証券化を促進したが、証券化の対象にはオフィスや商業施設ばかりではなく、都心に建設される集合住宅も含まれていた。この結果、集合住宅は投資商品としての性格をますます強めることになり、また都心では、容積率の緩和をともなう大規模な都市再生政策が展開され、タワーマンションが林立する新しい都市の風景が生まれることになった(写真8)。

新自由主義の影響は住宅政策にも及び、公共集合住宅も大きく変質した。日本住宅公団の業務を承継していた住宅・都市整備公団は、1999年に解散して都市基盤整備公団へと再編され、さらに2004年には民営化されて現在の都市再生機構(UR)となる。以降、URは都市再生事業や震災復興支援事業などを除き、原則として集合住宅の新築からは撤退した。また、地方自治体の財政状況の悪化により住宅保障も縮小傾向にあり、公営住宅の存在感はますます後退した。さらに、2007年に住宅セーフティネットが制度化されて以降、住宅保障は民間の住宅に対する家賃補助の形態を取ることもできるようになったため、公営住宅というハードの器自体が、そもそも必須のものではなくなった。公共集合住宅においては、建築という枠組みはほとんど顧みられなくなっているのである。

現在の集合住宅は、市場化が進んだ結果、ひとつの建物を共有するという本来の性格をかぎりなく薄めている。また、公共の集合住宅も市場化の影響を免れず、ハードとしての住まいが共同体や社会をつくるという考え方も完全に過去のものとなった。戦後の集合住宅の共産主義的な出発点を思えば、現在との隔たりはあまりに大きいと言わざるをえない。しかし資本主義を駆動する基盤が私有財産である以上、その徹底によって、住まいからコミュニティという問いが潰えることは、ある意味では必然だったのである。

5 資本主義の中から復活したシェアの思想と住まいの類型

資本主義的で現実路線的な戸建て住宅と、共産主義的で理想追求的な集合住宅が並立するところから出発した戦後の住まいは、経済的な危機を経て、資本主義的なもの一色に書き換えられてしまった。戸建て住宅と集合住宅という対比の構図は、「個」と「共有」のせめぎあいの構図としても読めることはすでに述べたが、だとするならば、集合住宅が投げかけていたコミュニティという問いと同様に、共有＝シェアという問いもまた、力を失ってしまったと見るべきなのだろうか？

答えはもちろん否である。「シェア」は広範な意味を持つ言葉であるが、モノやコトや空間の共有にまつわるポジティブな動きとして活発に語られるようになったのは、2000年代後半以降のことだろう。シェアは、その意味では比較的新しく、むしろ新自由主義の台頭以降に注目を集めるようになった概念である。

このシェアへの注目を語るうえで触れざるをえないのが、シェアリングエコノミーである。シェアリングエコノミーもまた、きちんとした定義が存在しない概念であるが、ITが促進するピア・トゥ・ピアによる（対等な立場の者同士による）財やサービスの共有と説明されることが多い[注19]。

注19　Daniel Schlagwein, Detlef Schoder, Kai Spindeldreher, "Consolidated, systemic conceptualization, and definition of the 'sharing economy'", *Journal of the Association for Information Science and Technology*, vol.71, no.7, Association for Information Science and Technology, 2019.10, pp. 817-838.

注20　東浩紀「情報自由論」『情報環境論集 東浩紀コレクションS』講談社、2007年、7〜205頁。

注21　リチャード・バーブルック、アンディ・キャメロン、篠儀直子訳「カリフォルニアン・イデオロギー」『10＋1』13号、INAX出版、1998年5月、153〜166頁。

ここでITが持ち出されていることからも分かるとおり、シェアリングエコノミーは、インターネットをはじめとする情報技術革命の文脈の中で捉えることのできる動きであり、イデオロギーの観点からは、技術至上主義的な自由至上主義を意味するサイバー・リバタリアニズムのひとつに位置づけることができる。サイバー・リバタリアニズムは、国家や大企業に独占されていたコンピュータを個人に解放する運動を展開する中から、パーソナル・コンピュータという考え方を生みだした一大潮流である。この思想は、その勃興の地からカリフォルニアン・イデオロギーとも呼ばれ、アメリカ西海岸出身の作家、ハッカー、資本家、アーティストたちの野合の思想であり、同時にヒッピーの奔放な精神とヤッピーの企業的野心のふしだらな結合であるとして批判されることもあるが[注21]、いずれにせよ新自由主義とは矛盾しない。こうした土壌から生まれたシェアリングエコノミーは、限りある資源やエネルギーが投入された財やサービスの共有を通じて、人と人とのつながりを生みだし、これがさらに経済的な発展にもつながることを主張するものであり、市場化が進む現代社会において、シェアというかけ声がもてはやされるのは、ある意味で当然であると言えるだろう。

また、近代以降の社会では、人間の「個」としての側面の強化が一貫して進んでいるようにも見えるが、シェアは、こうした社会のアトム化[注22]の動きとも矛盾しない。すでに述べたとおり、われわれの社会は、人間の個としての側面を際立たせることで、むしろより壮大な共有の枠組みをつくりあげてきた。その意味でシェアは、次なる社会へと向かうために、バラバラになった個と個を、よりふさわしいかたちで縫いあわせる仕組みだと考えることもできるのである。

注22
アトム（Atom：原子）化とは近代以降、個人がバラバラになっている状態をいう。原子化。

以上を踏まえたうえで、住まいに関するシェアはどのようなかたちを取りうるのか、その類型を理論的に考えてみることにしよう。ここでは、これまでの議論の鍵となっていた「共同体」と「資本主義経済」のふたつを手がかりとして、住まいのシェアの類型を考えたい。すなわち、「何らかの共同体が成立していることをシェアの前提とするか否か」と、「資本主義経済を通じてシェアを成り立たせることを前提とするか否か」のふたつの軸によって導かれる、四つのシェアの類型について検討する（表1）。

A　所有を介した住まいのシェア

Aの類型は、資本主義の基盤である所有の根拠となる共同体があることによって成立する、住まいのシェアの形態である。ここでいう共同体には一般的な家族も含まれるため、現在の住まいの多くはこのシェアの形態を取っていると言える。資本主義の徹底により、共同体の解体が進んだ現在の住まいにおいても、家族だけは命脈を保っているが、これは現代社会において、家族が住まいの事実上の所有の単位として機能しているからにほかならない。

このことを前提として、より発展的なシェアの形態を考えるのであれば、現在の家族とは異なる所有の単位を構想することが必要となる。完全に脱家族化された共同体が住まいの所有の単位となることは稀だろうが、現在の家族のあり方を拡張させた共同体を構想することは比較的たやすい。いずれにせよ、現状の制度下では窮屈な家族のあり方を、多様なパートナーシップやメンバーシップに向けて開くことで成立する住まいのシェアは、今後の重要な課題である。

		何らかの共同体が成立していることを前提とするか	
		する	しない
資本主義経済をシェアの前提とするか	する	A **家族など** 所有を介した 住まいのシェア	B **家事シェアなど** 資本主義経済を介した 住まいのシェア
	しない	C **一般シェア** 共同体を介した 住まいのシェア	D **住み開きなど** 住まいそのものを 介したシェア

表1　住まいのシェアの四つの類型

B　資本主義経済を介した住まいのシェア

Bの類型は、住まいを共同で利用する枠組みや、家事や育児といった居住にまつわる役務を、何らかのかたちで商業化することによって成立する住まいのシェアの形態である。たとえばシェアハウスは、住宅を共同利用するための商業的なルールを導入することにより、同じ住宅に住まう人びとを脱家族化する枠組みだと言える。[注23] ここで住まいを共にする人びとは、あらかじめ共同体を形成している必要はないし、また事後的に密接な共同体を形成する必要もない。

こうした住まいのシェアにおいては、元来は共同体の内部で担われていた役務の負担をどのように分配するかが課題となる。しかし居住にまつわる役務の商業化は、いまや一般的なものとなっているから、家事や育児や介護といった役務を外部化することで成立する住まいのシェアも、十分に構想可能である。広い意味では、一般的な集合住宅も、分譲または賃貸のルールを定めたうえで、その管理にかかる役務を商業化することで成立する住まいのシェアの一形態だと捉えることができる。また役務の外部化それ自体、商業的なサービスを通じて役務を共同体の外部とシェアする仕組みだと見なすこともできる。

なお、こうしたシェアの形態を取った住まいでは、コストが支払えるかぎりにおいて、その内部で行われるあらゆる行為が効率化と娯楽化の二極へ向かって再編されていく蓋然性がある。たとえば食事という場面を考えると、買い物や調理などのやむにやまれずに行われる行為は、効率化または外部化されて居住者の前からは姿を消し、食事を楽しむという行為のみが体験としての比重を高めていく、ということが十分に

注23
久保田裕之「所有から共有へ？――共同利用と共同管理の在処」『10＋1 website』ＬＩＸＩＬ出版、２０１４年６月。
https://www.10plus1.jp/monthly/2014/06/issue-3.php.

起こりうるのである。実際、宅配型のミールキットなど、この二極化の観点に叶う商品やサービスはすでに見つけることができる。こうした暮らしはおそらく大変に快適だろうが、経済的な強者のみしかその恩恵に預かれないことが課題である。

C 共同体を介した住まいのシェア

Cの類型は、資本主義とは無関係な共同体が先立つことによって成立する、住まいのシェアの形態である。

Aの類型では家族を所有の根拠であると見なしたが、家族を愛情によって結ばれた共同体であると考える場合、現在の一般的な住まいはこのシェアの類型に当てはまることになる。また、理想主義者たちによるコミューン建設の試みに代表されるように、脱市場的な家族以外の共同体による住まいのシェアの事例も、過去に遡れば枚挙にいとまがない。[注24] ゴダンによる「ファミリステール」も、広い意味ではそうしたもののひとつだったと言える。しかしこうした住まいのシェアが一般化することは、少なくとも現在の状況においては考えづらいだろう。

D 住まいそのものを介したシェア

Dの類型は、共同体も資本主義経済も媒介せずに成立する、住まいのシェアの形態である。

この類型の住まいのシェアは、さまざまな具体的な形態を取りうると考えられるのだが、現代の日本の状況で現実性が高いのが、住宅と住まい手のスケールの上でのミ

注24 中谷礼仁『未来のコミューン―家、家族、共存のかたち』インスクリプト、2019年。

スマッチの結果として起こるシェアである。ソ連の最初のドム・コムーナが、ブルジョワジーの邸宅に労働者家族が住まうことによって生まれたことを思い起こそう。ここでは、大きすぎる住まいそのものがシェアを成立させていた。

現代の日本では、社会のアトム化とともに世帯規模の縮小が進んでいるが、核家族のための住宅ストックは膨大に蓄積されており、現在の標準的な世帯規模からすると過大なものも少なくない。この類型の住まいのシェアが成立する土壌は、はからずも十分に整っているのであり、実際、余剰となった戸建て住宅をシェアハウス等として活用することは珍しくなくなりつつある。

また、こうした類型の住まいにおいては、よりゆるやかなシェアの主体が立ち上がる蓋然性がある。たとえば、現在盛んになりつつある住み開きの事例の中には、住宅の余剰となった一室を地域社会へと開放する試みを多数見つけることができるが[注25]、この場合、住宅を共同で利用する主体には地域社会が含まれることになる。こうしたシェアの主体の姿は極めて不定形であるが、これを一種の共同体と見なすのであれば、そのあり方は他の類型に比べて格段に開放性が高いと言うことができるだろう。

6 シェアを通じた住まいの未来

最後に、以上で述べたような類型が、どのような住宅を母胎とするのか考察してみよう。

AおよびCの類型のシェアは、住宅に共に住まう共同体のあり方の再考をともなう

注25　アサダワタル『住み開き—家から始めるコミュニティ』筑摩書房、2012年。

が、原理的には、あらゆる場所の、あらゆるタイプの住まいで成立しうる。しかし現状では、家族以外のメンバーシップに対する住宅のあり方が十分に議論されているとは言えない。加えて、すでに指摘したとおり、家族のあり方もさらなる多様化を見せている。以上のことを鑑みれば、既存の住宅を新しい共同体の器として考えるだけにとどまらずに、新築やリノベーションを通じて、新しい住宅のタイプの提案がさまざまに行われるべきなのだろう。

Bの類型のシェアも、新自由主義的な政策が続くかぎり、あらゆる住まいへと影響を及ぼし続けるだろう。シェアリングエコノミーはそもそも、十分に活用されていない財やサービスをシェアする動きでもあるが、注19(前掲) 戦後に果たされた住宅供給の努力の結果、住宅は地方や郊外ばかりではなく、都市部や都心においても余剰が生じており、こうした余剰の住宅ストックを商業的に活用する技術やビジネスモデルの開発も、しばらくの間はとどまることがないと考えられる。また居住にまつわる役務の商業化も、住宅ばかりではなく、居住という行為が発生するあらゆる場所において進展を続けるだろう。役務の商業化は対等なメンバーシップの実現を促進させると考えられるから、これによって脱家族的な共同体ばかりではなく、従来的な家族でさえも、そのあり方が変質する蓋然性がある。ただし、商業的なサービスの活用はどちらかと言えば富裕層の住まいでより進展すると考えられるため、都心や都市部の住まいに対する影響のほうが大きいかもしれない。

さて、これまでの議論の限りでは、住まいのシェアの未来はほとんど夢のないものに感じられたかもしれない。Aの類型には現在の一般的な住まいがほとんど包摂されてしまうし、Bの類型の先にはサービス・アパートメントやホテル住まいのようなものしか見えてこない。また、Cの類型は現在の社会状況に照らせば特殊すぎると言わざるをえない。一方で、社会全体が縮小局面へと急激に転化した結果として活発化しているDの類型のシェアは、ほかにはない可能性を秘めていると考えられる。

Dの類型のシェアは、資本主義経済の媒介を必ずしも必要としないため、地方や郊外など、住宅ストックの余剰化が著しく、かつ経済が疲弊した地域の住まいでこそ起こりやすいだろう。郊外に蓄積されている住宅ストックは主として戸建て住宅であるため、この場合、木造の戸建て住宅がその母胎となる可能性が高い。木造住宅は量的にも膨大だから、かつては公共住宅が担っていた居住の保障を、こうした住宅が担うことも考えられるだろう。

また、木造の戸建て住宅は、鉄筋コンクリート造の建物などと比べれば物的に脆弱であり、空間の境界をかたちづくる作用も弱い。鉄筋コンクリート造の集合住宅は、空間の境界を強く規定する力を持っていたからこそ、ひとつの建物を区分し、異なる主体で所有するという発想が生まれたわけであるが、その力が弱い木造住宅では、区分所有のような発想は生まれにくく、よりゆるやかな共同利用の枠組みが模索されることになるだろう。先に挙げた余剰の空間を地域社会とシェアする住み開きなどは、その好例であると言える。

以上のことからおぼろげながらに見えてくるのは、空間の所有に固執しないからこそ生まれる、居住環境そのものをゆるやかにシェアする住まいのイメージである。環境全体のシェアを通じて、意識の上での「住まい」の範囲が、住宅という物的な枠組みを越境ことができるのであれば、住まい手との間のスケール的なミスマッチはさらに拡大する。その先には、共同体という意識が再び立ち上がる予感が感じられないだろうか。

人口が増え、経済活動が拡大し、過密化していく都市の中で、理想とともに生まれた集合住宅の本来的な役割は、有限な環境的資源の再配分であった。だとするならば、建物単体での価値の再配分を越えて、周辺地域と空間や住まうことの価値を分かち合うことも、優れて集合住宅的な試みだと言うことができる。現代の集合住宅は、共有というより、むしろ分有[注26]を成立させる容器としての性格を強め、本来の性格から大きく隔たってしまったわけであるが、しかし戦後の集合住宅に託された住まいの理想は、都市が縮小する困難な局面にいたって、意外な場所で、意外な姿をたずさえて復活するのかもしれない。すなわち、共同体やハウジングというかつて語られた住まいにまつわる夢の続きは、都市の周縁に息づく、脆弱で過渡的なものとされてきた住まいの連帯の中にこそ見いだすことができると考えられるのである。

注26
ここでの「分有」は、ひとつのものをいくつかの部分へと分割し、それぞれの部分を別の主体が所有するという意味に用いている。

第6章

語られないシェアが基盤となる社会

小川 さやか

近年、日本では経済領域に限らずにさまざまな領域における「シェア」が注目されている。情報通信技術やモノのインターネット、ブロックチェーン等のテクノロジーの発展は、シェアリング経済の多様なバリエーションを花開かせた。「クラウド・ベースド資本主義」としての側面を切り口にアルン・スンドララジャンが論じるとおり、現代のシェアリング経済は、資本主義と社会主義、商業経済と贈与経済の双方にまたがっており、個別のシェアリング経済のプラットフォームや実践はその両極の間に築かれたグラデーションに位置づけられる。[注1]

しかし、本書でも繰り返し指摘されているとおり、シェアそのものは新しい概念ではない。人類学が狩猟採集社会から都市社会までを事例に研究してきたシェア(分配や共有、分かち合い)は、「いかなる新たなビジネスや消費の可能性を実現するか」、あるいは循環型経済や持続可能な社会といった表現に象徴されるように「いかにして代替的な経済や社会を実現するか」という観点で、シェアが目的化される現代のシェアリング経済とは異なり、生きる基盤であり、そこに存在するものであり、人間関係

注1 アルン・スンドララジャン、門脇弘典訳『シェアリングエコノミー』日経BP社、2016年。

における葛藤や喜びをもたらす源泉でもあった。

本章では、そうしたシェアを基盤とする社会におけるシェアとはどのようなものであるかを、私が2001年から現在までおよそ20年にわたって断続的に通っている、タンザニアの都市住民の長屋暮らしや路上商人たちの実践を事例として検討する。それを通じて「語られないシェア」を基盤とする社会のあり方が、どのような論理で成り立っているのかを明らかにしたい。

1 長屋暮らしと語られない「シェア」

住民の流動性を基盤に成り立つ長屋暮らし

私は、大学院生の頃にタンザニア北西部の第二の都市ムワンザ市で、古着を扱う零細商人の商慣行について調査研究していた。インフォーマル経済の約半数を占める零細商人の多くは地方からの出稼ぎ民で、ウスワヒリーニ（*Uswahilini*）と呼ばれる中・低所得者層の居住区で暮らしていた。調査者である私もウスワヒリーニで部屋を賃借していた。

私が部屋を借りていた家は、中庭を囲んでコの字型に八つの部屋が並んでいた。そのうちの3部屋を大家の家族が使用し、残りの5部屋を五つの世帯が賃借していた。各部屋の大きさは異なり、私が借りていたのは6畳くらいの平均的なサイズの部屋だ

写真１　ムワンザ市の長屋遠景（2010年２月）

ったが、12畳くらいの部屋をリビングと寝室に分けて使用している家族も、セミダブルのベッド1台を置くと歩く隙間もない極小の部屋を借りている若い男性もいた。大家は、祖母と息子夫婦と子ども3人で、道路に面した部屋の一角で雑貨店も経営していた。大家と5世帯でトイレと水浴び場、水道、中庭を共有し、各世帯が当番制で掃除をしていた。今風に言えば、「シェアハウス」である。ただ、長細くはないものの、日本では「長屋」のイメージに近いと思われるので、以下では、便宜的に「長屋」と表記する。

長屋の共有スペースと私有スペースの境界は曖昧である。部屋の中は蒸し暑いので、住人たちは日中、暖簾一枚を垂らしてドアを開け放し、中庭で料理や洗濯をしたり、軒先にゴザを敷いておしゃべりをしたり昼寝したりして過ごすのが普通であった。風が吹けば、暖簾がめくれて部屋の中は丸見えとなるが、誰も部屋の内部が見えることを気にしていなかった。同じ家に暮らす者同士は気軽に暖簾をくぐって隣人の部屋に入り、「バケツ、借りていくわね」などと持ち物を拝借したり、「これから市場に買い物に行くので、しばらく見ててちょうだい」などと赤子を預けに来たりした。子どもたちは自宅にいると、料理の手伝いや掃除などの用事を言いつけられるので、学校が終わるとまずは隣人宅でテレビを見たり、冷蔵庫を所有する家で冷たい飲み物をもらったりしてから家に戻っていた。

プライバシーを守ることは、建物の構造的にも不可能だった。ウ

写真２　ムワンザ市の長屋近景（2010年２月）

スワヒリーニの家屋はトタン屋根で各部屋を仕切る天井がなく、壁も薄いため、隣の部屋の会話は筒抜けであった。住人たちは、隣人に聞かれたくないときにはテレビやラジオの音量を上げたりしたが、痴話げんかも夫婦の営みも聞こえてきた。私的な事情は聞こえていないふりをするのが暗黙のマナーであったものの、住民同士は決して「無関心」ではなかった。客人と大騒ぎをしていても文句ひとつ言わない住民たちは、いたずらをした子どもを激しく叩く音が聞こえると、深夜でも起きだして止めに入った。しばらく自室に籠もっていると、体調が悪いのではないかと心配する住人たちが、お裾分けを届けるという名目で次から次へと覗きにきた。また、当人の前では知らないふりをする住民たちも井戸端会議では、「昨晩の夫婦げんかは夫の浮気が原因らしい」「羽振りよく振る舞っているけれど、火の車みたい」などと噂した。住人同士のけんかは日常茶飯事であり、彼らは「ウスワヒリーニの長屋には必ず、シンバチームとヤンガチームがいるのだ」と、タンザニアで人気を二分するサッカーチームを引き合いに、長屋には女性たちの派閥があると語っていた。

ただし、些細ないがみあいは長続きしなかった。ウスワヒリーニの長屋は3カ月から1年分の家賃の前払い制となっており、他の住人との関係が悪くなると、家賃の更新日にあわせて引っ越すのが常であったためである。住民の多くは、荷車1、2台で運べる程度の家具しか所有しておらず、住民間のトラブルだけでなく、手取りの減少や子どもの独立などさまざまな理由で頻繁に長屋から長屋へと渡り歩いた。たとえば、私の調査助手の一人は、同市に出稼ぎに来てから12年の間に計12回の引っ越しをした。

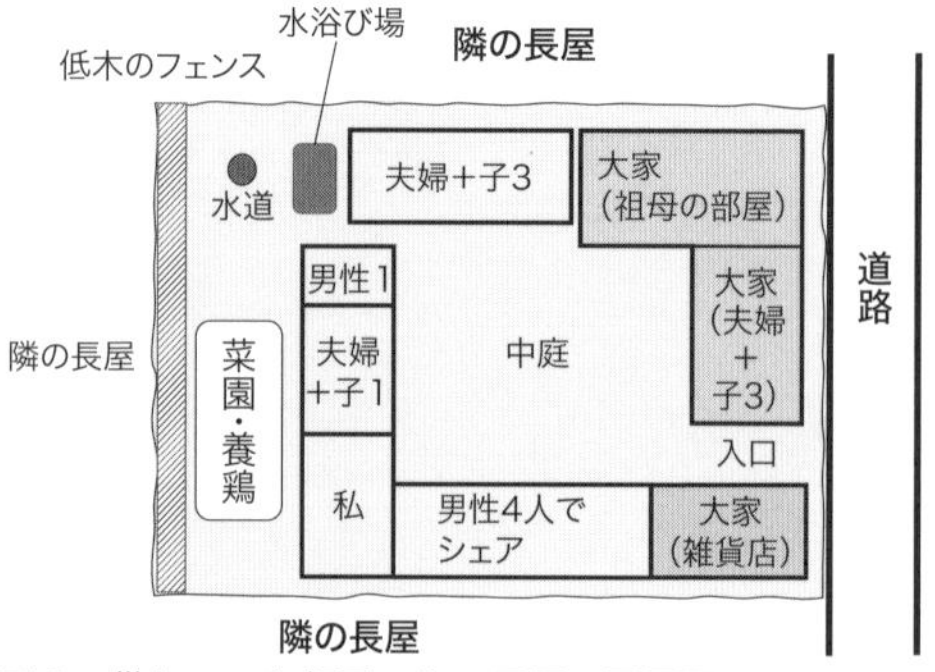

図１　借りていた部屋のある長屋の平面図

平均すると年1回となるが、1年に複数回引っ越したことも3年間同じ部屋で暮らしたこともあった。注2

長屋の部屋探し専門のブローカーに依頼すると、家賃や住居設備などに加え、「あそこの住民は単身出稼ぎ男性ばかりだ」「ここは大家の女性がしっかり者で、女たちの結束が強い」といった情報も教えてくれる。調査で留守にすることの多かった私は、コソ泥対策のために、小さな子どもがいて一日中長屋にいる世帯の多い長屋を好んでいたが、私の調査助手の妻は「子育てに何かと口出しされるのが面倒だ」という理由で、若い夫婦や単身出稼ぎ男性しか住んでいない長屋を選んで引っ越しを繰り返していた。

引っ越しに際して近隣住民への挨拶回りをする慣行もない。夫が出稼ぎに行っている間に浮気相手の子どもを妊娠した、借金取りに自宅を突き止められたなどの理由で、夜逃げするように黙って引っ越す者も少なからずいた。突然に住人がいなくなっても、家賃は前払い済みであり、急速な都市化が進展していたムワンザ市ではすぐに借り手が見つかったため、大きな問題にはならなかった。また苦手な人間が引っ越ししたと聞くと、元の長屋に戻ってくる者たちもいた。つまり、住民同士の関係は、努力して折り合いをつけるものというより、住民同士の自発的な流動性を基盤に成り立っていたのである。

注2
小川さやか『都市を生きぬくための狡知―タンザニアの都市零細商人マチンガの民族誌』世界思想社、2011年、67頁参照。

写真3　長屋の子供たち（2011年3月）

語られないシェア

長屋では、基本的に気に入らないことがある当人が引っ越せばよいという了解がある。そのことは承知していたが、私は同じ長屋の若い男性が、毎日、早朝から深夜までラジオを大音量で流しっぱなしにしていることに耐えられなくなり、一度だけ文句を言ったことがある。なるべく穏便に「深夜だけでも音量を絞ってくれないか」とお願いしたのだ。彼はすぐさま次のように反論した。

「この長屋には電気のメーターが一つしかなく、五つの世帯が電気料金を割り勘している。右隣の家は冷蔵庫を持っているし、左隣の家はテレビを持っている。君はパソコンを使用している。でも僕にはラジオしかない。だから、つけっぱなしにしないとわりに合わないだろう」[注3]。

私は「それではあなたが払う電気料金も高くなり、結局、全員が損をするのではないか」という主旨の反論をした。経済学者のギャレット・ハーディンが40年以上前に共有資源の枯渇について説明した「コモンズ（共有地）の悲劇」と同じ構図だと思ったのだ。牛飼いたちは私有地ならば、牧草を食べ尽くさないように放牧する牛の数を調整する。しかし共有の牧草地では、競って牛を増やそうとする。その結果、共有地の牧草は枯渇し、みなが不利益を被ることになるという議論だ[注4]。電気料金もコモンズとして皆が競い合うようにして使えば、それぞれの負担が大きくなるだけだ。また私は、住環境をシェアしているのだから、静かに暮らしたいという隣人の希望を少しは尊重すべきではないか

写真４　大家さんと子供たち（2004 年 6 月）

とも交渉した。それに対する彼の返答は、次のようなものだった。

「電気料金は割ることはできるが、ノイズを割ることはできない。僕だって長屋の女性たちが井戸端会議で紛糾して大声でけんかを始めても我慢している。赤ちゃんの泣き声と同じだと思って。ラジオが唯一の楽しみの人間もいる。僕たちは、生活を共にしている。暮らしは割ることはできないし、割ってはならないものだ[注5]」。

この言葉は、人びとがシェアすることを自然だと思っていることは、シェアされているとは言わないし、すでに実現している「シェア」や「分かち合い」は、語られないものとして存在しているのではないかという問いを抱かせる。

確かに長屋ではさまざまなモノが共有されている。「ちょっと借りるわね」と持っていかれた私のフライパンは、また貸しを繰り返して、3軒先の長屋まで旅をした。貧しい出稼ぎ男性たちは狭い部屋を3、4人でシェアし、家具や食器だけでなく洗濯紐に吊るした仲間の衣類まで断りなく着て出かけた。食事時に中庭にゴザを敷いてぼんやり座っていると、必ず居合わせた者たちに一緒に食べようと誘われた。

これらの住民たちの態度は、「私のもの」という感覚を混乱させるものだったが、住民たちがシェアや分かち合いを好んでいるかというと、必ずしもそうではなかった。肉や魚など高価な食品を買うときには黒いビニール袋に入れて持ち帰り、狭い屋内で料理していたし、誰かに勝手に使用されたくない衣類は「借りものである」などと嘘をついたり、共用の洗濯紐に吊るさず自室内に干したりしていた。

シェアや分かち合いは、自ら積極的に行うものというよりも、「誰かが使ってしまった」「食事時に誰かと目があってしまった」といった偶発的にそれを迫られる事態

注3　2004年11月、キリマへワ地区

注4　Garrett Hardin, "The Tragedy of Commons", *Science*, 1968, pp.1243-1248

注5　2004年11月、キリマへワ地区

に陥ったらするもの、あるいはせざるをえないものでもあった。そして「そうなってしまった」「そうせざるをえない」行為はたいてい「シェアしている」とは語られない。すなわち「これは私のもの」という所有意識はあるが、それがすぐさま排他的な「所有権」を指すわけではない。私のものが偶然に誰かのものになったときに、彼らは事後的に「もともと共有のもの」であったかのように振る舞うのだ。

もちろん、あらゆるものが誰かのもの、共有するものになる可能性を秘めているわけではない。誰かのものになりうる可能性に開かれているものとそうではないものが確かにある。たとえば、タンザニアの人びとは頻繁に「私たちはリジキを分け合っている（*Tunagawa riziki*）」「リジキを分け合おう（*Tugawe riziki*）」という表現を用いる。リジキは、英語では「food」「provision」「subsistence」などと訳され、狭義には食べ物を指し、広義には「食い扶持」や「最低限の生存に必要な基盤」を指す言葉である。リジキ＝生存基盤に当たるものに関しては「分かち合う」ことを拒否するのは難しいというより、リジキは分かち合っているのが自然とされ、分かち合いが意識されていなかったり、意識されていても自然なことのように振る舞ったりするのが慣行となっている。他方、リジキの範疇に入らないものは、分け与える必要がないとも了解されていた。

ただし、何をリジキの範疇に入れるかは曖昧である。食べ物は生きるために必須のものであるから、何も食べていない者の前で料理を独り占めするのは決まりが悪い。しかし奮発して購入した肉を分け与える必要はないかもしれない。外出する衣類のない友人が勝手に自身の服を着ていくのは仕方がないが、一張羅を貸さなくてもいいかもしれない。電気料金は計算できるが、生活音を立てないで暮らすことをポイント制のように考えるのはあまりに息苦しい。リジキの範疇が曖昧であるからこそ時に仲違いに発展するが、意見の違いは引っ越しによって宙づりにされる。それを明確にすり合わせるのをやめることで、長屋ではあたかもさまざまなものが自然に分かち合われているように見えるのだ。

こうした語られないシェアは、私が調査していたタンザニアの路上空間をめぐるシェアの実践にも当てはまる。

② シェアを否定することで生まれる路上の秩序

語られない路上での共存関係

タンザニアの都市部の路上では、壁に商品を吊るしたり、道端にビニールシートを敷いて商品を並べて売っていたり、簡易な露店を設置したりする路上商人が多数いる。路上商人の周辺には、彼らと買い物客を相手にする路上総菜売りが集まり、荷車引きが商品を運び、その隙間を縫うように行商人が練り歩いている。活気ある小社会を築いている路上のインフォーマル経済は、道路交通法や都市条例においては違法である。

1992年に国連開発計画（UNDP）と国連人間居住計画（UN-Habitat）が世界持続的都市計画（Global Sustainable Cities Program）の対象として首座都市ダルエスサラーム[注6]を選んだことを契機に、各都市の行政は、新たな都市計画を策定するようになった。かつては「浮浪者」として路上商人を都心から排斥することに注力してきた

注6　タンザニアの首都はドドマ市であるが、経済の中心はダルエスサラーム市であるため、この表現を用いる。

写真5　ムワンザ市の路上（2012年2月）

都市行政は、貧困削減や、路上商人ら都市部のインフォーマル経済従事者に「より衛生的で安全な場所を提供するための振興策」として、郊外に公設市場を建設するようになった。また、各市行政は「都市の美観を損ねる」「円滑な交通を阻害する」「不衛生な環境を作りだす」「スリなどの犯罪者に温床を提供する」等を理由に、路上商人を都心部の路上からこれらの公設市場へと移動させるための取り締まりを強化した。1995年には、「零細商人のためのガイドライン」が制定され、「公園・官公庁・宗教施設・病院・学校・記念碑・公共施設とその付近、あらゆる建物の出入り口付近、車や人の通行を邪魔する場所、バス停・駅・駐車場・休憩所、電線の下」といった営業を認められない区域を制定したり、「塀、電柱、街路樹、電話設備、郵便ポスト、看板」など無断で商品を吊るすのを禁じる対象を定めたりした。[注7] これらを除く営業可能場所は都市中心部にはほとんどなく、ガイドラインは、実質的に、都市郊外でしか営業を許可しないことを定めていた。こうした政府の施策に対して、経済的な利便性の高い都心部に居座ることを希望した路上商人たちは、警官が来ると逃げ、通り過ぎると営業を再開するなどの日常的な抵抗を繰り広げ、時として大規模な暴動を引き起こしてきた。[注8]

都市路上の暴動は、従来、政府・市当局などの都市権力とインフォーマル経済従事者の間の紛争として理解されてきたが、2000年代半ば頃から、都市公共空間に重層的に関与する多様なアクターの権利の拮抗に着目する「抗争空間（Contested space）」論が台頭するようになった。[注9] 抗争空間論では、都市政策を立案する当局だけでなく、異なる利害関心を持つ市民が路上という資源をめぐって、「生存の権利」や「働

注7
Dar es Salaam City Council 1998 *Mwohgozo Kwa Wafanyabiashara Ndogo ndogo*. Dares Salaam.

注8
暴動の詳細は、小川さやか『都市を生きぬくための狡知—タンザニアの都市零細商人マチンガの民族誌』世界思想社、2011年、255〜310頁を参照。

注9
Brown Alison (ed.), *Contested Space: Street Trading, Public Space, and Livelihoods in Developing Cities*, ITDG Publishing, 2006
Hansen, K. and M. Vaa(eds.), *Reconsidering Informality: Perspectives from Urban Africa*.Uppsala: Nordiska AfriKainstitute, 2010 など。

く権利」「通行や運送の権利」「安全で衛生的な環境で暮らす権利」などを折衝交渉しているものと捉える。アリス・ブラウン編の論集は、この「抗争」において最も脆弱な層である路上商人や女性商人の生存戦略に注目し、彼らの複合的な脆弱性や生存の権利に配慮した都市公共空間の創出の必要性を主張するものであった[注10]。

確かに路上商人にとって路上は生計活動の基盤である。路上商人の多くには、好んで利用する「いつもの」路上があり、そうした場所を「私のオフィス」と呼ぶ商人もいる。だが、路上商人を含めた多くのインフォーマル経済従事者が特定の路上について「私はここで働く権利がある」「ここは私のものだ」という権利意識を持っているという前提で議論を進めると、路上空間に自生的に築かれている秩序はほとんど見えなくなる。路上の秩序とは、市民社会あるいは民主主義的な手続きを経た規則ではなく、彼ら同士の自発的な商行為を基盤に成り立っているからである。

そもそもインフォーマル経済従事者は、不安定な暮らしを維持するために、生計多様化戦略を採るのが一般的であり、路上商売は複数ある生業活動の一つであることが多い。大部分の路上商人は、都市への出稼ぎで金銭的な成功を収めることが第一の目的であり、路上商売の持続的な展開を目的としているわけではない。より実入りがよい仕事があれば転職しようと機会をうかがいながら、「とりあえず」路上商売をしているのである。

路上商売を行うにしても、何をどこで商うかは、他の路上商人や仕入れ先との関係性、顧客の関係などによって柔軟に変化させるのが普通である。たとえば、ジーンズを商う路上商人は、仕入れ先のジーンズ店との関係次第で、路上に留まるか郊外に移

注10
Alison Brown (ed.), *Contested Space: Street Trading, Public Space, and Livelihoods in Developing Cities*, ITDG Publishing, 2006
小川さやか「タンザニアにおける路上商人の組合化とインフォーマル性の政治—抗争空間論再考」『文化人類学』82(2)、2017年、182〜201頁参照。

動するかを変化させる。もし十分な本数のジーンズを一度に仕入れる資金がなければ、彼らは仕入れ先の商店の目と鼻の先で「サンプル商売」を行う。5、6本のジーンズを並べ、客が別のサイズを欲しがれば、仕入れ先の商店に走り、客のサイズのジーンズを購入するか、サンプルとして買った他のジーンズと交換してもらう。あるいは客を仕入れ先の商店に連れていき、商店主から客引き料を受け取る。この場合、路上商人は仕入れ先の商店から離れられないので、郊外の公設市場には移動できない。だが、そのことは、店の商品を路肩で宣伝したり、客引きをしたりする彼らを「得意客」として重宝する商店主らも望んでいることでもある。もし商店主がまとまった数のジーンズを掛け売りすれば、彼らは必ずしも都心部の路上で商売する必要はないかもしれない。普段商品を陳列している路上のすぐ近くに、より多くのジーンズを取り揃える強力なライバルが現れたら、取り扱い商品を変更するか、あるいは別の路上へと移動するだろう。試しに変更した鞄の仕入れ先が掛け売りを認めてくれたら、いっそのこと商売敵の少ない郊外を行商しようと考えることもありうる。だが近くのオフィスの職員たちが、彼のセレクトした鞄のファンになれば、得意客を維持するために郊外に行くのを思いとどまることもあるだろう。

このように個々の路上商売は、仕入れ先の商店や、商売敵でもあり仲間でもある他の路上商人との関係性、獲得した顧客などに応じて、取り扱い商品や場所を柔軟に変更することで成立している。その意味で、彼らは特定の路上に居座る「権利」を争っているわけではない。

また重要なことは、路上商売がそれ単独で成り立ってはいないことにある。路上商人が混雑した状況を生みだすことで、円滑な通行や交通を妨げたり、スリに温床を提供したりしているのは事実だ。けれども、それでも彼らから商品を購入することを好む消費者が数多くいること、路上商人が路上にいることに利点を見いだす他のインフォーマル経済従事者が数多くいることによって、彼らは路上に留まる。本節の冒頭で書いたように、路上商人の買い物客目当てに集まる路上総菜売り、彼らが商う粗悪な衣類の綻びを修繕する仕立て屋、商店から路上までの近距離で商品を運ぶ荷車引きは、みな路上商人と共生関係にある。

だが、仕入れ先の商店、他の路上商人、消費者、それ以外のインフォーマル従事者の間の共生関係は、決して語られない。どこで商売をするかを決めているのは自分自身であり、おのおのの商売の知恵によるものだとすることで、それでも私はおそらく「誰か」によって生かされていて、誰かも私によっておそらく生かされていると時に思い起こす「秩序」を創出しているのである。彼らにとって路上は「誰のものでもない」あるいは「誰のものか」をあえて問わないものである。

誰のものでもない路上とリジキのシェア

2003年10月にタンザニアのムワンザ市当局は、市内商業地区の活性化を目的に既存のビルを破壊するとともに付近で活動していた路上商人を排斥し、小さな路地をつくり、それに面してミニサイズの貸店舗を数多く開設した。市当局はこの店舗を路上商人に貸し出すことで、路上商売問題の解決を目指した。しかし、市内の貸店舗を経営するには、営業許可を取得し、市当局に1年間の賃料である200万シリングから400万シリングを前払いする必要があり、また他店と競い合いながら、店を経営するには最低でも100点の品ぞろえが必要とされていた。この賃料がどれほど非現実的なものかは、彼らが暮らす長屋の部屋の賃料が1年で10万シリング程度であることを勘案すると、容易に想像できる。

そのため、当初、貸店舗に参入したのは、路上商人ではなく、他の都市や他の場所から移動した大規模な資本を持つ商人だけであった。路上商人は相変わらず、狭くなった道に商品を並べて商売し、一斉検挙の間だけ行商人となって住宅街を巡回したりしていた。

ところが、2012年に再調査すると、貸店舗467軒中、約半数の228軒の経営がほんの数年前まで数万シリングしか資本を持たなかった路上商人で占められていた。[注11] 実は店の正式なオーナーである大規模商人たちが「大家」になって、市当局に支払う年間の賃料を12カ月で割った額に手数料を上乗せし、月額払いで路上商人たちに貸し出していたのである。それでも月額の賃貸料と店を埋めるだけの商品を揃えられなかった路上商人たちは、複数人で店の賃貸料を割り勘することで商店に参入した。

ただし、複数の路上商人たちは「独立自営」を続けており、それぞれが買い付けた商品ごとに売り上げを別勘定にしていた。たとえば、入口を除く店の三方の壁に3人の元路上商人がそれぞれの衣料品を吊るすといった形で利用したり、婦人靴の元路上商人、紳士靴の元路上商人、子ども靴の元路上商人が集まって靴の商店を経営したりと、それぞれの利益がはっきり分かるように工夫されていた。同じ店で営業する者同士は、仲間の商人が仕入れなどで不在のときには代わりに売ったりするが、共同で仕

注11　小川さやか『「その日暮らし」の人類学―もう一つの資本主義経済』光文社、2016年。

入れたり、共同で顧客を管理したりといった運営に関わる協力は一切なされていなかった。

実態としては、シェア店舗やシェアオフィスと同じ形態である。ただし、彼らに店をシェアしているという意識は希薄である。どうやって店をシェアする相手を見つけたのかと尋ねると、ある商人は次のように語った。

「店をシェアしているだって？ そんなつもりはない。今たまたま使っているだけ。偶然に店にいた人と、その月の所場代をカンパしあっているだけだ。路上は、誰のものでもなかった。空気が誰のものでもないのと同じだ。なんとなく誰々がいつもいる場所という了解はあっても、その人がいなければ路上は誰でも使えたし、商売してみてうまくいかなければ自由に移動できた。誰のものでもない路上に政府が勝手に店を建てたんだ。だが、この店で商売するって、なんで決めないといけないんだ。ずっと同じ顔ぶれで商売していたら、揉めるだろう。ずっと同じ場所で仕事したら、飽きるだろう。俺たちは自由であり、いちいち店をシェアするなどとは考えない[注12]」。

この路上商人が述べるように、多くの元路上商人には、誰かとのシェアを目的に店舗に参入しているわけでも、店がシェア空間であるという認識もなかった。市行政の都市計画により路上には壁と屋根という仕切りができたが、彼らにとって「仕切り」

写真６　新品の衣料品店（2012年２月）
ドレスの商人とジーンズの商人で壁ごとに商品を吊るしている。

注12　２０１２年９月、マコロボーイ・ストリート。

はあってないものであり、かつて「シマ」から「シマ」へと路上を渡り歩いたように、自由に参入退出可能な場であったのだ。もちろん、商店には利便性がある。別の商人は、「(都市計画によって)商品を吊るすのに適していた壁がなくなり、(道路幅が狭くなり)商品を地面に並べるスペースが狭くなったので、商店に参入した」と述べていた。だが、この言葉は、壁や道路幅があったら、商店という空間はなくても構わないものだと言っているのに等しい。

実際、私は半年ごとに調査を続けていたが、そのたびに店の商人の顔ぶれは大きく変化した。同じ店で営業する路上商人たちは、互いの稼ぎに対する嫉妬などを原因に仲違いをした。だが関係が悪くなりかけると、長屋での人間関係への対処のあり方と同じく、別の店へと転居した。また、そのときどきの取り扱い商品の観点から、別の店に移ったほうが競争を避けられる／儲かると分かると、他店に移動したり店を交換したりし、競合相手がいなくなれば、また同じ店に戻ってきた。資本を失ったり、より実入りのよい商売を見つけたりして店を退出する者がいれば、路上商人のネットワークを通じて即座に噂が広まり、空いたスペースに別の者が滑り込む。各人の自由裁量を最大限に認め合うことで、同業種の集積による経済的な利益と資本力や顧客

写真７　婦人靴と紳士靴、婦人服、子ども服の店(2013年９月)
キャップをかぶった元靴の路上商人。彼は３人の路上商人と店をシェアしている。

数、才覚等の異なる商人同士の離散による利益のバランスが調整され、商店街の経済秩序がオートポイエーシス（自己創出）されていくのである。この離合集散によるニッチの分かち合いこそが、路上商人にとっての「空間のシェア」であり、「リジキ」を分かち合うことである。自らの生を尊重し自由でありたい彼らにとって、明文化された規則に基づくシェア、あるいは民主主義的な手続きによるシェアこそが、問題となるのだ。

分配に関する議論が蓄積されてきた狩猟採集社会も基本的には、小さな集団の移動性を基礎とする自律分散的な社会である。丸山淳子は、政府の用意した定住区で新しい営みを始めるようになったボツワナの狩猟採集民サンを事例に、範囲が明確化された集団（コミュニティ）が先にあって、その集団の規範や義務として分配やシェアがなされるわけではないこと、むしろ、そのときどきの分配やシェアがいま私はその人間と共にいることを望んでいるという意思表示になり、その結果として共同性が立ち現れる、共同性があるかのようにされることを論じている。[注13] 同じように流動的な路上商人たちも、シェアを目的とする集団やコミュニティが最初にあるわけではなく、偶発的に居合わせた者とのそのときどきの偶然のシェアを通じて路上空間＝商店街が、元からシェアされる空間であったように遡行的に築いているのである。

こうした考え方は元路上商人には至極合理的であり不便はないものだ。だが、独立自営のインフォーマル経済従事者を「商店経営者」としてフォーマル経済化し、税金を効率的に徴収しようと企図する市当局には、彼らの「自由」と「非集団性」こそが問題となった。市当局にとっては、参入退出が自由で帰属が曖昧な世界は「無秩序」

注13
丸山淳子「誰と分かちあうのか―サンの食物分配にみられる変化と持続性」『贈与論再考―人間はなぜ他者に与えるのか』臨川書店、２０１６年。

である。実のところ、抗争空間論を通じて路上商人の権利を擁護する研究者と市当局は、ある面では同じ方向を向いている。市民社会論をベースにした抗争空間論の論者たちは、路上商人たちの権利を市当局に認めさせるためのロビー活動の母体や交渉窓口となりうる「自己組織化」を重視する。[注14] そして自己組織化は、無定形ゆえに対処困難だった路上商人らの管理を切り開くものとして都市計画の立案者も歓迎している。このような市民社会の形成を目的とした「組織化」、あるいは市民社会形成の目的化は、インフォーマル経済従事者の自生的な分かち合いと矛盾する。権利を基盤に話をすると見えにくくなるのはこのようなことだ。

物理的な路上空間は、瀟洒なモールなどによるジェントリフィケーションの進展や、空港や高架路などの共にいながらも共存しているわけではない「非―場所」[注15]の拡大にともない、縮小している。路上商人が営業場所として好むバス停やターミナル、オフィス街などに存在した未舗装の空き地や猥雑な空間は、グローバル化や都市の近代化の自然ななりゆきとして失われ、路上商人は市当局のガイドラインによって禁じられたからではなく、舗装された街路や瀟洒なモールの進出によって、都市の路上から排除される、あるいはその営業形態の変質を迫られるようになった。それが２０１２年に彼らが商店へと参入した最も大きな背景であった。

こうした近代化は不可逆的なものだが、２０１０年代にはスマートフォンが浸透し、路上空間に築かれていた猥雑な空間は、サイバー空間に新たな「場所」を見つけつつある。そこでは、路上空間と同じく雑多な人びとが交錯するソーシャルメディアを舞台に、ニッチを分かち合う営みが展開している。

注14
Tumsifu Nnkya, “An Enabling framework?: Governance and Street Trading in Dar es Salaam, Tanzania”, Alison Brown (ed.), *Contested Space: Street Trading, Public Space, and Livelihoods in Developing Cities*, ITDG Publishing, pp.79-98, 2006.
Ilda Lindell, “Between Exit and Voice: Informality and Spaces of Popular Agency”, *Africa Study Quarterly*, 11 (2-3), Florida University Online Journal http://asq.africa.ufl.edu/previous-issues/volume-11（２０２１年２月20日閲覧）など。

注15
マルク・オジェ、森山工訳『同時代世界の人類学』藤原書店、２００２年参照。

3 シェアが自然になるとき

パーソナルな関係性の束

アフリカの都市人類学は、地方から都市へ出てきて困難な生活を送る人びとが都市で創造／再構築する共同体やコミュニティ、アソシエーションに注目してきた。民族や同郷者を基盤とする共同体、近隣住民で組織される頼母子講など、確かに都市にはさまざまな共同体がある。だが、日々の経済生活において個人が頼りにしているのは、家族や親族を除くと、より個人的な関係性の束である。ある長屋から別の長屋へ、ある路上から別の路上へ、特定の仕事から別の仕事へと渡り歩くなかで築き上げた雑多でささやかな個人的なつながりの束が、個々の暮らしを支えるシェアの基盤であると私は思っている。

長屋で仲間たちと雑談していたとき、恋愛の話題になり、ある青年が豊かな家庭の少女に恋をしたと打ち明けた。自分のような貧しい男性がアプローチしてもきっと断られるだろうと悩む青年に仲間たちは一肌脱ぐことになった。古着商をしていた仲間は、露店で一番よい古着を彼に貸し、靴の商人は革靴を貸し、雇われ運転手をしていた仲間は雇い主に黙って彼に数時間だけタクシーを貸した。私はデート代をカンパした。そのときに不在であった雑貨商が時計を貸し、建設労働現場の日雇い労働者が1日だけ彼の露店の番をすることになった。一夜にして「ハイスペック」な青年へと変貌した彼は、好きな子にアプローチし、見事、デートにこぎつけた。その後に彼らはしばらくの恋愛期間をへて結婚し、子どもをもうけた。

ずいぶん後になってから私は、彼の妻となった女性に会い、実は最初のデートの後に彼が本当は貧しいことに気づいたと聞いた。それなのになぜ彼と結婚したのかと尋ねると、彼女は「彼は何も持っていなかったけれども、これだけ多様な仲間から必要なものを手に入れられるのだから、それは持っているのとほぼ同じだ」と返答した。要約すれば、彼女は、生活を営んでいくうえで大切なのは平時ではなく緊急時だという。次のような話だ。

平時のささやかな困難は、節約したり商売を頑張ったりしながら、自分たち自身の知恵（*ujanja*）と工夫で乗り越えていける。身の回りの人びとも助けてくれるだろう。だが、そうした通常の知恵や工夫、普段の人間関係ではどうにもならなくなるのが緊急時である。彼女自身も「ハイスペック」な女性を演じる事態に陥るかもしれない。金持ちの友達ができて、結婚式に参列するドレスが必要になるかもしれない。そのときにドレスを買いたいという贅沢な希望を日々の生活に四苦八苦する近隣住民や親族に理解してもらえるだろうか。それよりも、ドレスを商う仲間が1日だけ店の商品を貸してくれたほうが話は早いだろう。突然にそれまでの商売が破綻して別の道を模索するとき、斬新な解決策を提供してくれる仲間は、同じ業種の仲間ではないかもしれない。だが、そのときになってみないと誰が素敵なアイデアを提供するのかは分からない。どんな緊急事態が来るのかが予想できないとすれば、彼が日本人を含めて多様な人間の中で生きている人であることは、素晴らしいことだと。

この話において重要なことは、彼女は夫がさまざまな人びととのつながりを持っていること、つまり、彼の「コネの多さ」や「強力な人間との関係」を評価しているわけでは決してないことである。また彼女は、緊急時には、同質的で固定的な「強い絆」よりも異質性が高い「弱い紐帯」が役立つという主張をしているわけでもない。そうではなく、彼女は、多様な人びととの関係を築き、必要に応じて頼り合う夫の生き方、あるいは彼が埋め込まれている世界のあり方を好ましく感じていると説明しているのである。

なぜなら、彼女が語っているのは「将来」という不確実な未来の話であるからだ。夫が持つ現在の関係は、将来のそのときには変化しているだろう。彼の友人が10年後も雇われタクシーの運転手をしていたり、2年後も衣類の商人をしていたりするかは不確かであり、インフォーマル経済の商売替えや転職率の高さを鑑みると、高い確率で別の仕事をしていると予想される。そのため、今どのようなコネを持っているかはたいして重要ではない。それよりも、夫が誰かの未来に賭ける、すなわち、そのときどきに共にいた人びとに親切にしたり、贈与したりした見返りを、いつか窮地に陥ったときまで期待しないでおくことができる人物であることのほうが大事である。このことを説明するために、最後に分人的なシェアのあり方を検討したい。

分人主義と語られないシェア

私が調査しているタンザニアの都市住民は親切にしたり贈与したりした見返りや金銭を貸した相手からの負債をすぐには取り立てない。彼らは自発的に返しに来ない相手はおそらくまだ困難のさなかにあり、困窮した仲間から無理やり取り立てるのは物理的にも心情的にも難しいと語る。実際に与えることと貸すことの差異は、貸した相手に返済を促すことができなければ、曖昧なものになる。私の友人たちには何年もの間、返されないまま放置されている「貸し」が無数にあり、貸した本人も借りた本人も日々の暮らしでは、そうした賃借があったこと自体を忘れている場合が多い。だが、普段は忘れていても、偶然に自身に借り（の感情）を持つ相手に助けを求めるとき、何年も前の貸し借り（の感情）が両者の間で即興で思い起こされることもある。

たとえば、私の調査助手は、２００４年に仲間の古着商人が妻の入院費の支払いによって困窮していた頃に頻繁に食事を奢ったり、金銭を貸したりしていた。だがしばらくして、その友人の妻は亡くなり、彼は親戚を頼ってタンガ市に移住していった。それから6年経ち、私の調査助手は、故郷へ戻ったり首座都市に出たりといった紆余曲折の末に、タンガ市に移住することになった。妻と子どもたちを残して一足先に移住した調査助手は、6年前に助けた仲間と同市で偶然に再会した。そして同市で始めた商売で羽振りのよい生活を手にしていた彼に、職探しまでの期間、生活の支援をしてもらうこととなった。

だが、もし調査助手がタンガ市に移住しなかったら、彼が「借り」を返してもらう機会は訪れなかっただろう。あるいはもし貸した相手が相変わらず困窮していたら、彼は返してもらえないか、少なくとも別の形の返礼を受け取ることになったであろう。このように彼らにとって与えたり貸したりした「借り」は、それが返される機会が訪れる未来のその時点で初めて返されるか返されないか、あるいはどのような形で返ってくるかが分かる「約束」であり、しかも偶然に「約束」が遂行されたときになってそういう約束があったとされるものである――遂行されなければ、その約束自体がなかったことになる。

アルジュン・アパデュライは、『不確実性の人類学』において、株式や債券、外国為替や金などのデリバティブ（金融派生商品）を論じる際に、上記の事例と同じロジックを展開している。

彼は、デリバティブとは「今は確定していない金融派生商品の価格が市場で確定する、未来のその時点に関する契約」、すなわち約束であると捉える。その約束は、未来のその時点が来た時に、損得の勝敗が決まる「競覇的約束」である。サブプライム危機は、その約束が果たされるまでの資産運用等のプロセスが複雑に積み重なり長くなることで、遂行が難しくなるという「言語の失敗」であるとする。そのうえで彼は、ある金融派生商品の価格を決定する「市場」の複雑な装置と、損得を計算しえないトレーダーらによる「不確実性」に対する想像力との間にある〈ずれ〉が、デリバティブ取引の問題の核心なのだと論じる。

アパデュライは、トレーダーらの不確実性に対する想像力を通じて「市場」を遡行的につくろうとするデリバティブ取引は、人類学者たちが明らかにしてきた儀礼と類似していると述べる。儀礼は、さまざまな手続きや装置によって「社会」を遡行的につくりだす仕掛けである。たとえば、通過儀礼では、勇敢さが必要とされる儀式を通じて成人たるとはどういうことかを形づくる。そしてそうした儀礼がある前から、社会とは成人たる者と未成年たる者が存在するものであったことを遡行的につくりだす。儀礼とは、成人になれるかどうかは儀式を通過できるか次第だという不確実性を想起させ、それによって社会をつくる場、すなわち不確実性を解決する可能性を増やすようなやり方で、「不確実性を上演する」場なのである。

これまで述べてきた、タンザニアの都市住民による「シェア」や「贈与」もそのように社会をつくる仕掛けである。すなわち、「将来どうなるか分からない」という不確実性の想像力によって、多様な人間の未来にシェアや贈与のかたちで賭けることを促し、元からそうであったかのように「シェアや贈与に溢れる社会」を遡行的につくりだすという方法である。

だが、デリバティブと、人類学者が明らかにしてきた儀礼や贈与の慣行は、異なる分人主義に基づいているとアパデュライは述べる。デリバティブは、儲けを獲得するために個人を構成するもろもろの特性—資産や能力など—を数量化・スコア化し、ばらばらに切り刻んで搾取する「捕食的分人主義」である。それに対して多様な民族・社会に存在したのは、まったく違う分人の考え方だった。彼はそれを「進歩的分人主義」と呼び、デリバティブ市場で再想像/創造しようと主張する。

「(人類学が明らかにしてきた社会で)贈り物やその他の儀礼プロセスにおいて道具として用いられるものは、「全体的」な個人のあいだに結びつきを生みだすのではない。それはむしろ、部分的で変わりやすい特殊な行為者である分人のあいだに結びつきを生み出す。……[中略]……それらの存在はすべて、今日我々が個人よりも役割を呼ぶようなものである。しかし、役割という発想自体が、個人を基礎とした考えにあまりにも深く結びついているため、それでは分人化した社会の存在論をとらえることはできない」[注16]。

注16　アルジュン・アパデュライ『不確実性の人類学—デリバティブ金融時代の言語の失敗』以文社、2020年、174頁。

マルセル・モースは『贈与論』で、贈り物に対する返礼が起きるのは、贈り物に取りついた精霊「ハウ」が与え手の元に戻りたいと望むからであるというマオリの情報提供者の説明にこだわった。[注17] もし贈り物に「贈り手の一部」が取りつき、それが返礼を促しているのだとすれば、個人は、贈与を通じてさまざまな人間に散らばっていることになる。そして贈り物を受け取った個人は、それを返却するまで誰かの一部とともに生きることになる。だが、それは代替不可能な個人同士が、互いのスペックを総合評価して贈与し合う関係を結ぶこととは異なっている。

「分人」の世界では、与えられた人に取りついた与え手の一部が私に戻りたいと望むときに、何かしらの形で返ってくる。しかしそれは私の調査助手の事例のように、与えた時点での相手が持っているものではないし、予想がつかないものなのだ。だからこそ彼らは、多様な人びとの未来に賭ける。自身は代わり映えのない暮らしを続けるかもしれないが、誰かに託したその個人の一部は、それらの人間とともに与え手のあずかり知らぬ形で変身する。与えたうちの誰かは成功し、別の誰かは落ちぶれているかもしれないが、私が私の一部を持つ誰かたちとともに未来へといたる道を分かちあうのが分人的なシェアである。

山田広昭は、モースが証明しようとしたのは、すべての社会の基底には、「贈与のモラル」が存在していることであり、彼が共産主義《コミュニズム》と呼ぶのは、むしろ人と人とのあいだに存在するある種の関係性のことであったと指摘する。「私があなたにものを頼む権利の限界は、あなたが将来私に頼むかもしれないことの限界だけだという関係」「あなたと私が、お互いに必要なときに助け合うだろうという想定に基づいて、いち

注17　マルセル・モース、吉田禎吾・江川純一訳『贈与論』岩波書店、2009年。

いちどれだけ私があなたに贈与し、あなたは私にどれだけ贈与したかを計算しない関係」が、モースのいう共産主義であり、それはあらゆる社会に遍在している、と[注18]。

「複数の関係の中に個人が分割されている」という理解は、贈与という不確実な賭け、すなわち投資を促進し、分人間の贈与を接続していくことで「全体的」な個人が分け合うのとは別の、私の部分は誰かのもの、誰かの部分は私のもの、誰かの部分を自分のものとする「誰かのものも私のもの」という、すでにシェアされている個人の部分的連結により「シェアされている」世界が遡行的に築かれていく。そのようなかたちで、誰かが得たものを、それを必要とするタイミングで誰かに分配される社会が突き詰められると、「シェア」の概念そのものが融解する。

だが、アパデュライのいう進歩主義的な分人社会を、現代の資本主義社会の中で実現しようとすれば、ある種の危うさを先鋭化するように感じられる。分人的なシェアとは、それぞれが誰かに何かを分け与えるために、各人の活動をし、自律的にそれぞれの裁量で生き、それぞれが異なっていることを基盤に実現される。それぞれの人間が異なっていなければ、そのときどきで与え合うものがなくなる。分人的な社会のシェアは、個人主義的であり資本主義的でもあるのだ。だが、贈与された人びとが、いつか与え手が自身のもつ何らかの知識や経験、財を必要としたタイミングで、そのときに可能なことを与えることをあたかも当然のこととして自然化していくと、私が私であること、私が私の人生を歩むことが、私だけの問題でなくなってしまう。私のものは私のものであり、私は私のものであるという所有意識はふとしたきっかけで切り崩されうる不確かなものとなってしまう。それでは「あなたらしくあれ」と個性を磨

注18
山田広昭『可能なるアナキズム――マルセル・モースと贈与のモラル』インスクリプト、2020年、25頁。

くことを推奨しながら、その実、「社会」において有用な人びとを社会の成員同士で評価し合う監査文化を根深く浸透させた現代の資本主義社会と同じく、常に自身の限界、あるいは社会における自身の立ち位置や役割のようなものを意識しながら生きていく息苦しさを生みだしてしまう。その息苦しさこそ、現代の資本主義社会において人びとが逃れたいもののひとつではなかったか。

それゆえ、タンザニアの都市住民は、現在のシェアも未来のシェアも目的化しないし、将来において何がしかが返礼されたり、シェアされたりする可能性を語らない。彼らは、決して自分が誰かの人間に撒いた私という種を語らない。私の調査助手は6年後に彼と再会するまで贈与したこと自体を忘れていた、あるいは過ぎたことにしてきたのだ。彼らはいつも、それぞれは勝手に生きているだけで、自分たちはシェアなどしないし、シェアしたのは偶然に降りかかってきた状況にすぎないのだとする。個々がそれぞれ自律的に生き抜いていくことが、結果として誰かに分け与えうる機会をもたらし、逆説的にシェアを広げる基盤であることを知っていたとしても、シェアを目的には生きていかない。誰かの未来に賭けたとは語らないこと、認めないこと、忘れること、期待しないことこそが、分人社会と「私のもの」を両立する仕掛けであるからだ。

スラムの空間的シェアとマゴソスクール

2021年1月
語り手：早川千晶
聞き手：小川さやか

早川千晶さんはケニアの首都ナイロビ市最大のスラムであるキベラで、長年にわたりマゴソスクールという学校を主宰されてきた。1986年から世界各地を旅行され、その後にナイロビに定住。ケニアにある日本の旅行会社ドゥドゥワールド（DoDoWorld）に勤務された後にフリーランスになり、マゴソスクールでの活動のほか、執筆活動やさまざまな旅行企画、日本各地での講演活動もされている。マゴソスクールでの活動とスラムの現状についてお話を伺った。（小川）

—さっそくですが、マゴソスクールでの活動を始めた理由からお話しいただけますか。

私は、ケニアに30年以上暮らし、現在はケニアに永住しています。首都ナイロビのキベラスラムは、東アフリカ最大の貧民街であり、人口は200万人かそれ以上であると言われています。マゴソスクールは、孤児であったり、困窮して危機的な状況にあったり、浮浪児として路上生活をしていた子どもたち、加えて同じく生活が困窮した大人たちにとっての駆け込み寺のような学校です。

私は、もともと人生のどん底に陥り、自分を守るものが何もなくなったときに人間がどのようにして生きていくのかに子どものころから関心を持っていました。私の両親は満州からの引揚者であり、ある日突然に住処を失い、難民のような生活を1年以上続けて命からがら生き抜いてきたという経験をしています。その話を子どもの頃に祖父母から聞かされていました。国家が崩壊し、暮らしの基盤が失われたときに人はいかにして生き抜くのか。そうした興味から世界中のスラムを訪ねました。ですから、初めは支援をしようと思っていたわけではありません。スラムには、国家や行政府の後ろ盾なく、自力で生き抜くためにさまざまな工夫を重ねて生きている人びとがいます。そして、数多くの人びとが次々と亡くなっていきます。私がスラムと関わるようになった80年代、90年代のキベラには、浮浪児が溢れていました。そうした状況に触れるなかで、その子たちと一緒に生きる道をつくっていくことになりました。

―具体的には、どのような経緯で始められたのでしょうか。

マゴソスクールは、親友のリリアン・ワガラと一緒に運営しています。彼女は、キベラで生まれ育ちました。両親を失い、18人の兄弟姉妹が残されました。長女だった彼女はその子たちの面倒を見るだけでなく、身の回りに孤児になった子どもたちがいたら長屋に招き入れ、共に暮らし始めました。その様子をそばで見ていて、彼女の思いを大事にし、子どもたちの将来の糧になるような教育を提供する

写真１　キベラスラム

写真２　早川さんとリリアン

こととなりました。

現在、マゴソスクールには510人の子どもが通っているほか、学校内で生活している子どもたちが30人います。そのほかにスラムの強制撤去で家を失った人やシングルマザー、高校生や大学生、仕事を失った子どもたちの両親などとあわせて100人くらいの人間が暮らしています。また、500キロ離れた場所に、スワヒリ語で「子どもの家」という意味の「ジュンバ・ラ・ワトト」を建設し、そこでも32人の子どもたちが暮らしています。

——私は早川さんをご著書『アフリカ日和』(旅行人、2000年)で知ったのですが、この本には、早川さんのご経験が生き生きと綴られています。エピソードの一つとして、スラムの人びとと関わることによって、「日本人からお金をもらっているのだろう」と考えた現地の大家さんから追い出されるといった話が出てきます。私も人類学者として現地に入り込んでいたのですが、そのせいで私の友人たちが「サヤカに頼めばいいじゃないか」と仲間同士の支援の輪から外されるという苦い経験をしたことがあり、身につまされながら読みました。早川さんは、日本の人たちがお金を出せば解決という形で彼らに期待されるのは困るという思いも記されていましたが、似たような葛藤はマゴソスクールでの実践でも経験されたりはしませんでしたか。

そのエピソードは、マゴソスクールをつくる前の話ですね。私は、当時の取り組みで、外国人が関わる難しさとともにさまざまなことを学びました。キベラがどのように成り立っているのか。どのような経緯で形成され、現在の形に発展してきたのか。そうした社会構造や歴史をよく知らないと、何もできないことを学んだのです。

キベラの歴史は、植民地期にまで遡ります。ナイロビはもともとサバンナが広がる場所でしたが、白人にとって住みやすい冷涼な高地にあったために、植民地支配の拠点都市となりました。イギリスは、都市計画に先立ち、植民地支配のために軍隊を連れてきました。そのときにイギリス植民地政府が使ったのがエジプト軍であり、エジプト軍が兵士にしたのが、彼らが奴隷にしていたスーダン系ヌビア人でした。ヌビア人たちは妻や子どもとともに従軍したため、家族でナイロビに連れてこられました。彼らが川沿いのブッシュ(茂み)だった場所に捨てられたことがキベラの始まりです。100年以上の歴史があります。その後、イギリスは1896年から5年間で鉄道を敷き、その鉄道周辺にキベラは発展してきました。

イギリスの都市計画では、人種によって居住区が決められました。白人が標高の高い良い場所に住み、標高の低い劣悪な場所が黒人に割り当てられました。ところが、ヌビア人とともに自生的に発展したキベラは白人居住区の中にありました。植民地政府は1920年にキベラを強制的に撤去しようとしました。住民たちはその立ち退きに抵抗しました。彼らはどんどんと土壁の長屋を建てていき、生活困難な人びとを呼び込んでいくという形で武力に抵抗したのです。植民地期に人びとは良い住処を白人に奪われ、さらに課税されるという過酷な状況で都市へと流れてきた。その人たちをキベラに呼び込むことで行政が容易に排除できないようにしていくことが、彼らのコミュニティが生き抜いていく方法だったのです。

そのレジスタンスの伝統は100年経った現在でも続いています。その上に人びと助けあいのシステムやコミュニティの多重構造が形成されてきました。私は、こうした複雑なコミュニティの関係を壊すことなく、必要な手助けをしていく重要性を理解したのです。

だから、リリアンが引き取った孤児を含め20人の子どもと家族として暮らしているという、そのことを尊重し、私の活動は家族を基盤としているのです。たとえ500人以上の人間がいても、家族なのです。

―マゴソスクールに関わりを持つ人びとをマゴソファミリーと呼ぶのは、そうした経緯に由来するのですね。

また、周辺のスラムのコミュニティが具体的な出来事でどのように行動するかも学びました。たとえば、火事が起きて突如400世帯や500世帯が焼け出されたときに、スラムの人びとがどうするのか。行政の支援がない中でどのように治安を守り、生活を立て直すのかを共に関わりながら理解していきました。

強制撤去は現在までずっと続いています。ブルドーザーで何万世帯の家屋がつぶされていくのです。当然、人びとはホームレスになります。ですが、1日も経つと、さまざまなところに吸収されていきます。たとえ強制撤去された家が何万世帯あったとしても、まだ何十万世帯の人びとが家をつぶされずに残っています。その人たちが住処を失った人びとを居候させ、生活の立て直しを支援していくのです。それは出稼ぎ者にとっては慣れていることともいえます。都市に出稼ぎに来る際にも、まずは居候から始め、独立できるお金をつくっていくというスタイルだからです。

――即席の家族をつくる、家族が状況に応じて伸縮していく空間がスラムなのですね。

長屋の各部屋は四畳半程度と狭く、そこに時には10人もの「家族」が住んでいるのが一般的です。そこに居候が加わります。家族には年頃の少女や青年もいます。そうしたときに彼らは、夜寝るときだけ、別の家に移るといった形で、共に暮らす人間を柔軟に組み替えていくのです。ただし、ここで重要なことは、キベラには暗黙のルールがあることです。その一つは食事です。スラムでは食べ物が絶対的に不足しています。アフリカの田舎では、どこの家で食べてもいいといった自由がありますよね。でもスラムで同じことをすると死にますから、年頃の女の子がいるので夜だけ別のうちに泊めてもらうことと、そこで食事を提供してもらうことは別物だとされている。家でご飯を食べさせてから、寝床を借りる家の食事時が終わった後に向かわせる。そうしたスラムならではのマナーとともに人びとの相互支援のバランスが成り立っているのです。この枠組みを壊さないことがマゴソスクールの支援のマナーです。

――スラムには、DV(ドメスティックバイオレンス)などの問題が山積みだと思いますが、そうした人びとも支援しているのでしょうか。

そうですね。ただ、たとえわずかでも自分の力で稼いで子どもを育て、それをDV夫に持っていかれたとしても、人としての自尊心を持ち、家庭生活を維持している場合、そこにむやみに手を入れてはならないこともあります。

かろうじてでも家庭が成り立っているのであれば、子どもたちのより良い未来のための手助けは、通いで教育を受ける機会を提供したり、カウンセリングをしたりして、自分たちの力でどのように現状を変えていくのかを考えることになります。レスキューする子どもたちは、両親に知的障害があったりして、誰かに助けを求める方法も分からず、困窮の末に子どもを置いて失踪したりして、長屋の一室で飢え死に寸前で発見される子たちです。

――マゴソスクールは学校であり生活空間でもあり、さらに洋裁や大工を学ぶ職業訓練所があるとホームページで拝見しました。

マゴソスクールには、まずみんなが勉強するための教室が、幼稚園の年少クラスから初等教育8年生まで各学年にあります。初等教育課程を終えると、セカンダリースクールに行くことになりますが、その費用がない子どもたちのためにマゴソOG・OBクラブがあります。高校生や大学生、社会人もいて、これまでに13期生まで輩出しています。その子たちが生活し働ける場所をつくり、奨学金を出す活動もしています。障害児学級もあります。また、掃除や給食、障害児の世話、子どもたちの世話などを担う、彼らの母親たちも暮らしています。リリアンも学校の中で生活し、ファミリーをつくっています。そのための住居空間があり、男子部屋と女子部屋が分かれています（図1）。

―まさにさまざまな営みをシェアする、多機能空間ですね。

コロナ禍で強制撤去に遭い、現在、再建しているので、この見取り図から構造は変化しています。洋裁のトレーニングをするための訓練所があり、それは工場も兼ねています。生産した製品を販売する店もあります。職業訓練については、料理や髪結いなどもしています。

―私が暮らしていたタンザニアの長屋は、中庭の周りに部屋が並ぶコの字になっているのですが、見取り図を見ると、マゴソスクールもコの字になっているように見えます。これには何か理由があるのでしょうか。

スラムでは、建設より前に土地登記があります。これに

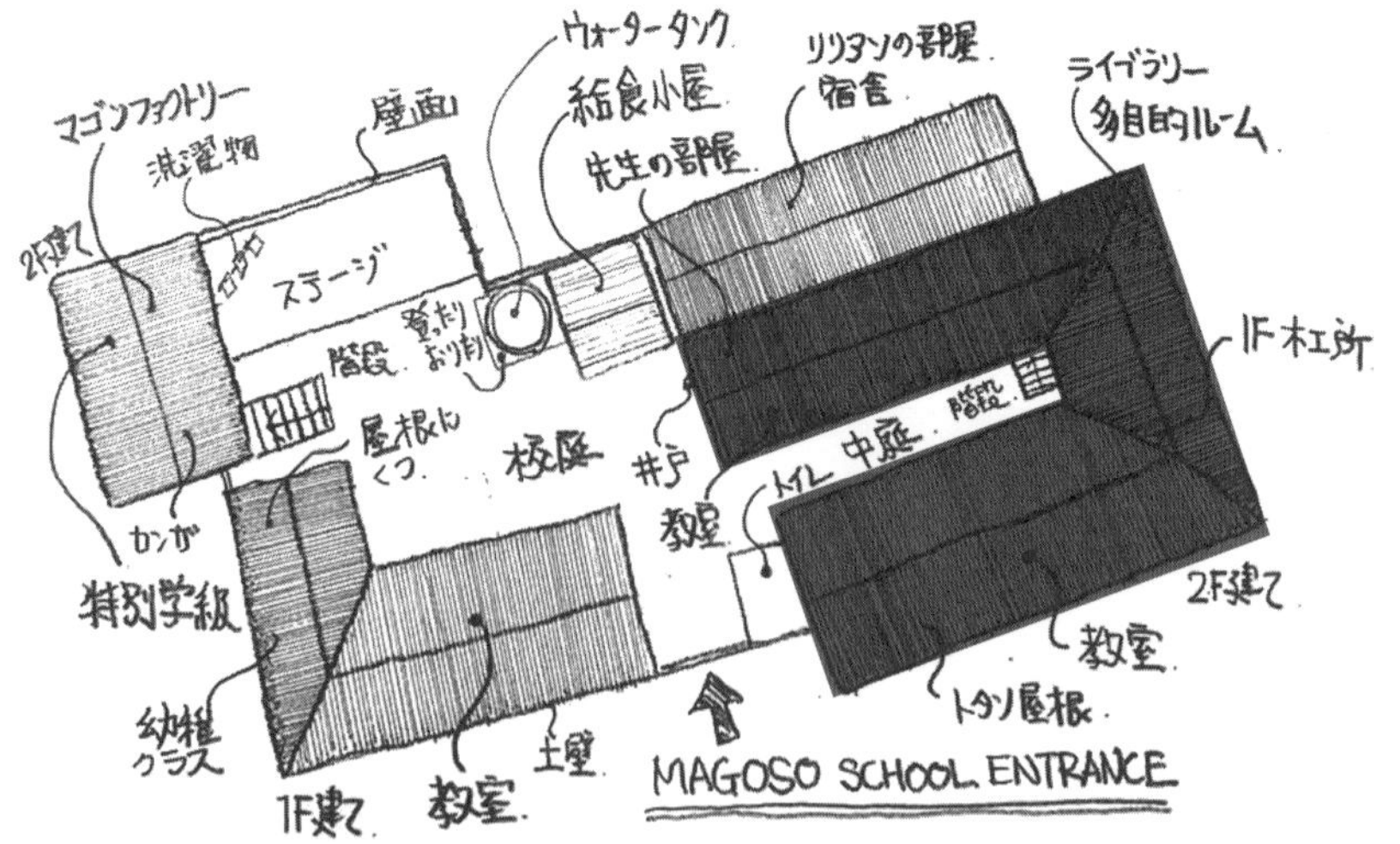

図1　マゴソスクールの見取り図
新型コロナ禍で強制撤去に遭い、現在はやや変更している。

も100年以上の歴史の中で住民たちが築いた不文律の掟があります。国の法律とは別に、住民たちの間では不文律の所有権があり、その売買や賃貸もあります。マゴソスクールも最初は、リリアンによる長屋の賃貸から始まりました。それを見て、彼らが家賃の心配なく居られる場所があったらよいと考え、私は1999年にスラムの長屋の19部屋を購入しました。それが図1の濃い灰色の屋根の建物です。最初の建物はハランベー（住民による共同労働）で建築しました。その後に私がお金を得るたびに徐々に周辺の長屋を買い足し、改装していきました。ただ長屋にはすでに誰かが住んでおり、彼らにすぐに立ち退きできる費用があるわけではありません。新たに20部屋を購入したら、20世帯が引っ越し費用を得られるよう、まず家賃なしに住まわせて、3年くらいかけて全員を引っ越しさせる。全員が立ち退いたら撤去し、そこに新たな建物を建築・改装していくのです。

―長い時間がかかりますね。

マゴソスクールがあるあたりは1960年代に発達したエリアです。長屋はその当時からほとんど修理していない状態だったので、そのままでは使えませんでした。その当時の長屋は中庭がある形式でしたが、今では中庭を残す余裕はありません。60年経過し、10万人が200万になるといった人口増加が生じたからです。キベラスラムには旧型

写真3　1999年に買い取った旧型長屋

長屋と新型長屋があります。今ではスペースもありませんし、昔はどこでも土がありましたが、今は土を購入しなくてはならなくなりました。かつては工業製品のほうが高価でしたが、時代が進むにつれ安価になり、2000年頃からは土ではなくトタンを利用した長屋が出現するようになりました。昔ながらの中庭のある長屋は姿を消し、トタンを使った2階建て、廊下を挟んで200世帯が住むという新型長屋が一般的なスタイルになっています。

—門脇：そうした研究は、建築学の都市史という分野でなされていますが、アフリカに関しては十分に研究されていないので興味深いですね。ところで、住民がハランベーで建築するとき、専門職的な人たちが建てるのでしょうか、それとも普通の人でしょうか。

この点もかつてと大きく状況が変化しました。50年前は、空き地に自分たちで長屋を建てました。アフリカの農村でも、少年は15歳くらいで両親の家とは別の独立した家を建てる慣行がありますよね。しかし、現在は空いた土地がないため、半壊状態の長屋の権利を得て建てることになります。新たに建てるとしたら、以前よりも良いものにしたいでしょう。それで大工を雇う。昔から建築に携わっていた人びとが棟梁になり、日雇いの労働者を雇って建てることになります。

ハランベーにはさまざまな意味があり、建設費を集めるのも、共同労働も含みます。学校では労働力を提供するのは、子どもがその学校のお世話になる親たちです。

—門脇：最初は、開拓民的なフェーズから始まって、資本主義的な労働力の提供と独自の助けあいの形がミックスした形態へと発展してきたという理解でよいでしょうか。

それにケニア政府の政策も関係しています。不法占拠区ですから、恒久的な建設はしてはならないのです。ブロック塀や石造り、鉄筋コンクリートなどの建造物をつくるときには、国からの許可が必要であり、そうした許可が下りない区域では、土壁やトタンなどテンポラリーな構造物しかつくれません。またスラムには住民選出のチーフと行政から派遣されたチーフがおり、彼らからの許可も必要です。

—マゴソスクールの子どもたちにはモンバサ出身者もいますね。

実は、モンバサのドゥルマという民族の伝統的呪術師の長老が、私と家族関係にあるのです。私は、民族の伝統継承者にもなっています。私の父のような存在である長老が、キベラスラムを訪ねてくれたときに孤児の子どもたちの状況を見て、言ってくれたのです。村の環境のほうが幸せではないかと。そして、彼から土地を譲り受け、さきほどお話ししたジュンバ・ラ・ワトトを建てました。ただ村の中にも困難な状況がある。それで村の子どもたちをキベラに連れてくることもあります。彼らはマゴソスクールから高校に行きます。

―「マゴソスクールを支える会」というのが日本にあるようですが、どのような会なのでしょうか。

マゴソスクールは１９９９年に始まり、22年間続いていますす。「支える会」ができたのは5年前です。それまでの16年間はどうしていたのか。私は、長らく寄付は受けたくないというポリシーを持っていました。寄付は上下関係を生みだします。日本人がアフリカ人と付き合う際に、彼らが寄付をされなければならない人びとだとは思われたくないのです。私たちが欲しいのは、お金ではなく理解です。だから必要なお金は、モノをつくって売ったり、経験を売ったりするという仕事をつくることで集めてきました。スラムの勉強がしたい人がいたら、お金を払ってください、子どもたちに会いたいならお金を払ってくださいと。民族音楽や子どもたちの歌をＣＤにしたり映像ＤＶＤを作成したり、パフォーマンスをしてチケットを販売したりもしました。しかし子どもたちの数は20人から2千２００人に増え、食費や衣服費なども増え、さらに成長した子どもたちが高校や大学に行く学費も必要になり、採算が合わなくなってきました。２００６年に一人の子どもが病気になり、1千万円なければ死ぬという事態になって初めて募金を決意しました。現在も彼は生きています。その募金を契機に日本の人びとと新しい関係ができました。２００８年には大統領選挙に関わる暴動が起きます。日本の仲間たちがあなたもそろそろ楽に安定して運営できる方法をつくってもいいのではないかと言ってくれて、そして支える会ができたのです。

―岡部：キベラは、レジスタンスの伝統が今でも続く精神になっていると話されていました。南米の場合も最初はそうでした。しかし、インフォーマルな地区をフォーマル化する政策を世界の中で先駆けてやっていくなかで、住民の間では行政から独立して自分たちで生き

抜こうとする精神が薄れてきて、どちらかというと住宅がもらえるなら欲しいし、フォーマル化されたいと考える者たちが増えています。当事者の主体性はとても大事ですが、それと政策の折り合いをどうつけていくべきかに悩みます。

キベラでは、政府によるフォーマル化の動きがとても弱くて遅いです。国連人間移住計画（UN-Habitat）が主導して、アップグレードハウジングを建設する。私は失敗したと考えています。まず住民にとって生きるためのプライオリティが違うのです。彼らは、生きていくために稼ぎ、食料を買って子どもを養っていくことが何より大事で、住宅のコンディションのプライオリティは高くないのです。アップグレードハウジングに住んだ人もすぐにスラムに戻ってきました。生活の仕方が違うのです。たとえば、軒先で野菜を売り、近所のつながりを通じて買ってもらい生計を立てていた人が、そこから切り離されて立派なアパートで暮らしても生活できませんよね。

—タンザニアの長屋や路上で密に暮らしていると、助けあいもふんだんにあると同時に、嫉妬や足の引っ張り合いもあります。私は、そうした社会において、メンバーシップの不定形さが風通しの良さをつくっているのではないかと思っていますが、いかがですか。

確かにしがらみはうっとうしいですが、それによって生きることが可能になっているということをはかりにかけた場合、生き抜く可能性のほうが大事なのではないでしょうか。広い空間を心地よく思うのか、密に人間がいることを心地よく思うのか。私の仲間たちは、後者のほうが心地よく、安心感を得られると感じていると思います。困ったときに必ず助けてもらえる人がいる。重なり合って生きている。それらが弱い自分、教育レベルが低かったり家族の後ろ盾がなかったり、不安定な暮らしをしている自身にとっての安心になっていると。

—私は経済人類学が専門で、一方向的な寄付や贈与が人間関係の対等性を失わせるという点に関心があり、とても共感しながらお聞きしました。

ケニアのスラムの成り立ち、そしてそれを尊重しながら展開されてきた早川さんのご活動は、私たちがこれからシェアと空間を考えていく際の非常に重要なヒントとなっているように思いました。

第7章

シェアを基盤とした未来へ

岡部 明子

空間シェアの実践は、「所有って何だったんだろう」という本源的な問いを突きつける。「シェア」は「共有」と一般に訳され、「私有」すなわち「私的所有」に対する「共同所有」のことかと思われやすい。そうではなくて、「シェア」とコインの両面をなすのは、「所有」そのものだ。「シェア」を問い直すことは、「所有」を問い直すことと同じだ。それは資本主義という近代システムが封印してきた問いに挑むことを意味する。

「シェア」を基盤とした未来とはどんなものなのか、本章では、法や制度、市場といった現行システムの〈外〉、フォーマルの〈外〉にある住まいから、「所有」への疑問を緒に、怖いものみたさ半分で探ってみようと思う。途上国都市のスラム化したインフォーマル地区は、現行法制度上は存在していないことになっている。そこに人が生きていることは認知されているが、フォーマルに承認されていない。わが国で社会問題となっている空き家は、かつて家族の生活のあった空間だが今は住人がおらず、不動産市場はその存在を把握していない。私はそうした現行システムの〈外〉に身を置いて活動してきた。そこから見えてきた「所有」を乗り越えた先に広がっているシェアを基盤とした未来を描き出してみようと思う。

1 シェアを基盤に生きるインフォーマル地区の人たち

「そこはオレの土地」

私は、インフォーマル地区の虜になっている。そこに未来が見えるからだ。彼らは良くも悪くも近代の規範から自由だ。近代システムが長く続いたために、私たちは規範を押し付けられていることを意識しなくなり、空気のように規範を受け入れ、鈍感になっている。そんな私たちと違って、それらから自由な状態で、人はどう考えどう行動する生き物なのかが、インフォーマル地区では分かる。でも、観察しているだけでは、既成の社会規範が邪魔して見えそうで具体的に見えない。やってみないと分からないことがある。私は建築がバックグラウンドで、物的な空間の力を信じている。だからフィールドワークでは、建物を実際に建てるなど、実空間を改変する活動をしている。建物を建てるプロセスで、法制度に縛られていないおかげで拍子抜けするほど簡単にできることもあれば、逆に思いもよらない事態に立ち往生することもある。

写真1　コミュニティと協働で増改築した建物の２階（2015年）
1階の共同トイレを改築し、2階に青少年のための集会所を増築した（チキニ地区、ジャカルタ）。

場所はジャカルタ中心部のインフォーマル地区であるチキニだ。[注1] 都合3〜4回、ここチキニで建物を建てたり増改築したりしてきた[注2]（写真1）。もし国内の地域活動だったら、端から諦めてしまうようなことができてとても楽しい。チキニを訪れるようになって2年目の2012年、初めて人がリアルに使える構築物をワークショップでつくった。どぶ川に竹でブランコを架けて子どもの遊び場にするというものだった(写真2)。天然下水状態の小川の両岸に支柱を立て、横架材を渡してそこからブランコを吊るした。両岸をつなぐ竹の橋をつくり、橋からブランコに乗るというものだ。竹の加工やペンキ塗りなど、いつの間にか界隈の子どもらが作業に参加し、お披露目当日はブランコに乗るために長蛇の列ができた。

仮設とはいえ、不特定多数の子どもが遊ぶ構築物だ。日本だったら届出や申請のために2カ月はかかるだろうし、おそらくこんな計画では実現できない。でもチキニでは、コミュニティの会合でゴーサインが出た翌日に着工だ。建設工事に関してはみんなが信頼しているコミュニティ大工が棟梁となり、学生たちとつくるのなら問題ない。数日でブランコはできた。ブランコに乗ってビーチサンダルをわざと川に落としおおはしゃぎをしている。そして、ゴミと排泄物が流れ下っていく川にじゃぶじゃぶ入って拾

注1
岡部明子「第5章　スラム化の経緯と実態、超高密度が生む知恵：チキニを事例に」村松伸・岡部明子・林憲吾・雨宮知彦編『メガシティ6：高密度化するメガシティ』東京大学出版会、2017年、175〜233頁。

注2
雨宮知彦「第4章　チキニにおけるミクロ実践」村松伸・岡部明子・林憲吾・雨宮知彦編『メガシティ6：高密度化するメガシティ』東京大学出版会、2017年、85〜173頁。

写真2　学生ワークショップでつくった建築インスタレーション（2012年）
家庭排水が流れ込んでいる小川に、竹で仮設のブランコをつくった（チキニ地区、ジャカルタ）。

いにいく。こういう日にかぎって、政府の人がデング熱予防のためボウフラ駆除剤を散布しにやってきて、みんなで逃げ回った。大きい子、小さい子が混ざってこうして戯れるうちに、それぞれに得意不得意を自覚し、身をもって身の守り方を会得していくのだと合点した。ある意味、ここは子どもの楽園だ。その証拠にみんな目をキラキラと輝かせている。そしてできたブランコを見て「ここにも欲しい」と言ってくる人が現れる。

建築インスタレーション的なブランコの後、今度は何か常設の建物をつくろうという話が浮上した（写真3）。地元コミュニティのリーダーたちやいろんなグループと話し合いを重ねて、「ここなら火事の火元の家でそう簡単に以前の住人は戻ってこられないから、コミュニティのための建物ならつくれる」とコミュニティにお墨付きをいただいて、コミュニティと協働で着手した。それなのに、資材の竹を運び込んだら、向かいの橋のたもとで小商いをしているAさんがやってきて、怒り狂って川に投げ捨ててしまった。私たちにはここを使ってもいいと言ってくれたコミュニティリーダーに権威づけられて行動しようとした。他方Aさんには、Aさんの土地だと証言してくれる仲間がいる。

工事が動き出すと、いつも一悶着ある。「そこはオレの土地」と主張してくる人が、おかしいほどにほぼ確実にいる。仮にそのAさんと交渉して、Aさんの納得する方法

写真3　子どもたちの共用スペース（2013年）
火事の火元跡地にコミュニティと協働で建設（チキニ地区、ジャカルタ）。

で、Aさんの言うところの「オレの土地」を譲ってもらったとしよう。たとえばお金を払って彼から領収書をもらう。インフォーマルな売買で、当然法的な根拠はない。すると、きっとまた「そこはオレの土地」という別人Bさんが現れる。しかも、AさんもBさんも、単なる言いがかりではなく、立派な言い分がある。本人的にはもっともな「自分のもの」であることの正当性の所在があって主張しているのだ。実はブランコのときにも、コミュニティリーダーたちと前日に決めた場所で、いざ作業を始めようとしたら、近所の人に「ここはダメだ」と言われ、場所を変更した。川の上だからコミュニティの所管かと思いきやそうでもなかった。

取り決めのないところに突然顕在化する「シェア」

常識的には、土地所有がはっきりしていないと厄介だと思うところだろう。安心して土地に投資できやしない。だから人類は学習して、土地を一元的に管理するようになったのではないか。それがJ・ロックの近代「所有」概念であり、「国家は個人の財産を保全するために結成された共同体」だ。[注3] 近代的な法制度が整備されて、財産を脅かされる不安がなくなり、経済が発展したのは言うまでもない。それが法で保障された「財産権」あるいは一般に言うところの「所有」なわけだ。

しかし、インフォーマル地区では、そうした法制度の〈外〉にあり、土地を一元的に管理する仕組みがない。だから、ひとつの土地をめぐって、複数の人たちが「オレのもの」だと言ってくる状況にある。常識的にこれは解消すべき問題と捉えられるが、実はここに「シェア」の真髄があると言えるのではないだろうか。この状況

注3
J・ロック、加藤節訳『完訳 統治二論』岩波文庫、2010年、第95節。

注4
J.Adianto, A.Okabe, E.Ellisa, N.Shima, "The Tenure Security and Its Implication to Self-Help Housing Improvements in the Urban Kampong: The Case of Kampong Cikini, Jakarta", *Urban and Regional Planning Review*, vol.3, 2016, pp.50-65.

は、AさんとBさんと私たちとコミュニティと、さらに「オレのもの」と言ってくるであろうまだ見ぬ人たちと、ひとつの土地をシェアしている以外のなにものでもない。誰かがその土地に建物を建てようと行動を起こすと、突然「シェア」状態が顕在化する。

どう見ても、ここでいう「自分のもの」とは、排他的であることが自明の「所有」物とは違う。いわゆる「所有権」を取得することは、「自分のもの」にするひとつの方法であって、それ以外にも「自分のもの」にするかたちはあるということだ。

この地区において、「土地を持っているのか」と尋ねると、大多数の人が「そうだ」という。しかし、地区居住者5千人のうち79人に調査したところ、現行法に基づいた所有権を持っている人は2人だった。「土地を持っている」という人たちの多くが、現在の土地法制ができる前から「持っていた」土地をそのまま持ち続けていたり、それを相続していたりする[注4]（図1）。そのまま持ち続けている人は現行法上は所有権を保障するものとして認められていないギリック（GIRIK：土地の管理責任を有し、使用していることを慣習法で

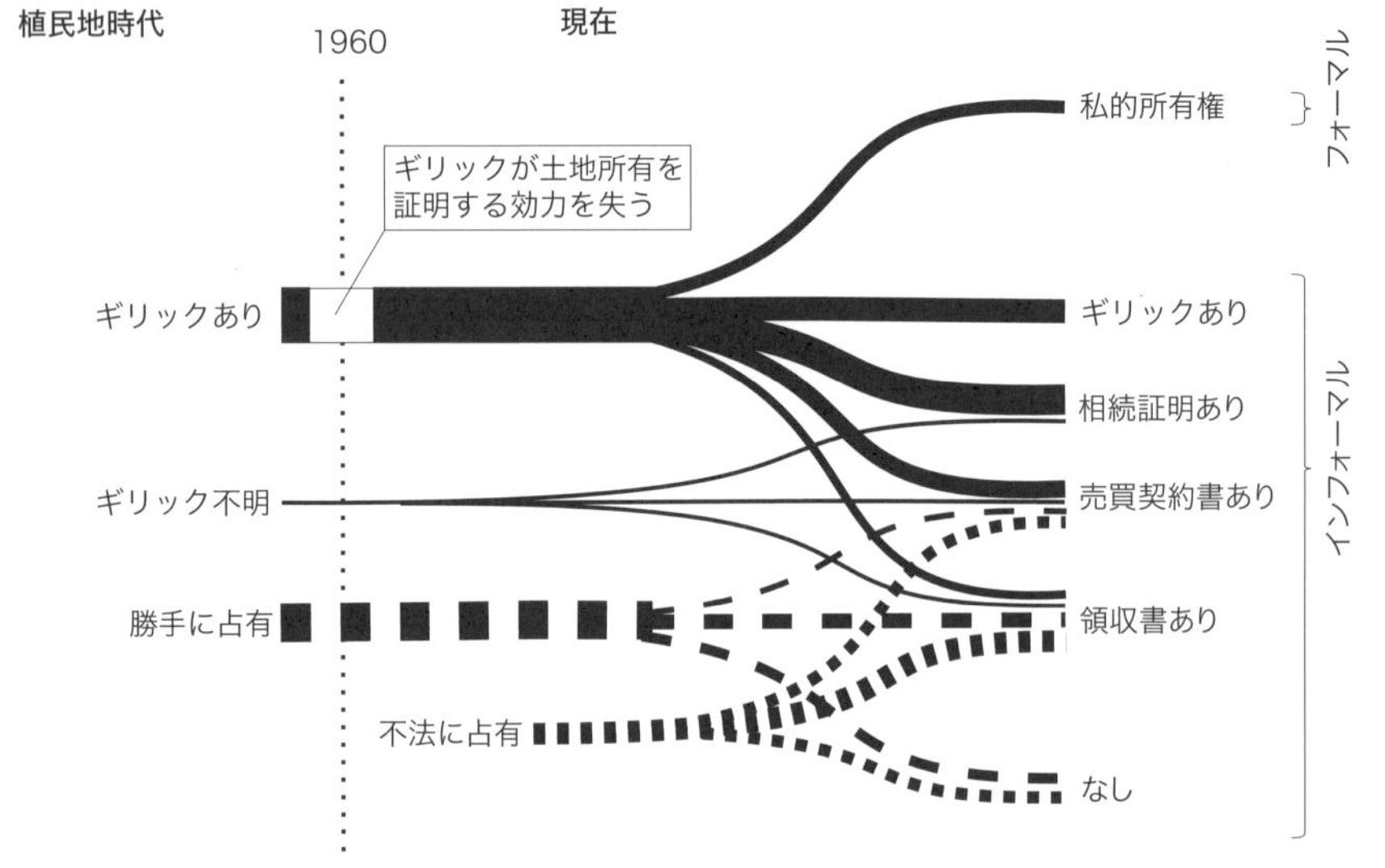

植民地時代
1960
現在
ギリックが土地所有を
証明する効力を失う
ギリックあり
ギリック不明
勝手に占有
不法に占有
私的所有権
ギリックあり
相続証明あり
売買契約書あり
領収書あり
なし
フォーマル
インフォーマル

図1 「自分のもの」であることの多様性
ジャカルタの都市インフォーマル地区では、土地や建物が「自分のもの」であることの正当性に多様なパターンが認められる。
※1960年以降、ギリック（GIRIK）は土地に係る納税を証明するものになっている。

証明するもの）を、相続した人は相続証書をその正当性の根拠に挙げる。長老の宗教指導者やコミュニティリーダーが承認しているために、そこに住み続ける分には特段支障はない。むしろ新しい土地法に基づいた所有権より、コミュニティ内では信頼されている仕組みのようだ。さらに、そうした土地や家屋あるいはその一部を買った人たちもいる。彼らは売買契約書や領収書を持ち出してきて自分が持ち主であると主張する。

このように、土地や建物が「自分のもの」であることの正当性にいろんなパターンがある状況は、ここに限ったことではなく、インフォーマル地区では当たり前のようだ。たとえば、ナイロビのインフォーマル市街地3地区で土地がどう扱われているかを調査した小野の研究からも、「擬似慣習的な制度」と「擬似フォーマルな制度」が複雑に補完し合ってマネジメントされている実態が分かる。[注5] どうやら土地が「自分のもの」であることの正当性が多元的な世界らしい。

ちなみに、チキニのプロジェクトは結局どうなったのかというと、コミュニティ側の主張に軍配が上がり、めでたく建物はできた。そして子どもたちの共用スペースとして、移動図書館などをやった（写真4）。しかし、Aさんは納得していなかった。コミュニティリーダーが麻薬で逮捕され、コミュニティが弱体化すると、私たちは活動を続けるのが難しくなった。活動の準備に朝訪

注5　小野悠・城所哲夫「インフォーマル市街地の土地配分プロセスと土地所有メカニズム　ナイロビのインフォーマル市街地における空間マネジメントに関する研究（2）」『日本建築学会計画系論文集』755、2019年、179〜186頁。

写真4　共用スペースで週に1度開かれる移動図書館
コミュニティと協働で建てた子どもたちの共用スペースで、インドネシア大学の学生が紙芝居を見せている（チキニ地区、ジャカルタ）。

れてみると、2階で寝ていたらしいごろつきたちが逃げ去っていく後ろ姿が見える。Aさんの仲間たちがたむろするようになり、結局Aさんが個人で使う建物になってしまった。

そんな顛末なら、単に徒党を組んで縄張り争いしているだけではないか、法的秩序ができる以前を知ることのどこが未来なのか、と嘲笑われそうだが、騙されたと思って、しばし途上国都市のインフォーマル談義にお付き合いいただきたい。

中心部インフォーマル地区の課題

途上国大都市の中心部にあるインフォーマル地区では、限られた土地に多くの人が住み、住環境が劣悪化している。1970年代までは、住環境を改善するために、そうした人たちに、空間的にゆとりのある周辺地域の再定住先が充てがわれたり、金銭的保障が一般的だった。しかしそれでは、インフォーマル稼業に従事する人たちにとって、仕事へアクセスしにくくなる。彼らは、家の片隅でお惣菜をつくって家の前で売ったり、屋台を引いて近所を回ったりしている。バイクタクシー、清掃などの日雇いサービス業や建設業がインフォーマル地区に居住する人たちの主な生業であり、加えて家族の誰かがコミュニティ内のインフォーマル小商いで家計を補填している。仮に郊外のソーシャルハウジングに引っ越したとしたら、いくら住居単体で見れば今の住まいより広くプライベートトイレ、シャワー、キッチンがあって質が高くても、生活基盤を失ってしまう。彼らにとって稼ぎあっての住まいだから、スラム化していても好立地のインフォーマル地区のほうがいい住まいだ。だから、一度周辺部の再定住先に移っても中心部に戻ってくる人も少なくない。私たちがフィールドとしているチキニは、典型的なそうしたインフォーマル地区である。[注6]そうなると、ここに住み続けることを大前提に住環境をもう少しまともにするにはどうしたらよいか、知恵を絞らねばならない。

日本から出かけていって、私たちに何ができるのか。現地カウンターパートのインドネシア大学の先生方の協力を得て、国や地方の政府を訪れ、都市カンポン[注7]と呼ばれるこれらの地区の環境改善の取り組みとの連携を試みた。しかし、「まずは土地の正規化、フォーマル化が先」と異口同音に言われた。そうか、正規の土地所有権が明確化されていないインフォーマル地区は、いつ何時、法的に保障された土地所有権を盾に、デベロッパーが重機を持ってやってこないとも限らない。インフォーマル地区の6平方メートルほどの狭小な部屋で身を寄せ合って暮らしていた家族が、スラムクリアランスに遭い突然放り出されて、寝に帰る場所を失う事態になる。土地を正規化して所有者になれば、突然立ち退きを迫られる悪夢に怯えずに生活できるようになる。土地を正規化すれば、政府の支援を受けられ環境改善も進みやすいのだろうと納得し、どうすれば土地を現行法制度に則った正規化ができるのか真剣に考え始めた。

私はただ、建築の専門家として、劣悪な物的環境に生きる人たちと同じ空間に身を置いて、創造的に何かしようと思っただけだったのだが、土地所有の問題に踏み込まざるをえなくなった。考えてみれば当然とも言える。人間が建築することの原点とは、人と土地の関わりにほかならないのだから。ところが、いざチキニの人たちに聞いてみると、「土地所有を正規化すべきと言われてもう30〜40年経つ」という気のない返

注6
岡部明子「第2章　貧困・都市・気候変動」村松伸・岡部明子・林憲吾・雨宮知彦編『メガシティ6：高密度化するメガシティ』東京大学出版会、2017年、7〜33頁。

注7
カンポンとは村という意味。都市周辺にあったカンポンが市街地拡大に呑み込まれて高密度化したところを都市カンポンという。

事が返ってきた。どういうことなのだろうか。

思惑どおりに進まない土地所有正規化

1985年頃から、インフォーマル地区であっても、彼らが今住んでいる場所に住み続ける権利が尊重されるようになったことに加え、新自由主義を追い風に貧困層を市場経済に組み込むため彼らの住む土地を正規化して所有権付与を促進する政策がとられた。[注8] 土地持ちになれば、計画的に自力改善が進むだろうと期待された。

しかしながら、土地の正規化は思うように進んでいない。ラテンアメリカ諸国では、勢いづくアメリカの新自由主義の強い影響の下、積極的に進められたが、必ずしも自力環境改善には結びつかなかった。土地に一定期間以上居続けている事実があれば所有権が手に入るのを逆手にとって土地を確保する人びとも現れた。アフリカ都市では、過半が所有の正規化されていない土地だが、率先して土地の正規化を進めたところでは、正規化して所有権が生じたことを別に喜んでいないという。ただ住んでいるだけなら何もメリットがないからだという。

「所有」がよりよく生活する基盤になって、自助的な自力改善を促すだろうという思惑は外れた。考えられる理由は三つある。第一に、自ら正規化を進めた人は土地を売るためだったこと。第二に、所有は正規化できても、土地利用規制上は居住できない場所であることが多いこと。第三は、地区内で正規化が進んでいくと共用スペースから締め出されていくこと。

チキニで土地所有を正規化した2戸の人に話を聞いたが、いずれも売って手放す予

注8
H.de Soto, *The Other Path: The Invisible Revolution in the Third World*, HarperCollins, 1989.

注9
K.Dovey, H.Kamalipour, “13 Informal/Formal Morphologies”, K.Dovey, E.Pafka, M.Ristic (eds.), *Mapping Urbanities: Morphologies, Flows, Possibilities*, Routledge, 2017, pp.233-248.

定があった。手間とお金のかかる正規化をあえてする人たちは、より高く土地を売るためだった。したがって、土地所有正規化は、そこで生活し続けるための基盤とは見なされていないのが明白だ。

チキニは、チリウン川の氾濫による洪水から市街地を守る堤防の外に位置している。インドネシア、タイ、フィリピン、ベトナムなどの東南アジア大都市にある中心部好立地のインフォーマル地区の多くは、チキニ同様、川沿いの氾濫原に位置している場合が多い。コロンビア、カリブ海沿岸のトゥルボ市でフィールドとしているペスカドーレス地区はマングローブ保全地区内にあり（写真5）、法的には居住が認められない。またラテンアメリカ都市では一般に斜面地で災害リスクが高く（写真6）インフラ整備が不十分な場所が多い。[注9] いずれも現行法制度上、居住地域として想定されていないために、土地所有を正規化して法的な裏付けのある所有者になっても、そこに住み続けようとすると土地利用上は違法状態になる場合が少なくない。よりよく生活するための基盤としては片手落ちと言わざるをえない。以上、第一と第二の理由は、制度設計次第で、土地所有正規化がよりよく生活するための基盤と直結することはできなくもない。第一の問題は、土地所有正規化後、一定期間、土地の取引を規制することによってある程度解決できる。すでに導入されているが、インフォーマルな土地取引はいずれにせよ行われるため、実

写真5　マングローブ保全地区内の居住地
武力抗争で土地を追われた人たちが形成したインフォーマル定住地ペスカドーレス地区。トゥルボ市街地に隣接している（コロンビアのカリブ海沿岸）。

写真6　災害危険斜面地に増殖するインフォーマル地区
（サンマルティン・デ・ロスアンデス市カンテラ地区、アルゼンチン）。

写真７　高密度インフォーマル地区チキニ
ジャカルタ市中心部に位置し、都市計画上は商業地区への再開発が見込まれている。手前がホテルのプール、左側が商業施設。

効性のある制度設計に課題がある。第二の問題は、正規化が完了する見込みが立ったら、彼らが住み続けるための基盤を整備して居住可能な地域に変更すればいい。しかし、大がかりな土木工事が必要になる場合が多く、ほとんどの居住者は待っていられない。

結局のところ、もともとの住人たちがよりよく住み続けることより、彼らからデベロッパーが正規化された土地を買い集めて再開発することに加担するほうがたやすい。チキニは、都市計画図を見ると高度利用を進めるべき商業地区（写真7）となっており、クリアランス型再開発が想定されているのが分かる。たまたま土地権利関係が複雑に絡まっているために、低所得者層が中心部に住み続けられる救命ボート的地区となっているが、仮に土地所有の正規化が首尾よく進むと結局デベロッパーの所有になり、土地造成など行って浸水リスクを低減して市街化可能な土地に変えてから再開発されることになろう。

生きる基盤は「所有」より先に「シェア」

「所有」がよりよく生活する基盤につながらない最も致命的な問題は、第三の共用スペースから締め出されていくことにある。チキニ地区で活動を始めるようになって、最初の2〜3年ほど最もお世話になったのがTさんだった。Tさんは広い前庭のある家に住み、門はいつも開いていた。Tさんは隣接する保育所の運営を行っており、前庭は子どもらの遊び場でもあった。私たちも、学生たちとコミュニティの人たちとの会合のため、いつもTさんの前庭を提供していただいていた。ところがTさんは突然引っ越してしまった。土地をまず正規化してから他人に譲渡した。その結果、門はいつも閉ざされ、私たちは活動場所を改めて探すはめになった。このように、人びとが土地の正規化をきっかけに所有する土地を囲い込むようになると、暗黙裡の共用スペースが失われていく。

高密度なチキニでは狭小の貸部屋一間で6〜7人の家族が暮らしている。特定の誰のものでもない井戸の周りには洗濯場と水浴び場とトイレ（写真8）がある。一間暮らしの家族の住戸には水回りはなく、こうした共用の水場を使い、部屋の前の路地にカセットコンロを出して調理している。間借人以外にも、居候している親戚や同郷の人たちもいる。彼らの中には、大家さんのところにある水回りを使っていたり、少しゆとりのある近隣の家の設備を場合によっては使わせてもらっていたりする。こうした融通の利く空間があるから生活がかろうじて成り立っている。特定の誰のものでもない水回りや通りのようなスペースであれ、誰か特定の家族の家のスペースであれ、ひとつの空間を複数の人たちで事実上使っている空間、すなわちシェア空間である。しかし、正規化による住環境改善が想定しているのは、水回りや台所など住機能が各戸に揃った住居だ。[注10] 個々の住戸単位で改善が進むと、シェアの寛容さが失われていき、水回りなどのインフラにアクセスしにくくなってしまう。

彼らの生活を成り立たせている基盤には空間の「シェア」があった。もっと言え

写真8　チキニ地区の共同水場のひとつ
井戸の周りに洗濯場と水浴び場とトイレがある。

注10　UN-Habitat, *The Challenge of Slums: Global Report on Human Settlements 2003*, London: Earthscan, 2003.

ば、生きることがすなわちシェアであり、シェアしていることは呼吸しているのと同様、意識すらされていない。しかし「所有」の排他性により生活基盤を確かなものにする施策が進むと、生きていくための基盤だった「シェア」が失われていってしまう。それは生きること自体を奪われるに等しい。

よかれと思って進められる生活の向上に資する施策がプライベートな住居を基本単位としてなされることによって、生きていくために不可抗力でなされてきたシェアが萎縮し壊れていく。そのことによってここの人たちは、今までよりももっと過酷な生活に貶《おとし》められていく。

②人口減少下の空き家問題

アンチコモンズの悲劇

スラムと並んで、私が10年来フィールドとしているのが、1軒の古民家である。[注11] 10年間、ゴンジロウ（写真9）という古民家と付き合い続けてきた。ゴンジロウは、房総半島の南端、館山市にある海辺の集落にある。私が出会ったときは、住んでいる人がおらず、なぜか座敷に卓球台とサンドバックがあった。ものぐさな性格も手伝って、「所有」問題から逃避して、借りて利用権を確実にすることすらせずに権利関係をうやむやにしたまま、ずるずると自分のお金をつぎ込んで手を入れてきた。一応、所有者の意向をそのつど伺って了承は得てきたが——興味を持った学生たちと、破れた茅葺き屋根を最低限葺き替え続け、奮発してキッチン（写真10）を新調し、浄化槽まで

注11
岡部明子「13　規模縮小下のまちづくり」宮本みち子・大江守之『人口減少社会の構想』放送大学教材、2017年、242〜261頁。

写真９　長年、廃屋になっていたゴンジロウ（千葉県館山市）
2011 年から学生たちと屋根の葺替えを断続的に行ってきた。餅つきは地元の人たちとの恒例イベント。

設置した。自分でもなんでこんなことをしているんだろうと思うほど、結構な散財だ。
高齢者しか住まない家は、自然と空き家化していく。所有者は、市場で価値がつかなければそのままにしておく場合が多い。あるいは、換金することに関心がなければ、土地に市場価値があろうとなかろうとかまわず惰性で静かに持ち続けている。ゴンジロウはどちらかと言えば後者のおおらかな空き家の例である。それが今日の空き家問題である。

これが問題だとするなら、ヘラーのいう「アンチコモンズの悲劇」と言える。[注12] ハーディンの指摘したかの有名な「コモンズの悲劇」を展開した概念である。ハーディンは牧草地を例に、コモンズの悲劇を説明している。[注13] 誰にでも開かれた牧草地があったとする。牛飼いが、こぞってそこに牛を連れていくと、牧草は食いつぶされてなくなってしまう。このように、誰のものでもない資源が、みんなに無制限に開かれていると、過剰利用になり資源は劣化し最終的に枯渇するメカニズムである。

これに対して、細分化した資源に他者を排除できる権利が設定されているゆえに、資源が使われにくくなり過少利用になることを、ヘラーが「アンチコモンズの悲劇」と名づけた。具体的には、知財で説明される。その権利を持っている人が使っていないのに資源を独占して、使う意志のある人が結果的にアクセスできず排除されてしまう。実質的に使えそうなのに実際は使えない事態に

注12　M・ヘラー、山形浩生・森本正史訳『グリッドロック経済―多すぎる所有権が市場をつぶす』亜紀書房、2018年。

注13　G.Hardin, "The Tragedy of the Commons", *Science*, 162 (3859), 1968, pp.1243-1248.

写真10　ゴンジロウを地域に開く
付属屋の炊き場に新調したキッチンを挿入するかたちで付加し、地域に開いている。

陥る。より急激な地域の落ち込みを経験した被災地では、所有権が復興の妨げになっている点もしばしば指摘されている。

空き家問題は起こるべくして起きている。人口減少で総量的には家屋のニーズが減りパイが縮むのに、立地や性能面から新築が続いているわけだから、基本的に家が余るのは仕方がない。ただ、恵まれた立地の魅力的な家で、もっと面白く使えそうなのに、使っているのか使っていないのか分からないような状況が発生しているのは、所有者がただなんとなく持ち続けていても他者が入ってくる心配がないように権利が守られているからで、使いたい側から見ればアンチコモンズの悲劇が起きていると言える。

確かに、田舎に移住したり、二地域居住の田舎の拠点をつくったりした人たちの話を聞くと、土地を手に入れることが最初のステップになっている。そのハードルが高い。都市に居住している人が、非農家であるために農地を買う難しさもあるが、それだけではない。田舎物件を斡旋している不動産屋さんを訪ね、いくつも物件を見て、ピンとくるまでにかなり苦労している。意中の土地と出会えず、日本各地を回ってやっとここを見つけたという話をよく聞く。

「どうやってゴンジロウを見つけたの?」とよく尋ねられるが、ただの偶然の出会いであり運命だった。こういう条件の民家を探していたわけではなかった。どちらかというと、えらい拾い物をしてしまったと思った。ゴンジロウのように「所有」にこだわらなければ、みんなが使ったらいいのにと思っているような空き家については、もっと簡単に動く。もっとも、動き出してから先は、ゴンジロウだって順風満帆とはいかなかった。思ってもいなかったラッキーにいっぱい救われもしたが、険しい道のりだった。今もそうだ。いろんな困難が待ち受けているが、それはまた別の問題だ。

望みどおりの場所で使えそうな土地や家は、実は山ほどある。しかし、それにはすでに所有者がいて売ると手を挙げていないから、そもそも購入可能な選択肢に入らず、それを買って「所有」することができないだけのことだ。

ゴンジロウに私が入れ込んでいるのを知って、法的に所有権を持っていないものに投資していることに、みんな結構心配してくれる。何の法的保障もない状態で、こんなに時間と労力とお金をかけているのが信じられないという。正直いって、ただ面倒なのでこうなっているだけだが、振り返ってみると「所有」の壁を乗り越える道を手探りしてきた気がする。数年前、一度活動が低調になったときに、ゴンジロウが夜這いに使われた形跡が複数回あった。高齢化、人口減少が課題とされる集落で、夜這いのエネルギーがあったことに感動しつつ、「空いていることは誰にでも開かれている」状態とは、管理が手薄になればこういうことが起こることなのか——「所有」を超えた世界で起こりうる事態を思い知らされた。

◇3◇「自分のもの」にするという「行為」

「所有」せずに「自分のもの」にする

「所有」の排他性が、都市一等地のインフォーマル地区居住者の生活を利那的なままに留めている。また、空き家がいい感じで使えそうなのにそれを阻んでいる。

であれば、「所有」の排他性を問い直してみる価値がある。排他性を備えた「所有」

あるいは「財産権」を保障する法や制度が、資本主義経済とともに世界中に根を張り、もはや空気のような存在になっていたとしても、抗う以外に道はない。それは、コミュニタリアン的なコモンズ論が指向しているように、「私有」を否定して前近代の共同体による共同所有ないしは総有を、現代に実現しようというのではない。あるいはまた、所有権を前提として「私権を溶かすでもなく、過剰になって社会に負担をかけるでもなく、バランスを大事にする」[注14]というような、バランスの問題では済まないと私は考えている。もっとラディカルに、「所有」自体を問い直すことだ。基盤としての「所有」に代わって「シェア」を位置づけようというのである。それを基盤に「自分のもの」にする「行為」が明滅しているような状況をイメージしている。

そんな世界になったら、何十年もローンをこつこつ支払い続けて、都会の一片の土地を排他的に「所有」することで生活の砦を守っている多くのフツウの人たちはどうなってしまうのか。大きな問題ではあるが、ここでは棚上げにして考えを前に進めよう。

本節では、「自分のもの」にするという行為性に着目した考え方を取り上げたい。人類学から提起されている「行為としての所有」と、市場急進主義の提唱する総「オークション」化した世界である。それぞれ見てみよう。

「行為としての所有」

人類学的な観点からは一般的には、グローバル化した近代の普遍的な法制度に異議申し立てがなされてきた。それぞれの民族やコミュニティ独自の慣習法が明らかにされ、たとえば土地のマネジメントについては、入会地や共有地への権利が尊重される

注14
待鳥聡史・宇野重規編著『社会のなかのコモンズ―公共性を超えて』白水社、2019年に所載の対談前篇。

ようになった。要するに、法制度の多元性を認める方向に寄与してきた。しかしここで取り上げたいのは、多元的な慣習法の存在ではなくて、不文律の慣習法を含めて「法」という制度から「所有」を捉えること自体の限界を示し、それを超えようとする試みだ。

松村は、エチオピアのコンバ村を調査し、一元化された近代法制度に限らず、人類学がこれまで前提としてきたそれぞれ独自の慣習法のようなものがあることまで含めて、「法」というパラダイムを乗り越える必要性を説いている。[注15] コンバ村は、2千人500世帯規模のトウモロコシやコーヒーを栽培している小さな農村だが、商品作物の栽培が浸透し、さまざまな民族が流入してきており、いわば都市的状況の見られるところだ。そこには民族独自の慣習法的なものがあってそれに則って土地がマネジメントされているというよりは、穀物を栽培したり、牛に草を食べさせたり、柵を構築したりといった「行為」が土地の「所有」と分かちがたく結びついているという。

そして「法・制度としての所有」と混同されてきたが本来区別すべき「行為としての所有」に着目する。この区別と対応させるなら、本章では、前者が常識的に私たちが所有と認識しているものであることから狭義の「所有」とし、後者に「自分のもの」[注16]という言葉をあてている。

土地が「自分のもの」であることを人の「行為」と紐づけて捉えるということは、その土地で現に何らかの「行為」をしている人の「所有」に自動的に移り変わっていくという話ではない。たとえば、松村によると、畑である人Aが耕作していたとしても、刈り取った後なら、他人の立ち入りを厳重に禁止することにはならず、他人であるBの飼っている牛が草を食むことができているという。なぜか。Aが畑を耕作している

注15
松村圭一郎『所有と分配の人類学—エチオピア農村社会の土地と富をめぐる力学』世界思想社、2008年。

注16
本章でいう「自分のもの」とは、松村のいう「行為としての所有」に対応し「保有」とは異なる。「所有」が処分する権利を有しているのに対して、「保有」には処分する権利がない。しかし、本章が主に念頭に置いている都市インフォーマル地区の土地は、法的に保障された「所有」ではないが「自分のもの」であり、インフォーマルに売買されている。

「行為」がまずあり、引き続きAはその土地の作物を収穫するという「行為」によって収穫物を「自分のもの」にした。そして、収穫後の畑に勝手に草が生えてきた。そこに牛を連れて入ってきたBが牛に食べさせるという「行為」によって、草はBの「自分のもの」になる。仮にAが、その土地に対する排他的な所有権を持っていたとすると、Aにお伺いを立てずしてBの牛がそこに生えてきた草を食むことができなくなってしまい、放置されて使われずに終わってしまったかもしれない。さらには、Aが何らかのアクシデントでせっかく耕作した作物なのに収穫せず腐りそうになっても土地の所有権があれば他人に手出しはできないが、松村のいう「行為としての所有」によると他人が収穫という「行為」によって「自分のもの」にする余地が残る。

「行為」によって土地の排他的「所有」が移り変わっていくのではなく、「自分のもの」にするというさまざまな「行為」が、ひとつの土地に入ってきたり出ていったりし、ときには重なり合っている状況がただあるだけである。意図されていないシェア状態が基盤としてあって、それを微分する「行為」によって「自分のもの」になったり、離れていったりする（図2）。

一般的にはこうしたマネジメントに独自の慣習法的な暗黙のルールがあるという認識に立って、それを明らかにしようと試みられてきた。これに対して、松村は、マネジメントをめぐるルールは慣習的にもあらかじめ定められておらず、「行為」そのものによって直接マネジメントされ、結果的にその方法が揺れ動いていると捉えている。「行為」に対する思い込みが人によって違えば、当然

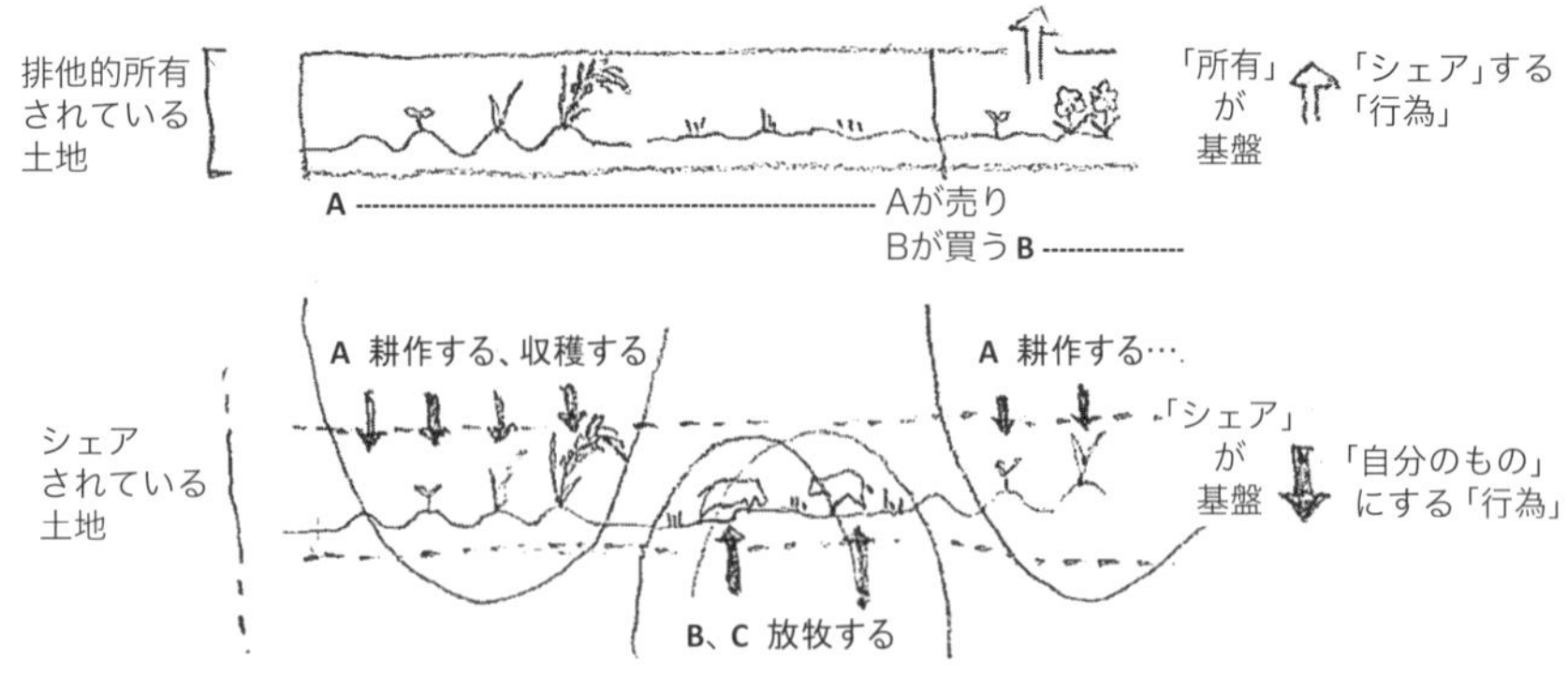
排他的所有
されている
土地
「所有」
が
基盤
「シェア」する
「行為」
A
Aが売り
Bが買う B
A 耕作する、収穫する
A 耕作する…
シェア
されている
土地
「シェア」
が
基盤
「自分のもの」
にする「行為」
B、C 放牧する

図２　シェアを微分して「自分のもの」にする「行為」

小競り合いが起こるが、それもまたマネジメントの一環と言える。

「オークション」

市場原理主義を牽制し市場急進主義を提唱するワイルは、「所有」が市場を滞らせている元凶だという。[注17] リバタリアンたちにとっては、背面から一撃をくらったようなものだ。マーケットの基盤となっているはずの、ほかならぬ「所有」の排他性が健全なマーケットの障壁となっているというのだ。そして「所有」の排他性を超える切り札は「オークション」だという。オークションとは、競売にかけられたものが、最高値で入札したものの手に渡るのが原則だ。現在では、美術品や不動産など競売にかけられたものだけが、オークションの対象だが、ワイルが私たちに強いた思考実験は、ありとあらゆるものが例外なくいつもオークションの対象になっている状態だ。

でも私にはなかなかその到達点の状況を想像できていない。「所有」を前提としたオークションで、かつ、あらゆるものが自動的にオークションにかけられているとすると、現在の自分の所有物に、誰かが入札してきたら、即刻より高値で応札しないと所有を維持できなくなる。そうなれば、所有の壁はなくなり、確かに市場は強制的に活発化する。ワイルが『ラディカルマーケット』の冒頭で取り上げているのが、リオの高級住宅地に隣接する、素晴らしい見晴らしを満喫できる斜面地のファヴェーラだが、その土地は、たちまち高値で落札されていくだろうことは想像にかたくない。でも、それだけでは単にジェントリフィケーションが起きるだけで何も新しくない。しかも、「そんなことをしたら、家に帰ってみたら自宅がもう人の手に渡っているかも

注17　E・A・ポズナー、E・G・ワイル、安田洋祐監訳、遠藤真美訳『ラディカル・マーケット―脱・私有財産の世紀』東洋経済新報社、2019年。

しれず、うかうかしていられなくなるではないか」と気になって反論したくなる。膨大な金が動いて、オークションの収益が、ファヴェーラの住人たちにしっかり還元されさえすればみんなハッピーと言われても、トリクルダウン効果を期待しているだけに思えてしまう。

そういう話ではなくて、あらゆるものがオークションにかけられている状態になると、きっとすべてのものが実質的に誰の「所有」物でもなくなった状態なのだろう。こうした無所有状態とは、所有を返上する先もないから、ただ「所有」に価値がなくなり顕在化していないだけのことで、所有されている状態は何も変わらないと考えてもいい。その場合、オークションにおける入札とは「所有」を移行するための入札ではなくて、実質的に「自分のもの」にする「行為」そのものになると解釈しておそらく間違っていないと思う。

まさに、さきほどの松村の「行為としての所有」である。より純粋な市場を希求した末の「オークション」は、まったく違った問題意識を起点としながらも、エチオピアの村を観察して見えてきた「行為としての所有」と重なる。

でも、耕作地のようなものなら「行為」に交換価値に還元できない多彩な直接的なものがあるから成立するのであって、それが入札価格という貨幣価値で多寡が一元的に誰でも分かるようなものに還元されるとどうなるのか、インフォーマル地区でのフィールド経験から想像力を働かせても、私にはなかなか見えない。

いずれにせよ「行為としての所有」も「オークション」も、「自分のもの」であることの本質を、静態的に保障された状態というよりは、「自分のもの」にするという過程に見出している点は少なくとも共通している。いずれも、「自分のものにする」という「過程」が入れ替わり立ち替わり起こるわけだが、その基盤に「状態」としての「シェア」があることになる。市場に対する両極の立場から示されている、「所有」のオルタナティブ概念が急接近している。これは大きな地殻変動の兆しかもしれない。

シェアを微分すると「自分のもの」になる

都市中心部に低所得者が生活できる空間という希少資源そのものの性質から見れば、高密度インフォーマル地区の過密化にともなうスラム化は、コモンズの悲劇が起きていると認められる。都市開発で、希少資源となっている低所得者が住める中心部の空間が、過剰利用され環境が悪くなってスラムになっていくわけだ。一方、高密度地区ゆえにシェアせざるをえない空間は、コモンズとして適切に管理されないと成り立たない。コモンズは、「資源そのものの性質」として見るか、「共的に管理する仕組み」として見るかによって、悲劇と喜劇が表裏一体と言える。[注18]

生活基盤として必要な空間を共用スペースでやりくりするには、誰がいつどこを使うのか、コモンズとして管理しなければうまくいかない。実際、ミザーニらが調査して明らかにしたとおり、チキニでは、特定の誰のものでもない通りや路地の空間をめぐる交渉が日常的に絶え間なく行われている。[注19] 路地の奥に極小の一間しか持っていない人には、表通りに面した比較的大きな家の前の場所で、日中小商いをするスペースを「自分のもの」にすることが認められることがある。結婚披露宴など大人数の集まりをするときにかぎって、通りや広場というシェア空間を微分して一時的に「自分の

注18
高村学人『コモンズからの都市再生』ミネルヴァ書房、２０１２年。

注19
D.Mizanni, E.Ellisa, "Urban Kampung as a Space of Opportunities: Women's Strategies to Make a Living in High-Density Informal Settlements", *The Journal of Social Sciences Research*, Special Issue 6, 2019, pp.312-318.

もの」にすることが交渉できたりする。地区コミュニティ内のパイの知れた小商いも空間同様、交渉して分け合い、みんなでなんとか生きていけるように折り合いをつけている。生き抜くためのワークシェアリングである。当事者同士の交渉で済む場合もあれば、コミュニティリーダーが調停に入ることもある。シェアしていることが共通基盤となって、その限られた空間や仕事といった資源を微分するように時と場合によって「自分のもの」や「自分たちのもの」としながら、どうにかみんなの生活が成り立つように絶えず交渉したり調停したりしている。

インヴォリューションの都市カンポン版

インフォーマル地区自体は、周辺の再開発に部分的に取り込まれて狭まることはあっても、拡張することはほとんどない。都市カンポン[注7(前掲)]は人の出入りが激しく流動的であり、去っていく人もかなりいるが、親戚や同郷の人など地方からどんどん流れ込んでくる。限られた地区に人口が増えると、特定の誰のものでもないスペースをコモンズとして管理していくのはきつくなっていく。

地区の人口増加は、他の都市カンポンが何らかの理由でなくなるなど、外的要因に左右され、地区コミュニティで制御可能なものではない。そうなると、ギアーツの言葉を借りれば「インヴォリューション」になろうか。[注20]インヴォリューションとは、インドネシアがオランダに植民地化されて、稲作圏のジャワ農村では、人口が増えたことに対応して、内的に複雑化する方向で発展するばかりで経済的には停滞した点に着目し名づけられた特異な発展の仕方だ。

注20
C・ギアーツ、池本幸生訳『インボリューション—内に向かう発展』NTT出版、2001年。

ギアーツは結果的に「貧困のシェア」に陥り、経済発展に失敗したと捉えた。今日、ジャカルタをはじめとして経済発展めざましい途上国大都市では、「都市への大量流入人口が、雇用機会のないままに、建設現場の日雇いやインフォーマルなサービス業に従事し、仕事を細分化することによって貧困を分かち合う現象」が認められ、都市インヴォリューションと呼ばれている。[注21] さらに、都市の中心部に立地しているインフォーマル地区で起きていることは、インヴォリューションの都市カンポン版と言えよう。

しかし、生きていくためにシェアせざるをえない空間や仕事をコモンズとしてぎりぎりまで管理することは、コミュニティガバナンスの限界への挑戦とも捉えられる。出入りの多い都市のコミュニティでありながら、限られた空間や仕事など、コミュニティでシェアをしている資源を、個々人や家族の事情を考慮しながら、時と場合に応じて微分して「自分のもの」にする交渉を絶え間なく続けて、動態的にマネジメントしているのだ。そして、貧困までシェアする現実から目を背けるわけにはいかないが、経済発展に結びついていないからと言って失敗とはいえまい。

インドネシア第二の都市スラバヤにおいて、カンポンを長年継続的にフィールドとしてきた布野も、これまでネガティブなニュアンスで用いられてきた「インヴォリューション」に対して、「サステイナブル・インヴォリューション」という見方を示している。「限られた資源、エネルギー、自然をいかに共有するか、その原理が地球規模で求められている今、カンポンの人々の生活に見る空間共有の原理におおいに学ぶところがある」[注22]。

注21
Urban involution 自体は、W.R. Armstrong, T.G.McGee, "Revolutionary change and the Third World city: A theory of urban involution", *Civilisations*, 18(3), 1968, pp.353-278で、途上国都市が経済発展しても都市内に資本主義が浸透していないことを指摘するのに最初に用いられた。M.Davis, "Planet of Slums: Urban Involution and the Informal Proletariat", *New Left Review*, 6, 2004, pp.5-34など、ルフェーヴルの「都市革命（urban revolution)」の対として否定的なニュアンスで「都市内訌（urban involution)」が指摘されている。

注22
布野修司『スラバヤ――コスモスとしてのカンポン』京都大学学術出版会、2021年。

都市カンポン版イボリューションが、高密度化してもそこに生きる人たちがよりよく生きる希望を保つ基盤となっているのなら、むしろ持続可能な発展と言ってもいい。彼らが希望を失わず前向きに生きているかぎり、人の出入りの多い状況で高密度化しつつ、より豊かな物的環境にできるか、彼らとともに創意工夫していく力が私たち専門家に求められていると言える。

メンバーの入れ替わりが頻繁にあるコミュニティにおいて、シェアを基盤として、シェアする資源をどう微分し、時と場合によって「自分ものもの」にしていくのか、それを動態的にどうしたらマネジメントできるのか。決して遠い国のインフォーマル地区に限った課題ではなく、本書で見てきた身近なシェアの実践をとおして、それぞれに思案し試行錯誤していることにほかならない。高密度インフォーマル地区で日々複雑化していくインヴォリューションの現場は、意外にもその最先端の実験場と言えるのではないだろうか。

④「自分のもの」にすることの正当性が多元的な未来

占有原理

現代世界が排他的な所有へのこだわりを捨てれば、所有を基盤とした秩序に依存しない覚悟を決めれば、好立地のインフォーマル地区にひしめき合っている人たちにとって、底地が正規化されていないことがハンディにならなくなる。法的に保障されていることはもはや伝家の宝刀ではなくなる。インフォーマル地区に現に住んでいる人たちが主張する正当性と同様、法的な所有権は多元的な正当性のひとつでしかなくなる。彼らをマーケットへ組み込むために、土地所有者にして借金させようとする、正規化圧力から解放される。

他方、ワイルのいうラディカルマーケットへの道がパッと開ける。魅力的な空き家や空き地、耕作放棄地は、活用のイメージがわいた人が手を上げれば使えるようになる。大局的に見ると、土地も空間もシェアされている状態を基盤として、時と場合によって「自分のもの」にする正当性を主張し合う世界になる。これこそが、本書をとおして見出そうとしてきた「シェアを基盤とした未来」の姿なのではないだろうか。土地や空間を排他的所有の楔から解放すれば、シェアの可能性はもっと広がる。ディープに広がる。「所有」に代わって「シェア」が、社会の基盤として存在感を増してくる。

他方、ひとつの土地や空間をめぐって多元的な正当性が主張される状況がそこら中で起きて、収拾のつかない事態になりかねない。[注23] どうやってそれを調停するのか。生きるためになくてはならないものなのに、それを奪われそうになった人たちの主張する「自分のもの」が優先して守られるにはどんな方法があるのか。古代ローマ法学者である木庭によれば、それこそが「法」であって、法は本来「自分のもの」であることにお墨付きを与えるための手続きマニュアルではないという。木庭によると、それが、法の「占有原理」というものだ。[注24] ひとつの土地について複数の人が「自分のもの」にする正当性を主張した場合、調停する際の判断基準は、第一に誰に「占有の事実」があるかであり、第二にその「占有の質」が吟味される。自分を所有者として土地がフォーマルに登記されていれば、たとえ金儲け目当てに土地の所有権を持っていたと

注23
宮内は、環境社会学的観点から、地域のコモンズ的な土地や環境を念頭に置いて、本章でいう多元的な正当性が関係する人たちの間で調停され承認されて到達したところの、そう簡単に変わらない安定した状態を俯瞰的に捉えて「レジティマシー（正統性／正当性）」と呼んでいる。宮内のいうレジティマシーは「かかわりの濃淡」を考慮して達成されるのがひとつのゴールと言えるが、ここでは必ずしも安定をよりよい状態と捉えず正当性が多元的な動態的状況を受容する。宮内泰介編『コモンズをささえるしくみ―レジティマシーの環境社会学』新曜社、２００６年。

注24
木庭顕『誰のために法は生まれた』朝日出版社、２０１８年。

しても、今日の常識では所有権は盤石である。でも「占有の質」で判断することが理(法)だとすると、たとえ登記簿上の所有者でなくてもそこに家を建て家族と暮らして生活の基盤としている人たちが門前払いされなくなる。むしろ後者のほうが現に「占有の事実」があって、その時点では「占有の質」が高いことになり、法が守ってくれる望みが残る。

近代所有を理論化したとされるロックもまた、自然状態において人に固有の排他的な「所有」を正当化するにあたり、自らの労働力で入手したことを前提とし、際限なく独り占めすることを認めていない。生きていくために必要な範囲であることと、採りすぎて腐らせない範囲であることとの制約を示している。注25 もっともこれらの制約は、貨幣を取り入れ、市場を導入することで克服され、今日の資本主義経済の基盤になっていったのだが、その源における考え方は「占有の質」と読み替えられよう。

「占有の質」は、古代ローマ法解釈の文脈では、生きていくために不可欠であることなど、人間の身体性と不可分なパーソナルなものを連想させる。しかし実際にその正当性を「占有の質」で判断する段では、その人がその土地と強い関わりを持っていることによって、持続的な周辺環境の保持やよりよい環境の創出に寄与しているかどうかが問われているともいえよう。「占有の事実」も、体を張って四六時中居座っていればいいという単純な話ではなく、定期的に通っていたり、精神的に深く強い結びつきがあったりすることのほうが勝る場合も当然あろう。もし本当に「法」が木庭の言うように機能してくれれば、一元的な「所有」を基盤とした今の社会よりも、誰もが穏やかに生活していける世界になりそうだ。

注25
J・ロック、加藤節訳『完訳 統治二論』岩波文庫、2010年。

しかし、未来永劫、後者のほうを法が味方してくれるわけではない。シェアを基盤とした社会を俯瞰すると、「特定の誰のものでもないもの」を時と場合に応じて「自分のもの」にしたり「他人のもの」になったり、「自分のものにする」働きかけにより、あらゆるものが動態化している。空間や土地を都合よくやりくりする世界になる。

生きるのに今大切なものが守られる世界

誰のものでもない家の前の通りのスペースが、一夜だけ「自分のスペース」になって並木の満開の桜の下の居間になったりする。その贅沢のために年中並木道の清掃を欠かさないとか。あるいは、住んでいる実態のない家については、そこにしっかり根を下ろして住むかもしれない人をとりあえず門前払いはしない。でも、今は他所で生活しているが、幼少期をその家で過ごし、そこには思い出が詰まっている、さらに、年に一度お盆のときはご先祖様たちと一緒に1日過ごすという人にとって「自分のもの」であるという正当性の主張もあろう。シェアを基盤とした社会では、法的な所有権が幼少期を過ごした人のほうにあろうと、あるいはそこに住もうと思って買い取った人に移ろうが、両者のその家をめぐる「自分のもの」である正当性は尊重され、当事者同士の交渉に開かれている。さらにその家が集落にあるのなら、その集落コミュニティの総意としての主張もあろうし、地域の環境をよりよいものにするという観点からの価値観もあろう。たとえば、新しい住人にお試し居住を認め、一部屋は今のままにしておいて年に1日お盆の日には家全体をもともとの住人に明け渡すという調停もあろう。わざわざ法的所有権を顕在化しなくても可能かもしれない。

そんな世界が、シェアの実践が押し開けようとしている扉の向こうにある、「シェアが基盤となるような未来」ではないだろうか。過去に「自分のもの」にしたものたちの残骸に埋もれ縛られることなく、今生きるのに大切なものたちを安心して「自分のもの」にできるような軽やかなよりよい生が待ち受けている。

とはいえ、「自分のもの」であることの正当性が多元的な状況を受け入れて、絶えず交渉し、場合によっては調停していくのは結構大変な労力だ。生き抜くためにそうした交渉や調停が日々行われている途上国都市のインフォーマル地区で、建物を建ててみて思い知った。茅葺き民家ゴンジロウと喜怒哀楽をともにしてきて身にしみた。現行システムの網の目からこぼれた〈外〉には、不意打ちされて凹むことも少なくないが、願ってもない助け舟に救われることもある。それらを面白おかしく創造的に楽しめるかどうかに、「所有」を基盤とした資本主義経済が行き詰まった先に到来するであろうシェアを基盤とした未来はかかっている。

高密度カンポン・チキニにおける空間シェアの実践

2021年1月
語り手：エリサ・エヴァワニ
聞き手：岡部明子

都市ジャカルタの中心部には、かつて村だったところが市街地の拡大に呑み込まれて高密度化した「カンポン」と呼ばれる地区があちこちに残っている。岡部（聞き手）は2010年からそうした高密度カンポンのひとつであるチキニを研究のフィールドとしているが、そのインドネシア側のパートナーであるインドネシア大学のエリサ・エヴァワニ准教授にお話を伺った。

エリサ・エヴァワニさん

―カンポンに行くと、シェアの知恵の宝庫だと感じます。インドネシアという国にはシェアの文化があるのでしょうか。

インドネシアは多くの島からなる国で、1千300にのぼる民族から構成される多民族国家です。民族によってシェアのかたちは異なりますが、伝統的集落ではどこでもシェアが日常的に見受けられます。一例として、フローレス島ンガダ族のカンポン・トロレラ（写真1）の話をしましょう。[注1] 96人31戸のコミュニティです。2019年5月にリティヌス家の竣工祝典に合わせて訪れました。村外から多くの来訪者があり数百人の集う大規模な村ぐるみの儀式で、丸2日間の祝祭でした。前日に訪れると、ホストのリティヌス家の人たちはもちろん、村人みなが準備に追われていました。

そして当日、祝典は広場で繰り広げられました。トロレラでは、矩形の広場「キサロカ」を囲うように家屋が建ち並んでいます（写真2）。初日は踊り、前日に用意されたご馳走を食べ、モケという伝統的な飲料を飲んで終日過ごします。2日目は半調理した肉と米が列席者みなに分配されます。貧しい人は、事前準備、当日、儀式後にわたって、自らの「汗と労力」をシェアし、富裕な人は、祝宴のための豚や米をシェアするわけです（写真3）。

—稲作文化圏に特徴的な伝統的シェアですね。

でも彼らはシェアという感覚を持っているわけではありません。こうして食料を分かち合うことは、生活そのものであり信頼システムの一部です。先祖にまず捧げる儀式は、先祖ともシェアしていることを意味します。ただ、近代におけるシェアと同じ意味を持っているかどうか分かりません。

—大都市のカンポンの住人たちに見られるシェアも、伝統的な共同体の生活を背景としているのでしょうか。

都市的生活になると、働き盛りの男性は寝に帰るだけの人が多いのに対して、女性は住まいを拡張して小商い

写真１　インドネシア・フローレス島のトロレラ集落

をし家計を助けている人が多いです。チキニのような高密度カンポンでは、限られた空間を時間帯で分けるなどして複数の用途に使う工夫がよく見受けられます。たとえば、間口が狭く奥深い家では、日中は、通りに近い家の中のスペースが女性の小商いをする場所になっています[注2]（図1）。駄菓子やスナックなどを売っています。そこが夜になると居間のように使われていて家全体が私生活の空間になります。これも空間のシェアのかたちと言えるでしょうか。

他方、家の外の通りや路地や広場が、一時的に特定の集団や個人に占有されることが日常的に起こっています。たとえば、通りに天蓋を被せることで空間を一時的に占有し集会をしていたり、路面に敷物を敷きその上に座り込んで何か活動をしていたり。

—公共空間的な場所を私空間の拡張として使うことにみんなが寛容なんですね。

写真２　トロレラ集落での祝典の様子

写真３　半調理した米をカゴに入れて分配する

同様に、家の中の私空間を一時的に提供することにも概して協力的です。その究極の例がイスラム式の葬儀に見られます。自宅から遺体をまず川辺に運び、川で清めます。そのまま遺体をいったん自宅に運ぶのが容易ではないため、清めた後の遺体をきれいにして包む作業を、川に近い家を借りて行うのが慣わしとなっています。そこから直接モスクに運びます。モスクでお祈りをして埋葬場に運びます。

―COVID-19蔓延でも変わらず、でしょうか。

そこは一変しました。チキニは市場通りを通り抜ける人など外部の人を含めて往来の激しいカンポンで、市場で商う食料品店の人の感染が明るみに出て以降、70名以上の陽性者を出しました。検査を行った人の過半が陽性になり、コミュニティに不安が一気に広がりました。コミュニティが自主的にＤＩＹで仮設の手洗い場を設置したり、食料の緊急支援をしたり、四つのゲート（写真4）を設けて対策するなど、日ごろの住民組織が力を発揮してきました。

―ひとつの空間を時と場合でいろんなふうに使うという意味でのシェアについてお話しいただきましたが、空間のシェアにはもうひとつの意味があります。いわゆるシェアハウスやシェアオフィスのように、ひとつの空間を複数の人でシェアするかたちです。

後者のシェアのかたちで、高密度カンポンと言えば、何と言ってもＭＣＫ（共同の水場、洗濯・沐浴・トイレ）で

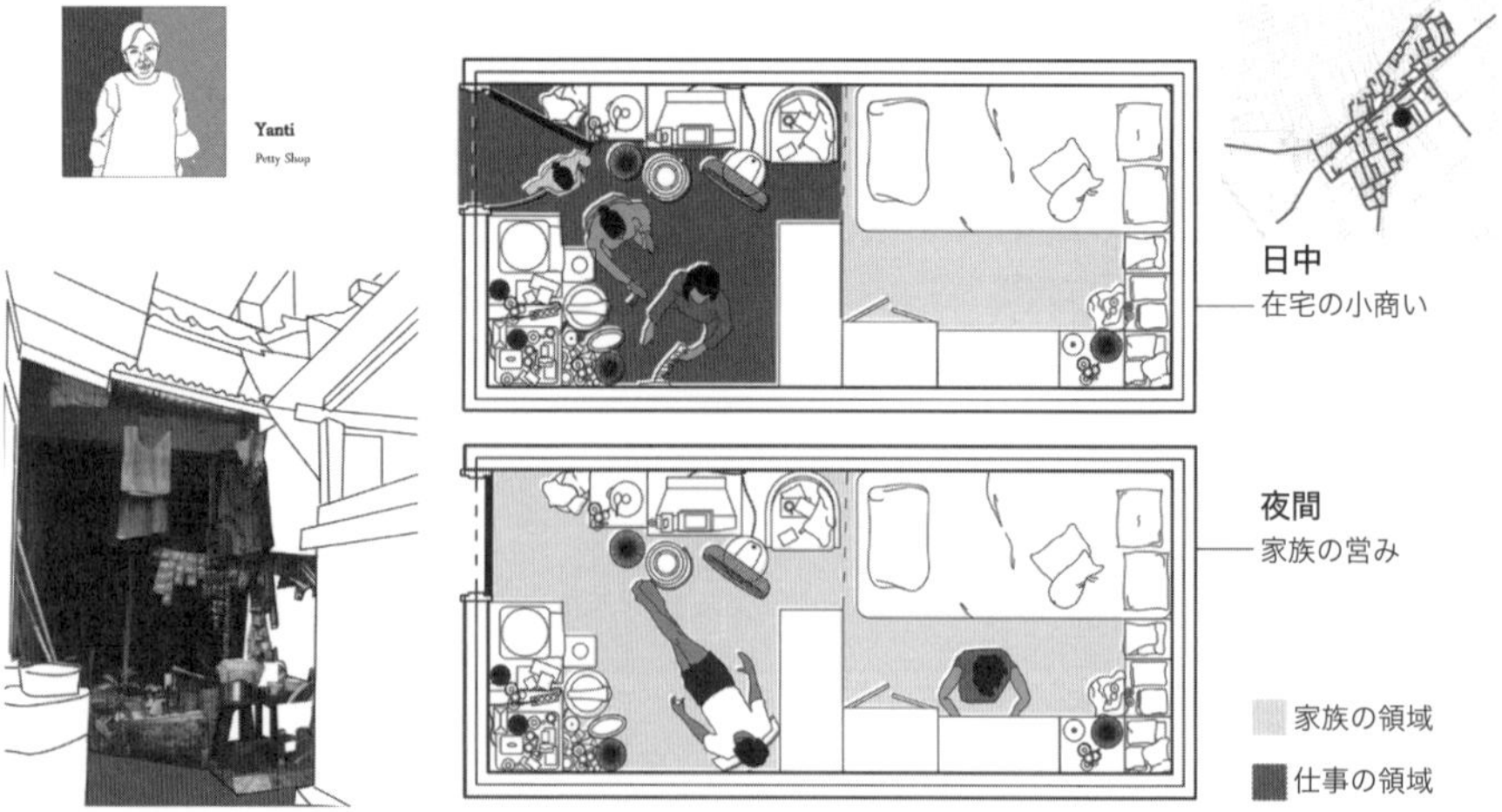
Yanti
Petty Shop
日中
在宅の小商い
夜間
家族の営み
家族の領域
仕事の領域

図１　日中は小商いするスペースが夜には居間として使われている（出典：Diva Mizanni, 2019）

しょう。チキニは5千人ほどの人が住んでいるカンポンなのですが、29カ所のMCKがあります（図2）。政府が保健衛生の向上のためにカンポン改善事業として整備しました。プライベートのトイレ等を備えている住居もありますが、170人当たりひとつのMCKしかなく十分とは言えないうえに、設置後の維持管理を政府が行っておらず劣悪な状態のMCKが多いことが問題です。

―ジャカルタを初めて訪れたときに覚えた言葉が、「カンポン」と「MCK」でした。

私たちはコミュニティと協働してMCKの改善をチキニで手がけてきました。そのひとつがRT14（RTは60～100人規模の隣組）にあるコバックMCKで、井戸の周りに洗い場がありその奥に用を足す穴がある形式でした。ここのMCKは、男女でスペースが仕切られてはいましたが、それぞれセミオープンな一部屋で、水浴びをし（M）、衣類や皿を洗い（C）、用を足し（K）ていました。もう少しプライバシーを保てるような提案をしたのですが、コミュニティに反対されました。「安全が第一で、プライバシーは二の次」だというのです。チキニは込み入ったカンポン空間ですが、ジャカルタ中心部に位置し鉄道駅や主要道路に隣接していてアクセスしやすいため、他の高密度カンポン同様、麻薬取引の場としての悪評があります。MCKは麻薬常習者の溜まり場になりやすく麻薬取引の格好の

写真4　パンデミック下で設置されたゲート（チキニ地区）

空間なんです。

コミュニティと話し合いを重ねて、人の目が行き届きやすく、かつプライバシーを確保できるデザインを探っていきました[注3]。

もともとMCKは、住人たちが交流し社会化する場でした。洗い物をしながらおしゃべりして情報交換したりします。チリウン川というジャカルタの主要河川沿いに多くのカンポンが連なっていますが、チキニもそのひとつで支流の小さな川の周りに形成された地区です。政府がMCKを整備する前には、この川には10を超える「ヘリコプター」タイプのトイレがあったといいます（写真5）。「ヘリコプター」とは、小川の上に板を渡し、板に開けた穴から用を足すものです。現在でもひとつだけ残っていて、河岸からの目隠しとなる板と穴と穴の間の仕切りが設けられています。用を足しながら話をしていることもあり、住人たちには意外に人気があるんです。

とはいえ、直接川に排泄する状況は改善する必要があると考え、ヘリコプターの開放的で住民交流を生む良さを活かしたトイレを河岸に提案しました（図3）。パンデミックもあって工事が止まってしまいましたが。

MCK改修についてコミュニティと話し合っていると、

図2　チキニ地区には29カ所のMCK（共同の水場・洗濯・沐浴・トイレ）がある

MCKには暗黙のルールや文化的規範が日常的な日々の実践をとおして表れていることが分かってきます。各家庭で毎日の生活に不可欠なトイレや洗い場などを持つ空間的な余裕のない人たちが、特定の誰のものでもないMCKという空間をめぐって日常的に交渉しているのです。

——「日常的な空間をめぐる交渉あるいは取引」がカンポン流のシェアというわけでしょうか。

富裕層のシェアは、過剰な個人消費を低減して環境的に持続可能性を高める意図があります。アメリカでは「家の中にあるもののうち月に一度も使わないものが80%を占め、30年間でモノが10倍に増えた」[注4]と言われています。他方、貧困層のシェアは、シェアするほど多くのモノにアクセスできるようになるからシェアするのです。つまり所有者にならなくても多くのリソースが手に入る方法としてのシェアです。

高密度カンポンの通りや路地は、特定の誰かに帰属して

写真５　「ヘリコプター」トイレ

図３　「ヘリコプター」トイレの代替案

いない空間であるために、それぞれの私空間を拡張する実践が行われ、その結果、一般的には私空間の内に隠されるごちゃごちゃしていて汚い空間が露わなっています。一見カオスに見えるけれど、「空間をめぐる日常的な交渉」が絶えず行われているわけです。それも、個々人や家庭の事情に応じたきめ細かな配慮がなされているのです。

でも独立記念祭の前になると、各人が私空間に隣接する誰のものでもない通りから撤収して清掃し、見違えるほどにきれいになります。そして通りは飾り付けされます。

―私たちの記念碑的活動で、プロジェクトに関わった日本人学生の結婚パーティーをコミュニティと一緒に祝いましたよね。

バイクが広場を占拠していることがいつもコミュニティで問題になっていますが、こういうハレの空間のためには、みんな協力してくれます。花嫁花婿の行列の通るルートもきれいに飾られます。学生たちがワークショップで提案したアイデアを受けて、コミュニティぐるみで準備をしました。当日は子どもたちがパフォーマンスを披露してくれました。誰もが、準備も含めて祝宴を楽しみました（写真6）。

写真6　日本人学生の結婚パーティー

—羊を2頭くくりつけたバイクが市場通りをやってきました。川にほど近い広場で一夜を明かした羊たちを翌朝殺生し物干し台に吊して解体し、川で臓物を洗って……。コミュニティのお母さんたちの手で宴会の立派なご馳走になりました。そしてみんなの胃袋に収まりました。大都市ジャカルタのど真ん中で、信じがたいことでした。伝統集落トロレラの竣工式典と構図は同じですね。

そしてみんなで踊って歌うのも一緒です。歌や踊りは幸せのシェアの表現です。多様な民族の出の人たちが生活している都市カンポンですから、衣装は伝統的のように見えて、トロレラのような特定の民族のアイデンティティを示すものとは異なりますが。都市カンポンではむしろ、文化的アイデンティティの複数性を表象するほうを好みます。

「空間をめぐる交渉」は、日常的に暗黙にあることに加えて、ハレのときにこうして一時的に豹変することも可能にしています。一見猥雑な秩序のない空間であっても、時と場合によって使い分ける空間のシェアが、住人たちにとって必要な空間を担保していると言えます。ただし、コミュニティによって「空間をめぐる交渉」が調停できているという条件付きで。チキニは、かろうじてそうした空間のシェアがジャカルタの中心部で成り立っている高密度カンポンと言えるのではないでしょうか。

注

注1
E.Ellisa, G.Azharia, "The Ritual of KaSa'o and the Expression of Hospitality at the Traditional Village of Tololela, Flores, Indonesia", *Journal of the International Society of Vernacular Settlements ISVS e-journal*, 7(2), 2020

注2
D.Mizanni, E.Ellisa, "Urban Kampung as a Space of Opportunities: Women's Strategies to Make a Living in High-Density Informal Settlements", *The Journal of Social Sciences Research*, Special Issue 6, 2019, pp.312-318

注3
A.Bahir, E.Ellisa, W.Widyarko, "Rehabilitation of MCK Kobak, Kampung Cikini", 2020
https://www.researchgate.net/publication/341284743_Rehabilitation_of_MCK_Kobak_Kampung_Cikini

注4
N.Voisin, "Underutilized Assets and Excess Capacity: Much More than Just Wasted Value"
https://theassetsco.tumblr.com/post/96792293667/underutilized-assets-and-excess-capacity-much-more

あとがき

本書は、住総研の２０２０年度重点テーマ「シェアが描く住まいの未来」に2年間取り組んできた研究委員会（略称：住まいシェア研究会）の活動を振り返りつつ未来を見据えてまとめたものだ。

住総研は「住生活の向上」を使命とし、国際化を標榜している。であるなら、グローバルにみて最も劣悪な住生活を余儀なくされているスラムと向き合ってほしい――テーマ提案を求められたとき、スラム的環境にある途上国都市のインフォーマル地区をフィールドとしている者として、真っ先に思った。どうしたらスラムの環境改善ができるのか、という視点では必ずしもない。むしろ私は、法制度や市場など現在の社会システムの〈外〉で生き抜く人たちから、社会の閉塞感を逃れ、よりよく生きる気づきをもらっている。そうした見地からシェアをテーマにした。となると、人類学が十八番としてきたテーマである。そこで、小川さやかさんを誘った。基本的には、建築デザインや建築計画、まちづくりを専門としシェアについて示唆的な考えをもっている方々で研究委員会を構成した。また、２０２０年12月、本研究期間の終盤に行った公開シンポジウムには、シェアをコンセプトに、魅力的な建築をデザインしている建築家の猪熊純さんに参加していただき、本書にも寄稿いただいた。

当初は、シェアについて考え方を深め、そこから「住まいの未来」を描き出していこうという構想だった。シェアがより豊かな生活を実現していたり、社会課題を解決しているとされる成功事例をみんなで訪れ、シェアについての共通認識を醸成していった。本書の企画を固める段になって、結局見えてきたことは逆で、住まいを起点とした「シェアの未来」だった。

住総研の方々は、どこに着地するかいつまでたっても見えてこなかった研究委員会の活動をそっと見守ってくれた。加えて、活動の総仕上げの年とコロナ禍が重なった。コラムでは、それぞれの土地でシェアをめぐる実践に携わっている方々に、オンライン取材に協力いただいた。感謝したい。また、学芸出版社の前田裕資さんの適切な助言なくして、こうして一冊にまとめ上げるのは今となっては想像もできない。

本書が、多くの方々の手に届き、シェア／所有についての議論の輪を広げてくれることを願っている。

２０２１年６月１０日

住総研「シェアが描く住まいの未来」研究委員会を代表して　岡部明子

著者略歴

岡部明子（おかべ・あきこ）

1963年東京都生まれ。1989年東京大学大学院工学系研究科修士課程修了。専攻は建築まちづくり。現在、東京大学大学院新領域創成科学研究科教授。博士（環境学）。バルセロナにて磯崎新アトリエに勤務、建築設計事務所共宰、千葉大学を経て現職。主な著書に『ユーロアーキテクツ』『サステイナブルシティ』『バルセロナ』『高密度化するメガシティ（共著）』など。

鈴木亮平（すずき・りょうへい）

1986年東京都生まれ。2011年東京大学大学院工学系研究科都市工学専攻修士課程修了。都市計画・まちづくりのコンサルタントとして、全国各地でプロジェクトを展開。NPO法人 urban design partners balloon 理事長、株式会社バルーン代表取締役、株式会社ろじまる取締役、株式会社 MeHiCuLi 代表取締役、一般財団法人柏市まちづくり公社理事、東京大学大学院新領域創成科学研究科非常勤講師。

山道拓人（さんどう・たくと）

1986年東京都生まれ。2012年東京工業大学理工学部研究科修士課程修了、2012年 ELEMENTAL（南米 / チリ）、2013年 Tsukuruba Inc. チーフアーキテクトを経て、現在、ツバメアーキテクツ代表取締役、法政大学専任講師、江戸東京研究センタープロジェクトリーダーなどを務める。主な建築プロジェクトに「下北線路街 BONUS TRACK」「天窓の町家―奈良井宿重要伝統的建造物の改修」「ツルガソネ保育所・特養通り抜けプロジェクト」など。主な著作に『PUBLIC PRODUCE「公共的空間」をつくる7つの事例』など。

猪熊純（いのくま・じゅん）

1977年神奈川県生まれ。2004年東京大学大学院修士課程修了。2006年まで千葉学建築計画事務所勤務。2007年成瀬・猪熊建築設計事務所共同設立。2008年より首都大学東京助教。2021年より芝浦工業大学准教授。建築家。代表作に「LT城西」「柏の葉オープンイノベーションラボ」「豊島八百万ラボ」「ソウルメトロ・ノクサピョン駅デザイン改修」「ナインアワーズなんば駅」など。主な受賞に、2015年日本建築学会作品選集新人賞、JID AWARDS 2015 大賞、第15回ヴェネチア・ビエンナーレ国際建築展出展特別表彰。著書に『シェアをデザインする』『シェア空間の設計手法』。

前田昌弘（まえだ・まさひろ）

1980年奈良県生まれ。2012年京都大学大学院工学研究科博士後期課程修了。専攻は建築計画、住居・まちづくり。現在、京都大学大学院人間・環境学研究科准教授。博士（工学）。主な著書に『津波被災と再定住―コミュニティのレジリエンスを支える』『建築フィールドワークの系譜―先駆的研究室の方法論を探る（共著）』など。主な建築プロジェクトに「スリランカ 旧紅茶農園長屋再生プロジェクト」など。

門脇耕三（かどわき・こうぞう）

1977年神奈川県生まれ。2001年東京都立大学大学院工学研究科修士課程修了。専攻は建築構法計画。現在、明治大学理工学部准教授、アソシエイツ株式会社パートナー。博士（工学）。第17回ヴェネチア・ビエンナーレ国際建築展にて日本館のキュレーターを務める。主な著書に『ふるまいの連鎖：エレメントの軌跡』『シェアの思想／または愛と制度と空間の関係』、主な建築作品に「門脇邸」、主な受賞に日本建築学会作品選奨など。

小川さやか（おがわ・さやか）

1978年愛知県生まれ。2007年京都大学大学院アジアアフリカ地域研究研究科一貫制博士課程指導認定退学。博士（地域研究）。現在、立命館大学大学院先端総合学術研究科教授。専門は文化人類学。主な著書は『都市を生きぬくための狡知―タンザニアの零細商人マチンガの民族誌』（第33回サントリー学芸賞受賞）『チョンキンマンションのボスは知っている―アングラ経済の人類学』（第8回河合隼雄学芸賞、第51回大宅壮一ノンフィクション賞受賞）など。

一般財団法人 住総研について

故清水康雄（当時清水建設社長）の発起により、1948（昭和23）年に当初「財団法人新住宅普及会」として住宅普及を目的に設立された。その後、研究活動に軸足を移し、1988（昭和63）年に「財団法人住宅総合研究財団」に名称を変更。さらに2011（平成23）年には、公益法人改革のもとで、「一般財団法人住総研」に移行し、現在に至る。「住まいに関する総合的研究・実践並びに人材育成を推進し、その成果を広く社会に還元し、もって住生活の向上に資する」ことを目的に活動をしている。

本書の関連情報を掲載
https://bit.ly/3A6iqoT

住総研住まい読本

住まいから問うシェアの未来

所有しえないもののシェアが、社会を変える

2021年8月10日　初版第1刷発行

編　者　住総研「シェアが描く住まいの未来」研究委員会
著　者　岡部明子、鈴木亮平、山道拓人、猪熊純、
　　　　前田昌弘、門脇耕三、小川さやか

発行者　前田裕資
発行所　株式会社 学芸出版社
　　　　京都市下京区木津屋橋通西洞院東入
　　　　〒600-8216　電話 075-343-0811
　　　　http://www. gakugei-pub. jp/
　　　　Email　info@gakugei-pub. jp

編集担当　前田裕資

D T P　株式会社フルハウス
装　丁　アートディレクション：見増勇介（ym design）
　　　　デザイン：関屋晶子（ym design）
印　刷　イチダ写真製版
製　本　山崎紙工

ISBN 978-4-7615-2782-2　Printed in Japan

「住総研住まい読本」（学芸出版社）

■近居

少子高齢社会の住まい・地域再生にどう活かすか

大月敏雄・住総研 編著

A5 判・184 頁・定価 本体 1900 円＋税

親子がスープの冷めない距離に住み合い、子育てを手伝い、調子が悪くなったときに面倒を見るといった、自然な協力関係が見直されている。これからの政策、計画の目標としてコミュニティ形成などと同様に、近居を望む人は容易に実現できる住宅地や住宅のあり方が必要だ。初めて近居を正面から取り上げその可能性を論じる。

■建築女子が聞く　住まいの金融と税制

大垣尚司・三木義一・園田眞理子・馬場未織 著

住総研 企画

A5 判・224 頁・定価 本体 2200 円＋税

ローンを借りて家を持つなんてやばくない !? 家をつくる仕事に未来はあるの !? 相続税対策、ホントに必要？

お金の基本、考え方と仕組みが分からないと、これからの建築や不動産の仕事はできません。

建てる人、借りる人の一生を見すえて対応できるようになるための、基礎から学び、最先端を知る教科書。

好評既刊書

■シェア空間の設計手法
猪熊 純・成瀬友梨 責任編集／ A4 判・128 頁・定価 本体 3200 円＋税

■シェアをデザインする～変わるコミュニティ、ビジネス、クリエイションの現場
猪熊 純・成瀬友梨・門脇耕三 他編著／四六判・248 頁・定価 本体 2200 円＋税

■里山長屋をたのしむ～エコロジカルにシェアする暮らし
山田貴宏 著／ A5 判・192 頁・定価 本体 2200 円＋税

■まちのゲストハウス考
真野洋介・片岡八重子 編著／四六判・208 頁・定価 本体 2000 円＋税

■MaaS が都市を変える～移動 × 都市 DX の最前線
牧村和彦 著／ A5 判・224 頁・定価 本体 2300 円＋税

■空き家再生でみんなが稼げる地元をつくる　「がもよんモデル」の秘密
和田欣也・中川寛子 著／四六判・192 頁・定価 本体 2000 円＋税

■都市の＜隙間＞からまちをつくろう
～ドイツ・ライプツィヒに学ぶ空き家と空き地のつかいかた
大谷悠 著／四六判・240 頁・定価 本体 2200 円＋税